This Land, My Beloved
A Trilingual Anthology of Contemporary Haitian Poetry

Tè mwen renmen an
Yon antoloji trileng pwezi ayisyen kontanporen

Cette terre, mon amour
Une anthologie trilingue de la poésie
haïtienne contemporaine

Edited by / Éditée par / Edite ak
Elizabeth Brunazzi, Denizé Lauture & Tontongi
Preface/Prefas/Préface : Edwidge Danticat

Trilingual Press

PO Box 391206, Cambridge, MA 02139
Tel. 617-331-2269
E-mail: trilingualpress@tanbou.com

Typographic composition / Composition typographique /
Konpozisyon tipografik
David Henry, www.davidphenry.com

Cover painting / Peinture de la couverture / Penti sou
kouvèti a : «Family bird» by Levoy Exil

Art & Editorial Advisers / Conseillers artistiques et
éditoriaux / Konseye atizay e editoryal: Jill Netchinsky,
Charlot Lucien, Michèle Voltaire Marcelin

ISBN-13: 978-1-936431-42-7
ISBN-10: 1-936431-42-4
Library of Congress Control Number: 9781936431427

Release date / Date de sortie / Dat sòti
October / Octobre / Oktòb, 2023

This Land, My Beloved
A Trilingual Anthology of Contemporary Haitian Poetry

Tè mwen renmen an
Yon antoloji trileng pwezi ayisyen kontanporen

Cette terre, mon amour
Une anthologie trilingue de la
poésie haïtienne contemporaine

Coeditors / Koeditè / Coéditeurs :
Elizabeth Brunazzi, Denizé Lauture & Tontongi

Preface/Prefas/Préface :
Edwidge Danticat

To the Memory of / **An memwa** / **À la mémoire de :**

Janine Tavernier, Jack Hirschman, Emmanuella Turenne, Robert Josaphat-Large & Monica Hand.

Acknowledgments / Remèsiman / Remerciements

Atlas-Centre International de Traducteurs Littéraires, Arles, France, May–July, 2022, residential award, May–June, 2022

Professors Olivier Brossard, Vincent Broqua and Abigail Lang, Conference Organizers, "The Evolution of North American Poetry," Paris, France, June 2022, invitational conference presentation with Charlot Lucien

Pam Oestreicher, Taos, NM, USA

Professor Margaret Atack, Leeds, UK

Professor Marie-Claude Strigler & Edgard Strigler, Paris, France

Professor Christine Copy, Université Gustave Eiffel, Paris, France

Professor Georges Rosenblatt and family, Claudia, Pablo & Daniel, Paris, France

Jacques Rancourt & Linda Maria Baros, Paris, France

Professor Victor Brombert, Paris, France

Janet Hawkins, Halifax, Nova Scotia, Canada

Cecilia Deaglio-Brunazzi, Turin, Italy

Elizabeth Armstrong Mahony Nevenhoven, Fort Smith, AK, USA

Professor Kathryn Feldman, New York, NY, USA

David Henry, Paris, France

Levoy Exil, Port-au-Prince, Haiti

Jill Netchinsky, Boston, MA, USA

Michèle Voltaire Marcelin, New York, NY, USA

Linda Tavernier, Miami, FL, USA

Jonah Toussaint, Boston, MA, USA

Boadiba, Oakland, CA, USA

Edwidge Danticat, Miami, FL, USA

Women Writing Women's Lives Biography Seminar, CUNY extension, New York City, Chair, Sydney Stern

My coeditors / Koeditè mwen yo / Mes coéditeurs:
Denizé Lauture ak Tontongi

And all the contributors who have made this anthology possible / Ansanm ak tout kontribitè ki rann antoloji sila a posib / Ainsi que tous les contributeurs qui ont rendu cette anthologie possible.

Finally, a tribute to my maternal grandmother Jessie Johnson Cassity, and to my mother Alma Cecile Cassity Brunazzi, who was born in Shreveport, Louisiana, and died in Baton Rouge at the age of forty-nine / Finalman, yon chapo ba pou grann matènèl mwen Jessie Johnson Cassity, ak pou manman mwen Alma Cecile Cassity Brunazzi, ki te fèt nan Shreveport, Lwizyàn, e ki mouri nan Baton Wouj ak laj karant-nèf an / Enfin, un hommage à ma grand-mère maternelle Jessie Johnson Cassity, et à ma mère Alma Cecile Cassity Brunazzi, née à Shreveport, Louisiane, et décédée à Baton Rouge à l'âge de quarante-neuf ans.

—Elizabeth Brunazzi

***

Special thanks to Edwidge Danticat for her wonderful preface, and to Frantz-Antoine Leconte for his thoughtful appreciation.

Remèsiman espesyal pou Edwidge Danticat pou prefas mayifik li a, ak Frantz-Antoine Leconte pou apresyasyon byen panse li a.

Remerciements particuliers à Edwidge Danticat pour son excellente préface, et à Frantz-Antoine Leconte pour sa soucieuse appréciation.

Table of contents

Overture

Catastrophes

History of Present Times

Intimate Haiti

Retorts and Resistance

The Soul of Haiti

This Land, My Beloved / Cette terre, mon amour / Tè mwen renmen an

Foreword

It is with great pleasure that we present to the public this beautiful collection of Haitian poetry, representing a great diversity of sensibilities and poetic styles. We made a conscious choice to publish our anthology in three languages: our first motivation is for the sake of linguistic inclusion and representation, which we consider important in the Haitian problematic of the moment; and another is to confer upon the mother tongue of 99% of Haitians—Haitian itself, also known as Creole or Kreyòl—the prominent place it deserves in Haitian literature. A Haitian language component, on par with the English and French components, enriches this book for all readers and students seriously interested in Haitian literature. This added value also serves to educate both the public and the literary establishment.

Unlike its 19th-century counterpart in the time of Coriolan Ardouin and Etzer Vilaire, which was mostly a mimicry of European and French literatures, contemporary Haitian poetry finds its originality in the "Creolization" which operates—as Edouard Glissant would say—by means of its multiple sources of inspiration: the Caribbean, the African, the Latin American and the European. It is nourished equally by the experience of daily life, which remains tragic and painful, by the haunting presence of a heroic past for which the country continues to pay a heavy price, and by the living dynamics of a committed diaspora turning exile into a praxis of reconquest. As we can see in many poems here, even confronted with adversity, Haitians still love, enjoy life and dream.

The poetry of Haiti, not unlike Haitian cuisine, inherits flavors of Europe, Africa, and the Americas as well as the indigenous spirits of pre-Columbian Ayiti. The Haitian poetic soul, like the soul of *Vodou*, is multiple, and nourished by a variety of elements both spiritual and existential. This anthology espouses neither one particular line of sensibility, nor one specific ideological manifesto, nor even less one singular school of thought, but rather the poetic expression of the Haitian manifold soul condensed within a single collection, reflecting the evolving feelings and experiences of Haitians, on the island as in the Diaspora.

Poetry, as an artistic expression, is neither conceived nor lived in a societal vacuum, outside the concerns of life. The reader will find in this collection poems which lament the social relations of power and the problematic of imperialist and neocolonial domination in the world. Other poems emphasize the authors' unique aspects of lived experience, their personal intuition, appreciation, or emotion; in short, readers will find in this collection many constituent jewels which, through a complementary effect, increase the vitality of the whole.

Of course, no literary anthology could possibly cover all the lyrical talents and artistic tastes that exist in a given society; even at its best, an anthology will always represent a temporal and limited cultural sampling, far from any claim to be exhaustive.*

In a more profound sense, the voices of this anthology constitute a collective testimony of the original tragedy—the slavery experience—which the Haitian people overcame to affirm an ideal state of being in opposition to colonialism, a state of being based on freedom, on human solidarity, on confidence in a better tomorrow, embodiment of a new conception of being.

In a world today where peoples are crushed under the joint assaults of the most dominating and aberrant militarism, as we see in Ukraine or in occupied Palestine, of the normalization of racism and hatred of the Other, as we see in the United States, or in the gangsterization of the State and of life itself, as people are currently experiencing in Haiti, it is rather astounding that our poets continue to produce, to sing the advent of another reality, to unveil the wealth of our island country Haiti on another order of valuation and determination of what is "rich" and "poor." Indeed, how can a country that gives birth to such an upsurge of beauty and poetic wonders be called a "poor" country?!

The inclusion of a large pool of contributors, including the poetic companions of Haiti, to broaden the spectrum of our anthology epitomizes the culture of solidarity and the very Haitian culture of *konbit,* a concept that is well-reflected in the collective work of us all: editors, organizers, translators, and literary contributors to this trilingual anthology volume. The spirit of collective solidarity is foundational in Haitian history: among multiple examples are the Haitian soldiers who fought in the Battle of Savannah, against the British in the American Revolutionary War, in 1779, and Haitian leaders providing funds and materiel to aid those who sought independence for Latin America, such as Simón Bolívar. The spirit and reality of *konbit* may also represent the best hope for a positive and just Haitian future, both politically and artistically.

We thank our coeditor Elizabeth Brunazzi for her many contributions and her original conceptualization of the project, and our coeditor Denizé Lauture for his dedication and the invitation to join in this great undertaking. We thank equally our art advisors Charlot Lucien and Michèle Marcelin for their valuable guidance, Levoy Exil for the magnificent cover painting, and David Henry for his excellent graphic design support. We also thank all of our contributors, excellent poets and cultural advocates who promote the richness of Haitian literature and culture—including the writers from other countries that we invited, for having been tireless fellow travelers in the long Haitian struggle for representation, dignity, social justice, and liberation.

We dedicate *This Land, My Beloved: A Trilingual Anthology of Contemporary Haitian Poetry* to the memory of three of our most illustrious contributors: Janine Tavernier, Emmanuella Turenne and Jack Hirschman, who passed away before its publication. Two of our eminent translators, Robert Josaphat-Large and Monica Hand, have also joined the ancestors. Their generosity of heart encouraged us to bring the project to fruition. May their shared devotion to social justice and to the fulfillment of the human spirit continue to inspire generations to come. Thank you.

For now, we'll let the poets do the talking and take pleasure in their splendors.

—*Tontongi*, Editor-in-Chief, Trilingual Press,
—*Jill Netchinsky,* PhD, English Editor, Trilingual Press
   (February 2023)

* This anthology includes only contemporary poets living at the time of its conception, the majority in the diaspora. The selection of contributors in no way suggests that the chosen poets constitute the whole of the Haitian poetic constellation. We wish there had been room for even more of Haiti's outstanding contemporary poets, such as Anthony Phelps, Jean Élie Barjon, Bernard Gousse, Duckens Charitable, Dovilas Anderson, Anivince Jean-Baptiste, James Noël, Robert Berrouët-Oriol, Bobby Paul, Loubens Philippe, Mlikadols Mentor, Wilson Thelimo Louis, Serge H. Moise, Yves Marie Jean, Lamos Paul, Daniel Laurent, Guamacice Delice, Natasha Labaze, Valy Grant Henry, Jean Armoce Dugé, Ketsia Théodore, Suzy Magloire-Sicard, Karen Melander-Magoon, Marc Arena, Romy Jean-Michel, Melissa Beauvery, Barbara Victomé, Dalla Pierre, Serge Claude Valmé, Jean-André Constant, Cathy Delaleu, Mesmin Charles, Régine Beauplan, Henri-Robert Durandisse, Rodney Saint-Éloi, Jean Mercredy, Renold Laurent, Patrick Louis, Frantz Dominique Batraville, Yvon Joseph, Henry Saint-Fleur, Martine Milard, Jean-Max Calvin, Frantz Minuty, Mesmin Charles, Jean D'Amérique, Joël des Rosiers, Ernest Pépin, etc. It would take a second volume to encompass these poets and others of their caliber.

Nota bene: While most of the poems in this anthology are presented in trilingual or bilingual format, some of them appear in original single language, yet still resplendent in their autonomy.

Introduction

The poets and poems selected to appear in this trilingual anthology, *This Land, My Beloved / Tè mwen renmen an / Cette terre, mon amour,* represent an invitation to both the general reader and the specialist to explore the reflection and interpretation of Haitian history and culture as they are experienced in the present day by Haitian poets inhabiting a diaspora extending from Haiti across numerous regions of the United States, Canada, France and Europe. The particularities of this assemblage of voices converge in the conception of the body: the body as the motherland of Haiti; the body as beloved; the body as sufferer; the outraged body; the body in lamentation; the body as resistance; the body as it is ritualized in the languages embraced by these writers.

Why a trilingual anthology? This linguistic situation represents a conversation, a dialogue within the culture, work and creative life of all these poets. The majority of these poets are bilingual, writing in both French and English, although some write and publish their work in French, English, Haitian and Spanish. The relationship between individual poets and both languages is in every case specific to the life itinerary of each of them. At the same time, and in a more general sense, the relationship to all these languages represents a journey, an itinerary of evolving language itself as it crosses frontiers that are both geographic and cultural, that incorporate wave after wave of historical event, catastrophe, displacement, suffering, struggle, resistance and renewal, as they are inscribed in the languages practiced and reinvented by individual poets.

Both French and English are, of course, in a long-term political and cultural sense, the long view of history, the languages of the colonizers and oppressors of the land and people of Haiti. One hastens to propose that the ideal volume is a multilingual collection, incorporating as well poems written in the national language of the Haitian people.

The sections of the volume are organized around working collective themes and events rather than according to a succession of individual poets and their poems: Overture / Catastrophes / History of the present time / Intimate Haiti / Retorts and Resistance / The Soul of Haiti. Thus, for example, poems by Denizé Lauture (New York), by Boadiba (Oakland, California), by Eddy Toussaint Tontongi (Cambridge, Massachusetts), by Charlot Lucien (Norwood, Massachusetts), by Gary Klang (Montreal), Louis-Philippe Dalembert (Paris) could appear in several sections alongside poems written more or less on the same theme by other authors. Each poem adds a different tone, a different hue to both collective and collaborative presentation.

One is reminded that one of the most important, distinctive aspects of Haitian poetry is its performative and musical base, the sense of vibration transferred to the page. The poems of Denizé Lauture and the poem « Blues Post Séisme » by Boadiba are among the best examples of this defining strain in Haitian poetry; and one which exhibits the major ways in which contemporary Haitian poets continue to innovate in formal ways.

This anthology raises the question of the role of translation in the international setting of poetry, and how it supports the movement of poetry over geographical, cultural, linguistic and sociopolitical frontiers. A proportion of the trilingual versions of the poems in this volume are the work of the poets themselves; some the work of others with whom the poets have collaborated to produce these translations, and which are duly credited.

My role in initiating this anthological project is that of organizer, co-editor and translator in collaboration with the poets who have contributed to its creation. My university training in comparative literature and the history of culture, and above all my skills in translating texts from French into English, as well as from English into French, led me to undertake this project.

I was born in New Orleans, Louisiana, where the strong influence of Francophone and Caribbean cultures marked my childhood. I am privileged to work with Haitian poets from a diaspora extending from Haiti across the United States, Canada and France. With the publication of *This Land, My Beloved,* we are in hopes that this trilingual anthology will be read from the street to the classroom, and from the classroom to the street. I am also confident that poetry, that most complex distillation of culture, can resonate as the very voice of justice for those who are oppressed on this earth.

—*Elizabeth Brunazzi, PhD*

This Land, My Beloved / Cette terre, mon amour / Tè mwen renmen an

Preface

Art as defiance against despair, oppression, and pain

—by Edwidge Danticat

The path of the maroon, as stated in the Charlot Lucien poem, which opens this collection, snakes its way from the cane fields to the clouds. So is the feeling of reading *This Land, My Beloved: A Trilingual Anthology of Contemporary Haitian Poetry*. Haiti has always had a vibrant poetic tradition, incorporating folklore, spirituality, and resistance. The writers featured in this collection are proud heirs to that tradition, exploring, just as their forebears did, history, resistance, protest, love, nature, and migration, among other subjects.

In "Middle Passage", the late Ella Turenne honors our ancestors who fought an over-decade-long revolution that created the world's first Black republic. She writes of those ancestors: *Those same Spirits cannot be forgotten and/ Their energy cannot be broken,* words that we can also use to honor her as she has become our ancestor. Despite depicting adversities, the poem hints at healing, signaled by the dove soaring above the horizon, blessing the souls that are *anba dlo* or beneath the waters.

Like much of the work in this collection, Danielle Legros Georges' "Poem for the Poorest Country in the Western Hemisphere" challenges the notion that Haiti can be singularly defined. Haitian heroes can be like Marcel Numa and Louis Drouin, as described in Michèle Voltaire Marcelin's "The Assassins of November," or those who took care of the survivors of the January 12, 2010 earthquake, which is featured in many of the poems, including Boadiba's "Post Quake Blues." The double entendre—blue/blues—in "Post Quake Blues" highlights the bright blue tarps, which were a common sight in the quake's aftermath, serving as a metaphor for our shattered land, which, as Patrick Sylvain describes in "Fragmented," led to many Haitians being strewn about like leaves, to, as Berthony Dupont explains in "Where have the trees gone?", *Chile, Brazil / In Dominicanie, Paris, Canada / In the USA / Worldwide.* Thankfully, our words, stories, songs, and poems continue to travel with us.

This Land, My Beloved: A Trilingual Anthology of Contemporary Haitian Poetry connects our past, present, and future in the three languages we have traditionally been most likely to speak. Boadiba introduces Spanish, now one of the primary languages, along with Portuguese, spoken by children born to Haitian parents in Chile and Brazil. These poems, in whatever language they are read, recited, or pondered, carry the stories, dreams, and aspirations of a people who, both in and outside of Haiti, continue to use art as defiance against despair, oppression, and pain. Through these poems, we experience in a way that only art can convey the triumphs and tribulations, the struggles, the injustices, the beauty and strength, and these poets' enduring love for Haiti. Though news from the country—mainly from Port-au-Prince—is often quite grim, we are granted a respite, *yon ti souf,* to traverse these sacred and beautiful mountains to the clouds. As Doumafis Lafontant writes in "Dear Haiti," let us take our beauty into our own hands and let these gifted poets guide us on this journey. When we need it most, the poets and editors of this excellent book remind us that being Haitian is a gift.

—*Edwidge Danticat* is the author of some twenty novels, essays, memoirs and collective books including the acclaimed *The Farming of Bones* (novel, 1998), and more recently *Everything Inside* (short stories, 2019). She lives with her family in Miami, Florida.

Overture

Luxurious Nature by Michèle Voltaire Marcelin

Charlot Lucien

The Path of the Maroon

(for the Rev. Martin Luther King)

I know a secret, hidden mountain path
That snakes its way
From the vast sugar cane fields
To the mountain top, close to the clouds;

It is made of the deep footprints
Of countless men, women and children
Who had longed to flee
The stink of fear,
The rusted chains around their bloody ankles
The shame of the whip across their bared bronzed backs,
And who ached to reach
The invisible mountain tops
Where the tender of the green grass
would welcome their sore bodies,
Where the cool breeze
would soothe the red abrasions of their black flesh,
Where freedom would await them
In HER welcoming arms
The same path still exists I was told
With the same indelible footprints
That invite us to tread again
In their depths

Maybe at the risk of being caught
—as in the past—
But with the certainty
That it leads indeed
To the mountain top
From where we now all can see
The Promised Land.

(English translation by Joseph Bocchicchio)

Coutechève Lavoie Aupont

I Love you in the Shadow of the Setting Sun

I love you in the shadow of the setting sun
eyes wide onto the world

> wide over
> open wide over
> wide open to the world

as though your love could let you see
the vowels braced against the day

in the white of darkness
beauty is remade
like a girl in her thirteenth spring

our fingers fanned out
we chase others' palpitations

and what claims are made of distant landscapes
if the heart's from here

your taste is in the earth
in the oar as pure as parchment baked in sea salt
at night you are in the murmurings
the dew on your eyelids from fraying dawns

wind
tam-tam of sun skirts

yes the black aroma of endless expanse

all the more reason for loving
love is in the eyes
and the jumbled shadows of passers-by

I love this street
this city
this country
the way one reads worry
dashed on a postcard.

(from *Partances,* Rivarti Collection, New York,
April 2019, translated by Dr. Charles Rice-Davis.)

Gary Klang

It is High Time to Relight the Stars

I take this verse from the one who
Without rhyme
Without fanfare
Sang of the bridge over the Seine
And sang of the new
Who spoke of
All that lies at the deepest layer
In these times
Of death
And disarray

These hours of hatred
And bitterness
When one does not know to which saint to offer vows
To which God to pray
As all seems vain
And all beings
Have lost reason
And balance

Little men are extinguishing the torches
And bringing darkness to the earth

The time is overdue
It is high time
I tell you
To relight the stars.

(English translation by Elizabeth Brunazzi)

Boadiba

Jeremie my Beloved

After seven days of rain
Wrapped in a towel
Holding an umbrella

Jeremie bare-legged emerges from the virgin heart of Haiti
Mud up to her knees

In the streets suddenly paved with stones from flash-floods
Jeremie in a straw hat her feet in the water
Kneeling at the cheerful tombs of a pastel cemetery
Jeremie in rose tatters on white foam petticoats

Jeremie upended in the colorful clay of her dangerous borders
Jeremie hanging on to the iron lacework of her
treacherous coast
Jeremie pushed back against the sole beauty of her palette
of wet walls
With latticed doors and windows
Keeping as unique elegance the eternal
purity of her brick arcades

Jeremie open-work bridges embroidered with streams
Whose multi-colored mud carried by the Grande-Anse
Makes a pink line on the heartrending
blue of her pale sandbars

Jeremie entrenched between the red thighs of two
flooded rivers
Jeremie abandoned at the edge of a rutting sea
Jeremie disfigured by the black smoke of charcoal fires
Jeremie disaster victim but still flinging in the wind
Her unforgettable fragrance of dried vetiver.

Lenous Guillaume-Suprice

At This Very Moment

Eyes matured
in the colors of wheat on the shore
arms open in the light
to banish the shadow of the least doubt
over the entirety of the space of brotherhood
to the greatness of existence
we prepare to incorporate the other within us
in view of the consolidation of struggles

and the conquests of the collectivity.

Eyes opened
maturing in wheat sheaves
in the light of arms
we cherish the birth
of our mystery in the other
we take steps in the direction
of the stammering other in us
to preserve our territories
from a certain contact with hatred and exclusion.

To the greatness of patience
we hope for the fullness
of ourselves in the other
eyes maturing in germination
without servitude without hypocrisy
and arms open for the harvest of manifest beauty
to wipe away the scars of today
upon the waters of our splendor
in the course of the millenia to come
so that no rancour should cloud over
the smile of another.

(English translation by Elizabeth Brunazzi)

Mikaīma

You are my most ardent wish burning among the
birthday candles,
between a choir of children, the virtuosity of trees playing
the blues in the beautiful season, in a
doorway of the hour and its light of the
beginnings that reunite us.

You are that melody whose texture and scent I will never
forget, even in time
of storms, even in time of hurricanes or
even the appearance of betrayal...

Even when thirsty, even when starving my women of the
road will take nothing essential
without you, will accept only the streams which have already

replenished your parched body, will
taste only the dates you offer them in your generosity, you
their consoler, their
maker of shelter in former times of great famine.

(English translation by Elizabeth Brunazzi)

Jeanie Bogart

That Country of Mine

upon the parkway of my life
i found you
in pensive mood
o my country of a thousand and one voices

i have learned how to tally
each puff of wind
fixing up your ponytails
messing them up as well
at will

your offspring
laying down in their own nudity
innocence implanted in their guts
expected
to see emerging a monster

they did not see it coming
in the form of high tide
engulfing itself
in the cavern of your coastlines

this image chases me

water confused for tears
suppressed cries
bellies filled with nourishment
not of the daily bread
long-awaited for
but of the tidal wave
that accompanies the hurricane

i managed occasionally
to walk with my head bowed down
by fear of intimidating the sun

i sometimes
bite in the blue bursting of the sky
without regards for the pain inflicted

i allowed myself
once in a while at night
to sleep on a straw mattress made of stars
as I dream to offer to you
a luminous sheaf
in the early dawn

it pleased me often
to dance interminably
to the frenzied rhythm of a gede ibo
just a way to return to the fold
to make up for your desolation
with a smile

this image obsesses me

devastated glance
dried tears
muddy thoughts
my country is staring me in the face.

(English translation by Samuel Barthelemy)

Karine Belizar

Somnium caelum

Favored celestial body
Toward you I turn
For important decisions
From the room in which I lay
I contemplate you night and day
Next to you, a star shines

In the sublunar sphere

I write lagoon verses
As a laminar poet
Waiting for the new millennium

Haiti
Whose shackles break free bit by bit
So that its children may
In turn, play with the Sun.

Tontongi

Harvard Square, a Summer afternoon

The bewitching melody
of the saxophone and the orchestra
unexpectedly adjusted
downwind on the square
in the gaiety of the Summer's charm.

Spectators and passers-by
and the dancers improvising
smile and swap places
every once in a while—it's poetry
of the muse on a Summer day
people dancing and while smiling.

Even tourists and their cameras,
with amazed gaze under new ecstasy
from the great wonders of Harvard Square
don't care much about the irony of the perversion
of the ideal of being by the unclean place; yet
the *transient homeless*, that's another story,
like consciousness made other and undesirable
in the laboratory of re-education.

(English translation by Elizabeth Brunazzi)

Louis-Philippe Dalembert

haiti on my mind

*"ooh georgia, no peace I find just an old sweet song
keeps georgia on my mind"* —stuart gorrell

*(for edwidge danticat, rooted in the same memory,
and for arthur h who loves this country)*

you don't leave this
country you don't leave it

one day you think you're going far far
away going away for good
leaving the clouds
behind drunk on
wandering heavy with
fragility
letting the towering clouds knot and
unknot arabesques in the sky

one day you think you're going
away letting the city die
then revive
phoenix overfed with a thousand dreams of despair
rain uprooting the last conversation
between trees with the earth

one day you think you're
leaving letting the sea
shrink
from so much sorrow and
waste letting the rivers fall
silent
until they burn up
like the last note of a blues song

you don't leave this
country you don't leave it

one day the smells return to
you far off in the world

return from far away
one day the diverted
smells the smells one day
resurge from a distant past
those from childhood and those strong ones from today
mingled until you can't stand it
hopelessly mingled

one day a woman's
allure in the faraway
world
as she wearily walks past the dust of her dreams
which drown one by
one born in low waters
one day her approach
that drains the futility of life
and majestic its fragrance entwines once
more this song of a bygone time
like a lost sob

you don't leave this
country you don't leave it
nor even go away

one day hope and hopelessness merged
like yesterday and tomorrow until you no longer
know like these echoes of day in sleep
sustained until you can't stand
it these shreds of memory
childhood refrains to the night of the star

you don't leave this country
nor even go away
from this land
from this
woman go out
perhaps and yet.

(liege, october 6, 2007, English translation
by Nancy Naomi Carlson)

Alex Laguerre

Shadow Zone

My despair is going to party on
down among the Magnolia trees
and my poem
defying the curfew
roams,
taciturn and barefoot
striding along on all the streets
of the city.

(English translation by Elizabeth Brunazzi)

Patrick Sylvain

Fragmented

Autumn's scattered dreams,
Undressed dreads down to the roots.
I am strewn like leaves.

Toes

Bare toes laugh out loud
At twisted French leather shoes.
They are chimerical.

Danielle Legros Georges

Poem for the Poorest Country in the Western Hemisphere

O poorest country, this is not your name.
You should be called beacon and flame,

almond and bougainvillea, garden
and green mountain, villa and hut,

girl with red ribbons in her hair,
books under arm, charmed by the light

of morning, charcoal seller in black skirt,
encircled by dead trees.

You, country, are merchant woman
and eager clerk, grandfather

at the gate, at the crossroads
with the flashlight, with the light,

with the light.

Ella Turenne

Middle Passage

In the horizon a dove soars
Scoping the open waters
Blessing the souls that lay below
They endured unspeakable hardships
These misplaced and misled people
Divine spirit captured them as they fell
Off rickety boats
While the rest of their family
Survived and arrived
In Saint Domingue.
Bienvenue! This is the New World.

Wealthy, coveted, watched, exploited
Saint Domingue.
Tragic cycle
Work, die, import
Import, work, die
Die, import, work.
The misery of slavery
Birthed through the middle passage.

Gone are the times we sail for fun
Along our ageless shores
With their golden sugar waves
These vessels carry us to distant coasts now
Far from the life we know
Far from our ancestor watch
Their arms reach out over miles
But sometimes are not long enough
To catch the ones who fall
All we have now is what is in our hands
Precious cargo of life and
Scribbles on paper
Tickets to a freedom
We thought we once had
Now lost
We are seeking elsewhere.

We don't travel over rainbows
But there is a pot of gold at the end of this journey
If we can hold on long enough.

We had no choice about where we were born
The waters that surrounded the land where we lived
Should be red with the life fluid of our ancestors
The water that was supposed to protect our people
Nourish them
Cleanse them
Turned out to be the enemy
Preventing them from reaching
Shores where liberty reigns
A dream can become reality
So what we came over in boats?
Who bought us here in the first place?
My people were never water people

On mountainous terrain
In the middle of the ocean
They were never equipped to survive in rapids and waves
But they made it across the same waters
Their ancestors were forced to weather
Clutching the edge of a wooden piece of hope,
They looked out into the hungry mouth of the ocean
And peered straight into the souleyesspirit of the Lwa
Long ago engulfed by these unforgiving waters
Those same Spirits cannot be forgotten and
Their energy cannot be broken and
The womb that is the middle passage
Still has not healed
Still moans with the voices
Of thousands of vocal chords
United in cries for freedom
An energy that looms over
Even the calmest of waters
That energy rages under my skin
Keeping me connected
Reminding me that there was a before me
And that there is a with me
Even thousands of miles away.

(English translation by Elizabeth Brunazzi)

Catastrophes

Boadiba

Post Quake Blues

(to Gregory Vorbe, Haitian painter and musician)

Blue blue blue of the bright blue tarps
We call puelas
Quilts together our fractured land our fragmented selves
Puela puela blues patch the rubble of our lives with shards
of sky
Set into the canyons of fallen things
Where desiccated corpses are still trapped

Puela puela blues puella blue blue blue
Backdrop for armies in silhouette come to make good
money
From our poverty that alleviates their countries' bankruptcy
Puela puela blues puela infantry whose deadliest weapons
are not the guns
That defend no one
But the imported cholera they spread
Dumping their shit in our riverbeds
Blue blue slivers of blue blue water break the camouflage
colors of these puela soldiers
Waving before our faces their rosary of rapes

Puela puela blues puela blue blue blue of the bright blue
tarps
Hiding the places where puela children are herded
To lose their souls across the borders where they are sold

Missionaries continue to indicate the sites where strategic
metals lie
Blue blue barriers of bright blue tarps surround enclaves
Where black men stagger under sacks
filled with our stolen treasure

2.
Puela puela blues local overseers driving in the dark
On a road just cut with earthquake funds
And designed to last only as long as the digging goes on
sell our entire country at a very cheap price
Puela puela blues endless successions of destructive
administrations
Presidents fallen from the greed for power
Generals returned to reclaim their place
Orchestrated by foreign puppet masters
Who position them on this chessboard of disaster
Resting on incredible stakes:
The well-kept secret of Haiti's immense wealth

Puela blues puela blue blue blue helmets from the
proverbial fat cats
Who jump out of a bag slit by a seismic crack
To reveal the underbelly of international thievery
Past and present haggling with the guns they hire
To roll in the money of our puela economy

Summers blast us winters rot us to shreds
Sewn into the blue blue geometry of our laughable shelters

Standing ankle deep in muddy water
we spend another season under the weather.

Charlot Lucien

A Hand Rising from the Ruins

(for the victims of January 12, 2010, earthquake)

Yesterday, a superb building,
A monument to human vanity
Right in the center of the city
And something stirs in the midst of the debris
Of what remains of it today.

A hand
A hand with five fingers

A forgiveness we are used to.
A hand? That's all?

Say more, tell me,
Is it smooth? Manicured? Calloused?
Is it black? Is it white?

Is it the hand of the master of the house?
Of a well-meaning tourist on a visit?
Or the hand of the aged housemaid?

No one can say...
It is just a hand, a bloodied hand
Gray-colored and covered with dust
With a chorus of insects
Buzzing over their pitiful prey.

But it is moving! It is moving!
And one of the fingers, although weakly,
Seems to say to me and to the world
"Come here, closer, closer..."

Yes, a hand moves among the ruins
Covered in blood, dust and ashes,
And no one can say if it is black, white
Smooth or calloused...
But it is moving!

And it seems to me now,
That is simply needs to be washed
To be warmed up
To be held by other hands
And while I hold it

And wash it, and warm it up
You will join me
With your naked hands-if you have no tools
To dig around it
To help pull out an arm
To pull out a head,
A chest weighed down by debris,
A ravaged body,
Out of breath, but alive!

We can all then
Gather together
To help rebuild
A life,
To help rebuild Hope.

(English translation by Elizabeth
Brunazzi with Charlot Lucien)

Vivalex Calice

Her Heart Never Leaped

(for the courageous people of Haiti, Port-au-Prince)

You will rise once again
On top of this fault line,
From the chasms and crevasses,
Beneath concrete and cinder blocks,
Among the ashes and ululations of our people.
God will return this tropical bounty to our progenies.
We are no strangers to the malfeasance of men
And ravages of Nature.
So many times our virtual remains
Scattered to the comers of the trade wind
Only to find the prism that is hope,
Only to find the courage to stare death
And its cohort of pain, despair, sadness in the face.
This time, the clarion trumpets
The faint but hopeful voice of a seven years old girl
Pinned under slabs of concrete and twisted metal.
She finally emerges with a triumphant smile
And those inspiring words:
"My heart didn't leap. I was never scared."

And, I was scared.
My heart sunk in morbid turpitude
Because I know:
After years of needless exsanguination
We were not prepared to sate the thirst of the Earth,
To fill the jaws of trembling grounds

With our limbs, with our lives
And those of our children.

In the early hours of this devastation,
When the roads were impassable to man
They erected a bridge
With prayers and supplication
So, the grace of God can reach them.

Malediction! Cried some televangelist
And other religious fatalists
Trying to paint us as hopeless sinners,
Trying to turn us into a nation of penitents
For the deadly sin of liberating ourselves
From the horrors of Chattel slavery.
The God we know and love,
In all his magnificence, grace and misericord
Will never unleash his wrath
Against eleven-day old infants and seven-year old girls.
And the World, this imperfect World
Came to make the roads passable,
To rescue our wounded, bury our dead,
Feed our people and help raise our spirit.
Today in their name,
Here in their stead
I say thanks to the world.

(first published in Toward Forgiveness,
An Anthology of Poems by Gayl Teller)

Marie-Ange Claude

Maimed

The streets are sad
They have their tongue cut out
So much blood inundates the day-to-day

Haïti my love
Under our palaces lies a bitter taste
The odor of blood stays in our nostrils

From morning to evening we live in anguish
We no longer know which street to take
To escape death that lurks naked in the city
Bitterness imprinted on our hair and in our souls
Our steps no longer know which foot to dance on

Will tomorrow only be made of the sound of bullets
Of smoke from burning tires
Of bloody graffiti on the walls and sidewalks

In my throat a huge stone rolls its sadness

Tomorrow we will raise our voices to say
That here death must cease to roam freely
That we wish no more of the odor of fresh corpses
Like wreaths on every street corner.

(English translation by Elizabeth Brunazzi)

Michel-Ange Hyppolite

Caribbean Islands

(for Daniel Boukmann and Max Rippon—
"Creole speaks creole understands")

We're Caribbean islands
Our dawns drown in ashes
Our springtimes bloom
with male kenep flowers
They cut the rainbow to bits
under our armpits

We're Caribbean islands
our blood tempered by patience's breath
We're waiting for September
to string the beads of the north wind
into necklaces for the children of Lent.

Patrick Sylvain

Indignation

When music of the heart stops,
lights die from mothers' eyes.
Their wails burrow
into folds of skin.
Tears turned into oil
when candles of grief
burnt past their wicks.
In a land of dead black people
walking, their indignant souls
are incapable of watching
their own bodily death
like decomposing trolls.

Aidan Rooney

Tristes Pâques

(*for Frantz Duval*)

No kites ply the skies over Port-au-Prince.
Bored young on smart phones hang out out-of-doors.
The dried fish street vendors feel the salt pinch.
Few fuss over the same-old paschal chores.
No one will hold you to the week-long fast
On cod and hard-boiled eggs, on tinned sardines,
Building up to Sunday's plump turkey feast.
Many smile on rice, spaghetti or beans.
The pharmacy on the Champs de Mars
No longer sells those cut-price chocolate eggs.
It is a lot to go to every mass.
The ups and downs are hard on the old legs.
The streets are not good, the elders say. Wait.
Jesus will rise. You would be wise to stay put.

(also published in *Tanbou* magazine, Winter–
Spring 2019–2020 edition)

Rigor

All I can say to her in her language
is: this will pass. The tremors run through her
as if the earth had started up a dance,
then she dozes again under my hands,
good for nothing but their light-press weight.
Her too-small infant coos in the next room.
Sa a ap pase, I want to soothsay
in a more inarticulate Kreyòl
when the rigor roils again and her eyes
reopen into mine. Glazed. How can fear
appear so beautiful? There is nothing
more to say, so I say: *Dòmi, Kouche.*
Kouche, Dòmi, I say again, when we drop
her and her baby home—an 8-foot cube,
corrugated tin, US AID
wrap round bamboo stakes—and go over
the medications she will need to take,
counting out the days—*demen, aprè demen*—
till she is well and I will be long gone.

Doumafis Lafontant

Dear Haiti

You can dream too
This is the potential I want to awake,
Your soul.
Take your beauty into your own hands.
Expose her to the big screens so that everyone can see,
You are talented.
Being Haitian, it's not magic, it's a gift.
Even if others say otherwise.
Frankly, their opinions don't matter.
Actually, they're wrong.
That which matters is who you really are.

The most important thing in the world right now,
Considering this huge crisis, (what we are going through)

Is the story you are telling.
The words, the others say about Haitians,
All the lies are no longer hidden

Show yourself off
Keep your balance on the tightrope of existence.
Free your heart
Don't hold any grudge
Be as light as a feather
Walking on water,
It is not a miracle.
It is the way you live.

The link between birth and death is Liberty.
Where it exists in you, no one,
Not an animal,
Or anything can defile it,
Your inner strength.
They might try, but it is a waste of time
You are what Haiti is to you.

(2021)

Boukman's prayer

(an adaptation of a song by Azor)

Boukman, oh at Bois Caïman
We address you
We don't divert you
At Bois Caïman
Oh Father Boukman
We have had enough
Oh Father Boukman
We have moved ahead so far
The country is divided
Our families are split up
You did not initiate Bois Caïman
For us to serve foreigners.

(2021)

Mario Malivert

The Night of the Earthquake

bricks
walls
concrete roofs
on our bare backs
multitude
hung in the triangle
of stars
an array of drool
acid
a moonlit night
on the asphalt
outside the cubes
a deserted home
trickling stuck
in the beds of ravines

Too Full

Port-au-Prince
that tilts and sways under the weight of feet
nothing but feet too many feet
people that come from elsewhere
sons of Jean-Rabel and Mole Saint Nicolas
that abandon the land
in quest of the fast pace of the city
houses crop up in the beds of ravines
walls wash away under heavy rains
concrete juice in the waters
coffins are under the grey clouds
the canals what canals
the sewage what sewage
but the march continues in the dusty streets
of the city of princes
in the quest for gold buried under the sand of the sidewalks
so much time wasted
the grey mass of the brain

engulfed in the expectation of sky scrapers
the same silhouettes sway their hips
from morning 'til night
the same young women with lascivious demeanor
demand to be noticed
ideas dead-born of makeshift intellectuals
savants without shelter
seated on the hoods of cars
young people who find nothing
to do
but to pursue the ecstasy of unusual games
but to succumb to attractions of the flesh
panacea of days of boredom
outlet of long monotonous hours of hot nights

the meal of hollow times is served
in a wave
carnival of purple and grey
tide of bats
zigzag
ash seconds
jumble of plastic bags
paper blackened with mud
chicken tendons with necks wrung
for the Sunday meal
the garbage that haunts us
the smoke that dances in its violet robe
nauseating smell of rotten flesh
the child that drives his circle around
the heap
those who have lived their entire lives
in this life of pot-holed roads
will go straight to paradise
those who have quaffed of the bitter cup
modern day Lazarus
will surely rest
on Abraham's chest

Denizé Lauture

Pestle Strokes in the Spinal Cord

In the afternoon
Near dusk
Near night
A damn afternoon
A Tuesday afternoon
First Tuesday
After the beginning of Mardi Gras
A fatal Tuesday
A Tuesday from hell

It appears the earth's empty belly
Needs to eat people
Needs to drink blood
It appears the earth
Is swallowing her own guts
Her twisting guts
Her dry hollow throat
Needs to eat people
Needs to drink blood

Her old bones like a serpent out of Hell
Bend along her long back
Her tail and her head
Touch the ground
She shakes
Shakes her body
Like a mean mule full of fleas
Like a demon with a million
Enraged arms and legs

Agwé god of the sea cries "No"
The earth does not listen
Serpent Deity Ayida Wedo cries "No"
The earth does not listen
Simbi of the Water cries "No"
The earth does not listen
Papa Legba and Papa Danbala cry "No"
The earth does not listen

She does not pay attention
She ignores them

She rumbles
Rumbles
Like the cannon sound of the Jakmel sea
Rumbles like
Heaven's thunder

Everything upright human and beast
Even things close to the ground
Are knocked to the right
Knocked to the left
Fall to the left
Fall to the right
Spread like flour to the ground
From Port-au-Prince to Jérémie

Concrete streets and back yards
Split into ten thousand pieces
So human blood
Can pour into the earth's throat
Countless white clouds
Like white zombifying powder
The white powder of death
Cover Ayiti

Children and the elderly
Become white zombies
White ghosts yelling Anmweee!
People fall people fall people fall
Blood pours blood pours blood pours
Our Mardi Gras and Rara seasons
Fall into a hole
Below the foot of the Sabliye tree
We no longer hear the snoring bambou
Or the sound of the drum
There is only the sad sound
Of the death conch shell

Those whose eyes are still open
See the A B Cs of death everywhere
See the books of death everywhere
Libraries of death everywhere

In a white veil of death
In a sea of white dust
Haitian blood marks pyramids
Becomes crosses
Along roads with two branches
Across straight lines broken

Rich Haitians just like the poor
Turn into paper leaves below house walls
Like sugar cane or corn in a grinder
Our feet like our legs
Our legs like our arms
Our arms like our heads
Crush under the heavy weight

In the center of every street
At every intersection
Haitian corpses lay across sidewalks
The lucky ones who are still alive
Move like huge lizards
Slide over corpse after corpse
Corpses arranged like the letter "A"
Arranged like the letter "Y"
Arranged like the letter "I"
Arranged like the letter "T"
Arranged like the letter "I"
Ayiti spelled in corpses

Under their feet—red
The red blood of their brothers and sisters
With clenched bellies
They crawl two hands at their heads
Two hands behind their heads
Two hands holding their jaws
When they stumble—It is their friend's body
Their grandfather's body
Their grandmother's body
Their brothers' bodies
Their sisters' bodies
Their father's body
Their mother's body
Their children's bodies
Their arms open like on a cross

O poor children of my motherland
Both arms open like a cross
Jesus Christ descends from his cross
Makes room for us

Crosses Crosses Crosses
Crosses here
Crosses on the other side of the border
Crosses on the other side of the sea
We have to bear so many crosses
We carry crosses until we turn into crosses
We sweat blood under crosses
We vomit blood under crosses
We piss blood under crosses
We defecate under crosses
Crosses the day before yesterday
Crosses yesterday Crosses today
Let us say "NO!" to tomorrow's crosses

We are placing our crosses
On top of God's shoulders
On top of Papa Legba's shoulders
On top of Danbala's shoulders
Larenn Ezili's shoulders
On Agwe
On Ayida Wedo
On all the heads and shoulders without bodies
All spirits without bodies

We will gather our dead
Wash them in perfumed leaves
Bury them in fertile ground
We will plant the Mapou tree of love
On their graves
Love for life
Life for love
Our children will grow
With love and life in their hearts
With life and love in their heads
They will love all people
Hawks will no longer prey on our motherless chickens

We take the blow
To the middle of our skull
But damn it when our head splits open
It is life and love that enter us
Hope will always sparkle in our hearts
It may seem we are on the road to Hell
But we will discover the right way
Because we are the grandchildren of Guineans
Africans who know how to eat fire
Africans who know how to dance on volcano lava
Africans who know how to steal the sun's fire
We will arrive
Yes, we will arrive

(English translation by Monica Hand, who unfortunately is no longer with us. First published in the Fall 2012–Winter 2013 edition of review *Tanbou* under the title "The Blow That Opens Our Center.")

History of Present Times

Ricardo Bogaert-Alvarez

Shadows

*(for the Haitian victims of the Genocide
of 1937, Dominican Republic)*

One day with a morning moon
We will hold our hands
Black and mulattoes
And white roses will surge;
We will go around those fields
Filled with spirits, those that roam around
Since the 1937,
Those that before their time learned of
The edge of the machete and
The solidity of the club on their bodies

No matter the kilometers
That we walk neither the sun on our foreheads:
God will give us thousands of roses
To calm those shadows
That have not rested
In this crude horizon
Of shacks, blood and sugar cane

As the petals kiss
The sidewalks of the road,
These souls now free will go up to Heaven,
Will group the clouds
And declare their liquid pardon
Then we will release our hands
And walk to the shack;
In our siesta,
Haitian brother,
An angel will refresh our sweating foreheads.

This Land, My Beloved / Cette terre, mon amour / Tè mwen renmen an   57

Charlot Lucien

Riposte

A shot went off somewhere...
A mother,
A mother since how could it be otherwise.
A mother whose child was out of doors
Began a deathly
Prolonged, interminable howl
The thing,
The scream
Rose from the womb
And in a tumultuous flood
In a muffled groan
Engulfed her dilated chest
Before gushing out of her throat
With the vigor of a storm
That burst out violently after endless minutes.

A shot went off somewhere...
A soldier of these times,
Since how could it be otherwise
A soldier of these times
Chuckled
And took his turn getting off a shot
Somewhere,
Somewhere toward the crowd.

(English translation by Elizabeth
Brunazzi with Charlot Lucien)

Tontongi

The Alterity of Contingency

The tearing of the instant,
the hour of the last waking
the final breath on a certain morning
we have seen it and it goes on and on;
it is the price of the moment of rejoicing
the ransom for the pleasure of living

but also the revelation of destiny
the price to pay for survival

The tearing of the instant
it's also an epiphany
the discovery of absolution
of the absurd and the Orwellian
the perversion of reality.
However it can be reinvented
with impertinence and audacity
the cry of revenge born of despair
the demand for justice for Exis.

After the allotted time
often by the caprice of chance
there will remain only the memory of the survivors
the fleeting moment vanishing with time.
This gathering around the dining table
one morning on New Year's Day, it is our Quatorze.
It is the moment of glory for the commune,
the symbiosis between time and Being
their unity and also their rupture
the whole submerged in evanescence,
victory of the instant over time,
the nakedness of contingency.

(English translation of the original
French by Elizabeth Brunazzi)

Marie-Ange Claude

Haiti My Love

Haiti my love
A long blue thread binds you to me like salt, sea, and fish
Flamboyant and papaya seasons
Unroll, slide their flowers under my feet
And perfume the air in knots
Soft like lizard eggs

You and I have memories nailed in the flesh together
On the avenue of our colliding despair
Then wounded in the knuckles for having walked too long
Towards our crumbs

Haiti my love the sky has become breeze
And spills broken droplets of sorrow on our heads
We keep cloud clots in our eyes
Fringes of worries yellowed like the walls of waiting
And puddles of early pains that have hardly learned
To speak and to walk, their soul slit

My love
Your people are tired of being left rocking
Of being crushed like sardines
In your body echo silences and sobs no longer willing to
be stifled
Bruised like the wounds that swim through your soul
Resume your dance little spinning top
Spin, swirl, and then dance
To the rhythm of the wind as dense as the heart
That dwells at your doorstep

Love of mine
It is rumored that tomorrow you will recover your foliage
And that your children will drink from your springs
Without the risk of catching cholera
That instead of tuberculosis and malaria
Roses will grow in our fields
That once again smiles and life will come
home and sojourn there forever.

(English translation by Chantal Kénol)

Michèle Voltaire Marcelin

The Assassins of November

*(for Drouin and Numa, executed on November
12th, 1964 by François Duvalier)*

I remember childhood
I remember a far away time
before my heart fled south
when good intentions came to nothing
and promises were trampled with the dew

They came for you at dawn
dragged you through prison gates
after a shave, a wash, a change of clothes

I do not believe you cried
even as they strapped your shoulders
to the pole
even as the bullets echoed in our eyes
swarmed in your chest

It was Thursday
school children with ribbons in their hair
would bear witness
until you signed your name in the earth
with your bare feet

Cameras rattled off to steal your soul
but all they captured was your death
replayed for days on end
so those who were not in that narrow street
or on the balconies facing the cemetery
could hear your rising moan
and see your bodies slump
so still between the shade and light

You faced the firing squad
eyes opened wide
and died under the bright sky
Your blood
the color of the dress
they forced your sister to wear
to belie her grief
flowed and seeped into everything
and pain was everywhere

Let the crowd bleat
let it choke on its own shame
as it returns from the execution grounds
what stirs its body and spirit is Fear
but you are fetterless Numa,
and Drouin, your wandering is done

You've found another freedom.

(2013)

This Land, My Beloved / Cette terre, mon amour / Tè mwen renmen an   61

Gahston Saint-Fleur
(De Bois-de-Laurence)

Brief Account of the History and Destiny of the Black Race

And the subjugated gods rebelled
Marduk created men
to bring reconciliation and peace among them
and men in turn revolted,
then emerged from the earth... the Indian
who became unconquerable
showering the earth with his blood
offering up his red-gold skin, this precious nourishment
for men and gods; it was there then
the Black appeared beneath the moving waters
like fish trapped in trammel nets.
The Black people, to be used by the gods
for the sake of the master race of men, to serve them,
and by their own presence as a Black
to honor the memory of the vanished Indian.

But when Black revolted
choosing to construct
their own destiny, its waterways and cabins,
exacting from gods and men
the plentitude of their existence.
exacting, yes; for liberty and right
in any period, and for no one
are they objects to be handed out as gifts.
It was clear that Black had decided not to follow the Indian
on the path to submission and disappearance.
In their anger Black poisoned
the sources of water, fruits, love, night...
at this stage, Black were invited
by gods and men to find the path to daybreak.
The alliance of the three produced
the mating of the new mechanics and cybernetics:
then emerged robotics to assume the burdens of men
and Blacks

and to perpetuate the image of the drunken, orgiastic gods.

And the robots realized…
gods and men and Black
were all only figments of memory
in an usb, in icloud…
wonder, marvel, empathy, forgiveness, love…
like many others in other times
had been destroyed and rusted away.
And there ended, pardon me,
began the account of the history
and the destiny of the Black race.
Brief Account… end.

(English translation by Elizabeth Brunazzi)

Jack Hirschman

The V Arcane

It's been months since I came to
now, yet whether it was my jazz
poems written 40 years ago and
only just published in book form,
or the typescript of a book-length
poem of the Vietnamese people
written 42 years ago, lost in the
mail 17 years ago, recovered on-
line by a friend, who sent it to me
as a birthday gift before my 79th,
on December 13, 2012,

everything then's also been now
because to write receiving words
in rhythmic jazz time is to realize
such words don't age in historical
time: the poems I wrote 40 years
ago read as if they've been written
yesterday, which is what all this
is about, as will soon be made very
clear, as will the ritual

of Len-Dong that grounds the poem
of the Vietnamese people, and the
tie between those jazz poems & the
Vodou sect—yes, I said a Vodou sect
in Viet-nam, following the Dau-Mau
religion, the worship of the Mother
Goddesses, which evoked for me
the invasion of Haiti's Loas into
the U.S. South in *A Rainbow for
the Christian West*, a great book of
poems by Rene Depestre that I'd
translated three years into the
Vietnam War in 1968.

Where there was one temple for
Len-Dong in California in 1970,
11 are now here. Because 'tain't
possible to forbid or outlaw the
big V for long, just as 'tain't
possible to suppress the jazz
instinct, which belongs to the
whole world's peoples, and is
rooted in Vodou (or didn't you
know that was what was in New
Orleans), received when Blacks
and Whites danced together in

Congo Square in the Beginning
because the big V, only a couple
of decades earlier, had helped
drum up the most supreme
liberation of slaves in history,
making Haiti a diamond-point
of reference to revolution, though
after the backlash of destitutions
from capitalism's revenge, and
after the earthquaking catastrophe,
thousands of Haitians are homeless

NOW, and so let's here and hear it
for drums coming from the beat of
the beings of streets of hiphop soundings

rebounding to Boukman's Vodou drums
signaling across all Haiti an uprising
like the "drum-pumped aortas" called
out by the first street poet of the century
of revolution, Vladimir Mayakovsky,
and with the drumming Mo and
cymballing Canh Dong of Len-Dong

rituals it's the barrrraban best of the
necessary call to have done with all
the corpseserrations sawing us ever
since always, but especially since
the consummate consuming of
endlessly meaningless self-satisfactions,
and so be done with the avant-dead, as
they don't hear the drum-poem vévéring
in the ears, spreading your fingers to shape
not a V for a Winnie-or-Ronnie sham Victory
but the V of the peace of Vodou's luminous heart.

(2013)

Jean-Dany Joachim

Another discourse

Before this day ends, I will write a lengthy text for
the country,
A text as long as all the trees put together,
A text with brand new words, like
raindrops on mazonbèl leaves.

I will write urgent words that the country needs at
this moment.
Words that before anything will join us once more:
Us from the city, the countryside and all of us abroad.

This text will be for the land that is a part of us all,
Our umbilical cord:
Very rich folks, rich folks, folks with little
means, and those with nothing

I will write in this text how beautiful we are when we are at peace,

This Land, My Beloved / Cette terre, mon amour / Tè mwen renmen an   65

How we are joyful people who love to laugh and crack jokes.
A united people, even if we do not show that.

I will write in the text words that resemble a dream,
An old time dream that we still dream every day
Dream of union and liberation.

I won't waste time talking about the country's history,
We all already know it.
I'll talk about what we need to do to move forward.

I will not speak of the sun this time,
And won't even speak of the ocean that encircles us.
I won't speak a word of the sky and its colony of stars.

I will make a short mention of rivers and trees,
Water sources from the hills rushing down
To fill up jugs and kanari so that we never have to thirst.

The text will speak of all birds: free birds, caged birds.
It will speak of the good breeze that comes to calm the heat.
It will speak of the moon's and sun's
rendezvous behind mountain tops.

I will write this text without difficulty, without lots of thoughts,
Looking for special words and metaphors.
The text will be made with the country's breath.

If sleep would take me away,
The text would continue on its own
To offer an urgent discourse that the
country needs at this moment.

Emmanuel W. Védrine

Gibberish of the Patri-Pòch Candidates

Yes! They talk a lot
they know how to chatter
and they know when to do so
to fool us
they never mentioned in their government's plan
the destruction of latrines
at least in the capital,
a place called Port-au-Prince.

In no time,
the destruction of latrines
at least in the capital,
this place bearing the name
of Port-au-Prince.
In no time,
the destruction of slums
urban habitat of the
most miserable population.
In no time,
the creation of free schools
across the country to end
the epidemic of illiteracy which is rampant
and contributes to the underdevelopment
of the First Black Republic.

There they go! Scoundrels
with deranged brains.
They are the brains of Mardi Gras groups
Candidates who, once become president,

cannot solve even a simple electricity problem
dating back from Cumberland.
Oh yes! Tricky candidates
who will continue stretching out

their beggar's bowl,
before Saint Washington
asking for alms and granted favor
by this Saint in Shakespearian language.

Finally, Candidates who are Beggars
in capital letters—

who dream of stocking
enough US dollars in foreign banks
in a short period of time,
building mansions everywhere
for their concubines,
then steal enough money
for generations to come.

* Patri-pòch: greedy individual who pretends to be
a patriot, whose goal is to embezzle State money.

(Ref. Haitian Creole-English Bilingual Dictionary,
Indiana University-Creole Institute. 2007).

Ewald Delva (Konpè Zòf)

Simplicity

Why so many reverses
Recording on the earth

And myself from my side
I love simplicity
I look at the future
And I forget memories
In the zone of outdated times
In the zone of evolving times

Simplicity, I love its virtue
Simplicity, it is an identity
I will take care
To look far away
Simplicity, this is what identifies me

Often in times of struggle
We make too many complications
Always from my side
I love simplicity
We wanted to drown
When we were anguished
In the zone of later times
In the zone of far off times

I find it most beautiful
To start from zero
For me from my side
I love simplicity
Whoever rises up again
The Eternal will rise against us
In the zone of vicious times
In the zone of avaricious times.

(English translation By Elizabeth Brunazzi)

Kiki Wainwright

Siloyiz

I call you Siloyiz, a nickname for you,
My sweet and beautiful Caribbean beauty.
Whatever your appearance Silo,
Your sunrise starts in my heart
Your sunset mingles with my thoughts.
I see you as if you were in front of me
Coming and going in my brain,
Playing hide-and-seek in my mind.
You get me busy all day long just thinking about you
My thoughts hanging in the past.
You take my sleep hostage
Wrapping yourself with my dream.

In spite of tumultuous times you hold tight
Every time tornadoes shake you
My heart trembles
I think that the thread that holds you
Is about to let go.

Oh Siloyiz!
You play with my feelings
Like a guitar in a full moon.
You make me hear what you don't want to hear:
The thunder that rumbles carrying away a part of you.
You make me see what you don't want to see:
Your rainbow fading out.

You have spoiled me
With what I cherish, Silo,
My coconut candy
My fresco,
Pouring the sweetness of my youth on it
My walnut candy
My soup of pumpkin, joumou
Crab with eggplant
Porridge of corn, my akasan with honey
My rara, my carnival.
You know my weak spot

Like mother knows her son's one.
Look how you make the tear drops
Roll on my cheek.
Oh Siloyiz,
Beautiful flower in my garden of dream!
You have lost leaves and buds,
Only thorns are left on the branches
That are swinging ready to break
In adversity.

On the roadworks for progress
Dishonesty and corruption
Are like roadblocks.
Bad politicians are always plotting
To disrupt the course of actions,
The construction of a new you, Siloyiz
But solid progressive people
Who are mixed in a reinforced concrete of conviction
Are always ready to give a hand
For the new house to be completed,
To be cleaner
More beautiful
Stronger.

Oh Siloyiz!
Your garden will flourish again
Pollen and petal that were scattered
In bad weather
Will return to make buds
That will grow in all branches
For magnificent flower of Liberty
Could flourish,
Spraying fragrance of love and progress for all.

Berthony Dupont

Where have the trees gone?

Where are the trees?
Coconut palms
Coffee trees

The Palm trees
Lemon trees
Bananas
Real trees
Where have they been?

Where have the trees gone?
Some say
They are deforested
But where did they go?
Some say that
They are in Chile, Brazil
In Dominicanie,
Paris, Canada,
In the USA
Worldwide

Deforestation has ended the trees
All the leaves of our trees
Ended up deforesting
Where are the leaves of the avocado trees?
The leaves of the cachimans
Watch the felled trees
Tree branches
All day long
Are broken, stacked
In the middle of the street

Where can we find flowers?
These flowers that adorn the altar
Of the Cathedral of the Suffering People
These flowers that they propagate
That spread
That we sow everywhere
Garbage in the country
Where do they find flowers?
To do something stupid
Such stupidity in the country

A country
The trees have fallen
The branches are cut
All the trees are running out

But where do they find these leaves?
To hide their wrongdoing
Within the state
Where are the trees?

A country
Where the earth is abandoned
The earth is drowning
At sea
A country
Where the land invades the sea
While swimming!
A country
Without agrarian reform!

Where do they find flowers?
To exhibit
These beautiful carnival flowers
These beautiful flowers without perfumes
Over a country they plundered
Over a country they cut off their feet
Over a country, they cut down trees.

The country is on crutches
The country has no feet
The country has no trees

Where do they find flowers?
To hide like this
All their embezzlement
In state offices!

A deforested country
Without birds
The trees have fallen
The branches are cut
All the trees are running out
But where do they find these leaves?
That they use
To make up, decorate, hide
Their dishonest abuses
In the state finances!
Where are the trees?

Fred Edson Lafortune

Impossible

you look at me in the rear view mirror
without saying anything
our eyes meet with the movement of time
in the silence of all that prevents us from loving
you're not looking at me anymore
you're going away
leaving a great vacancy
in my soul

(English translation by Elizabeth Brunazzi)

Who Are You?

I began to grow up
Without you
One day I found you back at the house
I wanted to joke with you
Play with you
Laugh with you
I wanted you to teach me how not to fall
When the chain on my bicycle broke
But life did not give us this gift
One day we flew kites
But it was the last time
Another day we ate together in a restaurant
It was the last time, too
Who are you papa?
I grew up and you didn't know me

You grew old and I didn't know you
Who are you papa?
It was the last time again
Another day we ate together in a restaurant
But it was the last time
One day we flew kites
But life did not give us this gift
When the chain on my bicycle broke.
I wanted you to teach me how not to fall

This Land, My Beloved / Cette terre, mon amour / Tè mwen renmen an   73

Laugh with you
Play with you
I wanted to joke with you
I found you again back at the house
One day I got up
Without you
I began to grow up.

(English translation by Elizabeth Brunazzi)

Elsie Suréna

Spelling Time

The smell of mangoes ripening all summer long
The bell of the angelus prayer twice a day
The black dress faded by eighteen months of mourning
The bet upon gestation of the neighbor's cow
The rust of abandoned tools
The seed branching out as avocado tree
The song often hummed when using the broom
The yellowed picture found in an old envelope
The newspaper classified in the archives
The memory of the first awkward kiss
The pair of jeans squeezing and staying unbuttoned
The same friend's birthday not remembered twice in a row
The monarch chrysalis now a butterfly flirting with hibiscus
The hair dreadlocks turning salt and pepper
The unforgotten celery taste of Grandma's pumpkin soup
The warmth of his hands in the middle of the night.

Janine Tavernier

Marriage

Hurry, wake up your friends
We are all called to gather today
The sun is getting married
He is taking a woman

A star
You know
The little one who lives hidden
In her green veil
In my garden.

(English translation by Elizabeth Brunazzi)

Jean-Claude Martineau

Diver

Standing on the top of the pier
In a pair of old underwear
All of ten years, no more
Waiting for the tourist boats
Little diver

When the boats dock
He's already headed out
And if they're not too cheap
They'll toss a few coins
Into the blue for him to find
It isn't every day he eats
But he's not begging
And won't go steal in the market

Diver, Diver
If you catch cold easily
This is no job for you
Diver, if you can't hold
Your breath too long
This is no job for you
If sharks give you pause
This is no job for you
Diver, Diver
If whites scare you too
This is no job for you

He's got no father, no mother
He's never been a kid, born grown

Life is a train rushing at high speed
Him, he's running to see about the express

He would like to play tag
Tell stories under the moon
Play marbles in the shade of a mango tree
Like kids his age
But he has responsibilities

He has to feed himself
With the money he earns
And when night comes
He lies down but doesn't sleep
Dreaming with eyes open

Seeing himself walk by
School uniform neat
Off to learn his ABCs

Diver, Diver
If you catch cold easily
This is no job for you
Diver, if you can't hold
Your breath too long
This is no job for you
If sharks give you pause
This is no job for you
Diver, Diver
If whites scare you too
This is no job for you

(translated from Haitian by Danielle Legros Georges)

Viva El Toro

Poets have so long sung
Of the duel of man and bull
That I one day found myself
In a Mexican arena

In a crowd that roared
And buoyed the toréro
But I, with tear-stained eyes,
Whispered *Viva El Toro*

The afternoon stood aflame
In sun and such raw passion
That the bull sprang from the sand
Temper barely contained
Having nothing but his courage
And his humble right to live
He threw himself forward
Poor bull

The toréador stood waiting
Draped in light and blood
His cape of red whirring
A floating shield
That scattered the bull's ire
And sent it charging in the wind

It's then I understood
That I too was a bull
Whose fight is waged
On another stage

Dazed by bias, by truths
Half understood
How many times had I fallen
To a bogus foe

Head bowed horns front
The beast forced the wind
Blind in his own blindness
How he tread in his own blood
Finding the cape at times
That escaped his lunge somehow
What surprise, the poor bull

Then in his heavy head
An idea took shape
The cape that flew in the wind
Was merely a tool
The last gaze of his eyes
Veiled in dust and blood
Took in the matador

And the fight itself transformed
In the eyes of the crowd

The bull turned his charge
Toward his true foe
And the *muletta* fell upon on the sand
And the red cape fell upon the sand
Viva El Toro!

(Translated from the Haitian by Danielle Legros Georges,
first published in the collection *Flè Dizè: Powèm, Chante,*
Marika Romain, New York, 1982.)

Elizabeth Brunazzi

The Patience of Dogs

They arrive at dawn
the fluting, silvered cries
of small black birds
like millions of sparks
droplets of sound falling like diamonds
from the vines carpeting
the walls of the courtyard
painted ochre and ox-blood red.

They arrive at dawn
the long howls of the street dogs
lying around the central plaza
near the cathedral
greetings to the sunrise
announcements of the end
of the waiting in darkness
of the longed-for return of light
leavings of food.

They arrive at dawn
the sounding of the great iron bells
tolling in the belfry of the rose cathedral
in form a wedding cake
marriage of night with day
of darkness with light
weaving of sounds gradually fading out
the momentary vibrations

felt inside the body
dissipating, extinguishing
with the full opening of day.

They accompany
the flight of dreams
repeated scenes
where I continue to look for
a friend of long date, a beloved comrade
an exile like myself
who left Argentina long ago
finally came to France, to Paris
where I met him
and I am still looking for him
in the streets of Paris
the appointed place
for our next meeting
the point of our next encounter
and I see him
driving a passing car
along a great boulevard
and he is looking for me
he is also looking for the point
of our next encounter
and I see him looking, searching for me
but he does not see me
and I start to run
I try to call to him
to attract his attention
and I run faster and faster
but he always passes by, looking for me
but he never sees me
I run, he passes by, he looks for me
but he does not see me
and I cry out
the silent cry heard in dreams
forever unheard
which is silence itself
I am still running, he passes
he looks for me, I look for him
I am still running, he passes by.

I continue to run along the same boulevard

where I am looking for my daughter
the point of meeting
where I have invited her to come, to find me
where she seems to appear
just in front of me, here, there
several times, each time she appears
at a different age
as a small child
an adolescent
a woman in middle age
with two sons
but the reunion is always postponed,
put off for another point in time
that never arrives
but I am always running
to this meeting
looking for her
waiting for her
as if the meeting
were always about to take place somewhere
at some moment.

Suddenly I see my own car
and it comes to me that
I have returned
that I have come back to the point of my departure
where I see my great red setter
still waiting for me beside the car
and I am frightened that I have left her there
alone in the street by the car without a leash
waiting for me since when, since forever
and what would happen to her
if I could not get back
and find her there in time
if she were left abandoned
just by ill luck
if something happened to me
an accident
if I could not get back to find her
if the wait became too long
but she is still there waiting for me
always, forever
we still have a chance.

They arrive with the morning
the cries of hundreds of small birds
whose fluting, silvery calls
come to us from the vines
carpeting the courtyard walls
painted ochre and ox-blood red
the long howls of the street dogs
lying on the plaza near the cathedral
greeting the return of the sun
the light, the leavings of food
one more day
and still the tolling of bells
inviting us to rise
to come and share in this day
the mass of day
among the souls
of the ancient city.

(Mexico, March 2018. The English original of this poem was previously published by *Beltway Poetry Quarterly,* an on-line poetry review, Washington, D.C., edited by Indran Amithanayagam.)

This Land, My Beloved / Cette terre, mon amour / Tè mwen renmen an

Intimate Haiti

Jeanie Bogart

Incoherence

Your tongue bathed my loves
drowning in the flow of their certitude
I saw your eyes singing at the top of their lungs
the incoherence of my poem

no God will again reinvent the cat's claws
hanging from the past tense of a tree
destroyed by lightening.

not a drop will fall trembling from your weeping sex
time has dried up your singular spermatazoid.

and the sea has forgotten the notes
of our song of the absolute.

Undressed Writing

Stripped of decency
I offered myself to writing,
a slave of the pen that spews and spits

hunted synonyms
injured adjectives
bastard words in every way
making rebellion

face unmasked
buttocks exposed
writing is in me
upside down
vowels tangled up with consonants
testicules burning up the absolute in my letters
imagination is a sky world
where my hand reaches for the absolute.

(English translation by Elizabeth Brunazzi)

Vilvalex Calice

Faux Dieux*

They talk down to us and
Spit in our eyes words of noble birth
Caught up in swirls of blatant arrogance.
They converse in reverse
To obtrude flow of understanding,
To convolute minds like mine
Hanging on their harangues.
They disguise their lies
in brilliant flowery adornments,
Each phrase resonates perfectly
Volute arrangements
Of their deceitful thoughts
And sinful sophistry.

They look down at us.
Peer down from golden pedestals
And each concupiscent stare
Overdresses their intent
Fraught with malice and incest;
But no matter how gifted at
Beautifying ugliness,
They have yet to find
Ways to suppress the sun's light.

We live in their shadows
But like dust mites we learn
To pass through shafts of sunlight,
Rise through the peepholes of Time,
Gang hard on their glass ceiling
Until it breaks in million pieces.

And, the tremor of each voice,
Desperate and at times pathetic,
Sad and at times solemn;
All gathers through the prism of hope
To ignite hordes of ugly lies,
To defeat legions of hungry flies.

Alas! The Bonfire will not be in vain
This will shed light on
The false piety of praying mantis.

We will learn to keep their feet to fire
And hearts open to the truth.

Each time they break their word
We must make them eat it
Like bread.

* Faux Dieux = False or fake gods in French.

Janine Tavernier

Nude

She is so pretty
my little grand daughter
dressed in her precious attires
high heels straw couvre-chef with ribbons
redecorate with multicolor bouquet
of course I recognize my Sunday hat
Eh! she has *du chien* the young lady
don't let yourself be fooled though
by the angelic smile on her face
believe me this is one girl who very
well knows how seductive she is
how attractive to her loving entourage
Mama, dad, big brother K and grand ma
she is strutting all around us making
her chic attire in value.
It does not matter really if there is
nothing especially chic in between
the beauty of the hat and the high heels
nothing but a chubby tummy a tiny
round around derrière
plumpness everywhere
not yet in the right place though
but what to expect she is sweet tree
my sexy lady.

I Sing

There is somewhere in that part of myself searching for a
home
a whispered refrain without lips without eyes and without
memory that stole into my heart
in small clipped notes taking my
familiar silence for a complicity an assent
I listen to it mutely holding my breath
rise from my heart in a hesitating spiral
painfully searching for the opening to the outside.
Its rustling like a gentle ripple
poses its light wings on
my suffering breath then flies off toward life toward the sun
making the clouds sparkle
the groves rustle
uniting the beakful offered to the golden fledgling birds
with the velvet wings of a multi-hued butterfly
From elsewhere and everywhere came back to me
a refrain burgeoning with thick greenery
a rainbow of children's smiles
of lovers enjoying their airy kisses
I look with delight at my refrain of reconciliation
as one by one it lightly touches each thing
as it paints a world a universe in rose
through my consenting lips
making the clouds sparkle
the groves rustle
the beautiful weather return
uniting the beakful offered to the golden fledgling birds
with the velvet of a multi-hued butterfly.

From elsewhere and everywhere came back to me
my refrain burgeoning with thick greenery
with the rainbow of children's smiles
with lovers enjoying their airy kisses
I look with delight at my refrain of reconciliation
one by one touching each thing
to impart again all pulsing life
through my consenting lips

(English translation by Elizabeth Brunazzi)

Boadiba

Inheritance

(to Claudine)

little girl you look like Egypt
you've received as inheritance
this face
from the ancestress discovered by chance
in the second row of a Haitian family portrait
the paternal great aunt who bequeathed you, child
your mask of a young sphinx
this face
received as inheritance and recurring throughout the ages.

Coutechève Lavoie Aupont

i am writing of my unease in your wardrobe

thus you are naked in all the poems of the world
a small poem a marine sketch we stow in the earth
a light sign of love laced with the
leavings of whisky and ashes

a small ardent poem i have composed from the source word
from cigarette butts and powerful hopes

this morning country that you are
is then like a good-luck tree appearing in the sea

a secret of the first immediacy runs in my flesh
i want to see you walk

freely in the foliage of my poem
navigate in its clear current

and shatter the intensity of the day pleading through
absolute love
that your sex is a sea foam bird scented with cinnamon

a life-saving heart that the sea offers
to the tombs of the drowned.

(translated from the French by Elizabeth Brunazzi,
first published in *Le doute de la main*, Atelier Jeudi Soir,
March 2016.)

Roseny Blanca

Just Lay Down

Life is stunning
Know when have to step up for your duties!
Leave that water alone
Which just throws you there
Get rid of it!
Let it go
You are having a rest here
It's gone
Lagoon is how they call me
Suspended solids come close to me.
Come close to me
Come caress me
Come touch me
Come sit on me
Come have a rest on me
Come lean on me
Come lay down all over me
Come into me
Come open up to me
Come mix with me
Come embrace me
Come become one with me
Come compose with me
Right now do you see
What you are for me?

Isaac Volcy

I Drank the Absinthe of Your Absence

I drank the absinthe of your absence
In a flute of champagne
Outdoors
On the left breast of *manmzelle**

Who would have said the bitter taste
Scented with laurustinus
Would betray me in the rainy seasons

In the wind though
All is illusion
Except the memories of my island

From laughter to love
I carry inside me
The weight of my country
My intimate self

*This term refers to mistress, a girlfriend outside marriage)

(English translation by Elizabeth Brunazzi)

Louis-Philippe Dalembert

the skin I love

I love skin
cracked skin
stretch-marked skin
skin that splits
stretches folds and doesn't break
that shamelessly flaunts
its wrinkles
skin that's faced
a thousand and one wounds
and never surrendered
peeling skin
from so many struggles with life

I love skin as smooth
as a barely opened bloom
skin undefiled
by any scratch
skin with a jet-black smile in the dark
by turns dull and glowing
alabaster and rosy skin
skin restrained
by inexperience mixed with modesty
ready to change texture and hue
at the slightest emotion

skin showcasing the intimate
princess-like skin
in the filthiest mire
courtesan skin sprawled in silk
I love skin steeped
in curiosity and lust
skin that doesn't make a fuss
that gets so dizzy with pleasure
it can't save its own skin

creaky skin
that keeps moving
skin like an old carrosserie
seasoned with yesteryear's luster
nostalgic skin

without bitterness
eternally thirsty skin
that says yesterday but thinks
today more than tomorrow
skin that lives believe me
hic et nunc skin
skin adorned with impatience
drunk always from stirring up the blood

I love skin
that smells of ylang-ylang
skin with the smell of lemongrass at daybreak
or when the day hesitates procrastinates
before tumbling into night
musky skin

smelling like mangoes from childhood
skin with the smell of exotic fruits
like simmering peaches or apples
green tea skin fragrant with elsewhere
skin smelling of sweat
then of bougainvillea

I love skin most of all
that has lived skin
that has joyfully rubbed itself
against a thousand other skins
skin that is skin
I love your skin

(québec, april 13, 2012, English translation
by Nancy Naomi Carlson)

Elsie Suréna

I, Nomad

I inhabit the north of memories interweaving ones with
others. The almond soap of
childhood, the *tritri*, the *ranchera* music
and the books drying in the sun.

I inhabit the east of subtle joys and the muffled suffering
of *titanyen* traveled, of *bèl-ochan*, of *boleros* enjoyed,
of words invented for a child and things shared
with kindred souls.

I inhabit the south of the fragrant vétiver worn by a man
given to urgent kisses.
Of his eyes where sometimes I make a stop, mine half-
closed, to offer confessions, nights of fortunate shipwrecks.

I inhabit the west of chance meetings, in gentle places
around a cinnamon tea and *tafia,* beneath patches of an
indecisive sky when rude winds
blow or the sea breeze sighs.

And when the day dies, I am reborn to myself, light and

shadow in a perpetual becoming.
I am my own territory, at the center of the
intangible crossroads of possibilities.

(English translation by Elizabeth Brunazzi)

Patrick Sylvain

Ruins

We slept like wooden boards beside each other,
A warm and a cold front charged with particles.

A new rain hangs in the airspace,
Refusing to wash marital ruins.

The sky woefully frowns as shouts
Rolled through chambers like storms.

Quarrels welcomed the weather of gnawing teeth.
I watched my shadow drenched with discord.

A child sits whimpering. His dove's wings
Clipped. His heart quivering at a junction.

There is nothing to salvage. We are battling
In the eyes of the storm. Hopes puff into figments.

Marilène Phipps

The Sweeper

(*for my brother*)

I
The sweeping of brooms here
   opens the day instead of ending it.
      Forgotten refuse and debris accumulate,
         small mounds burgeon on the sweeper's path.

The cock's crow is a farce,
    the air too hot already.
        Vivid flowers reach out to heaven
        and display their rapture.

Caribbean hills of my childhood now suffocate.
    My Childhood, my Love, was this all your worth?
        Girded with pain, misfortune swells its slums there.
        Sections of walls fragment.

In the far distance from where I sit
    human beings move as black ants,
        busying themselves in the fractured mouth
        of an anthill that curses itself.

Black crows announce rain which does not come.

Across the bay, La Gonave Island
    seems Haiti's guardian child.
        The two isles face each other in timeless silence.
        Words are futile for the mute.

Ships with wind-stained sails
    go back and forth between the two lands.
        The smaller island might follow a ship someday
        and abandon the bay that clings to blue.

My home peels old skin
    in the manner of snakes.
        The sky's dome is not green
        as I once believed.

II

His death moved in stages.
    At the beginning, there was a struggle.
        For the final three days, a black fly
        buzzed around the room then returned to settle.

Death is long and slow coming.

One would rather have death come
    like tropical rains—falling suddenly
        with great claps of thunder in a yellow sky,
        where two children huddled with enchanted eyes.

The celestial vault is the only true ceiling.
    A tree trunk grows straight
        despite grim detritus thrown at its °foot,
            while the foliage murmurs in each passing breeze.

My brother's smile dazzles me each time.

The dimness is subtle in my morning walk
    as the moist air sticks.
        Rain that fell in big bursts scatters
            oversoaked lashes of pine needles undone.

My land looks for itself amidst the mourning doves' lament.

The charm of banana plants is that of an explosion.
    Birds cackle and guffaw.
        I watch the sustained stupefaction
            of brown lizards forever on the run.

Pink flamingos walk like my brother—never in a hurry.

On the day of farewell, dawn is kind.
    Disheartened chicks scrape the ground
        to untangle the wishes of ancestors,
            beaks soundlessly opened wide.

Sudden Light

The well watchman
unlocks the padlock,
loosens the gnarled chain—
slum children come in clusters,
empty buckets in hand
lusting for water.
They push in like sheep
that rush out of darkness
with joyful squeals,
eyes twitching,
sudden light pouring.

Marie-Ange Claude

Desires

Reversing my follies
Love is a cascade
Where I bathe my desires
When night falls
In the corner of your eyes

Thorns

Pains too intense
For my soft, permeable body
Foetuses of frail memories

Loneliness cracking open in clusters
You, your skin my skin loves
A poem made of wheat and blues

You are and will remain my most beautiful solitude

Fan

Regrets
Always taken on board too late
No longer hold out their cold hands to me

Nights run their course
And sow into me their doubts hard as marble
Which will quickly scratch open anguish

Your eyes are beacon and dice
They furnish comfort for my wounded solitude

(the preceding three poems are all translated
from the French by Elizabeth Brunazzi)

Jean-Dany Joachim

My Country

The sun rushes to get up every morning.
What a country, I do as I please!

Never a shortage of stars at night,
All my country's dreams remain well lit.

The sea encloses the country,
Which looks like a small boat in danger;

Any slight slide, all feet are in the water.
What a country, I do as I please!

Ewald Delva (Konpè Zòf)

No One Is Like Chansrèl's Midwives

My mother made an appointment
At a midwife's who made me fall in love
Chansrèl is this black woman's name
It's where I first burst out shrieking
It's in the neighborhood of Charlotin Street
The airport serves as a witness
If you think I'm lying, ask Hasco
That's where my mother's water broke.
She did not exist during the Emperor's era
Therefore, she didn't know Défilé
But she transformed her house into a sanctuary
To welcome wretched's causes.
All pregnant women in need of a doctor
She usually dispenses some medicines
Whether fatherless, the women are fearless
At Chansrèl's there is relief
Yet, she has been scorned
Under various regimes
Too much intestines get diarrhea
Make them lose sight of Chansrèl.
To them, she was placed in an unbefitting location

Unlike Channmas, School of Law
For all her generosity, in Haiti
She is left to her dismay.
Chansrèl has never aborted her children
Why isn't she rewarded?
Even those Chansrèl brought to life
Abandon her with disdain.
Ask Isaïe Jeanty
Or, go see Léon Audain
They'll share with you that woman's story.
Her role before God
To make money, she was harnessed
Some musicians also abuse her
Not to look like a garbage can
In Chansrèl's name, a concert was organized
With the idea for her to benefit.
Not even a single bite did she get
Very few doctors lend her a helping hand.
In her hope of a future.

(translated from Haitian by Lunine Pierre-Jerôme)

Fred Edson Lafortune

Null Bet

I'm doing everything I can
To love you
To be with you

We live in the same house
But we can't find each other
I'm doing everything I can

My heart seizes up
Like a rusty lock on a door
Trying to be with you

We lie down on the same side of the bed
But our bodies can't touch each other
I'm doing everything I can

My life is becoming a cock without spurs
A pari nul
Trying to be with you

We greet each other in the same language
We don't understand the same words
I'm doing everything I can
To be with you.

(English translation by Elizabeth Brunazzi)

Michèle Voltaire Marcelin

The Edge of the World

Twice I kissed my life away
Twice saw ghosts
At the edge of the world
Where half-woman half-fish
I drowned my million nights alone
In deep sea sounds
And reckless waters
That opened wide and forever
Slipping into me
Wave after wave after wave
An infinity of salt
Was it your voice
That brought me back
Like a net
Laying me bare upon the shore
Burnished by the sun
Reversing its ebbing in the sky
Was it your voice that brought me home

(2009)

Indran Amirthanayagam

The Country Next to Us

Come with me. The door is open,
the gas tank full, and there is a whole
island to explore, a universe in the sea
and on earth. But, at the same time,
the question surges again: for how
much time? A month, a year, a life?
And if the cat can live nine times,
why not Man, afraid, moving
from country to country until
he arrives in the country without
a hat: *Burial Street*, in the heart
of the knot, the center of the city.

(April 9, 2019)

A Similar World

In the web I found a world of insects:
flies, gnats, mosquitoes, ants everywhere,
black, white, red, and understanding
while on stage that each creature
has a head, arms, feet, lips. They are not
so far removed from us, the spiders.

Free Words

Give me a box of brushes,
some canvas, a hank of colors,
and your body, so I may paint
its length and width, so legs
sparkle when they move,
and breasts shine like flying fish
in the night that unites us.
It matters little that our lives
occupy rooms like countries
fixed in their identities,

Man in his solitude,
Woman in hers.
Words, designs,
defeat borders, insist
they belong to migrant
language that crosses
from one sea to another
without need
for a laisser-passer.

(April 9, 2019, English translation by Elizabeth Brunazzi)

Aidan Rooney

In Diquini

In a passionate, long-cambering bid
to make it out onto the Saint Rock road
and up the mountain, past boys on hunkers
outside Baptist and Adventist churches,
breaking rubble down to rock and aggregate,
past the Miami numbers chalked on slate,
past grazing pigs and cocks, past the beatings
oil-drums get in Fair Trade Art, the bleatings
of Pay-l-Forward goats, across from *Père*
Eternel Auto Body Parts Works, over
the hospital wall, top-dressed in cement
and the halves of broken bottles, hell-bent
on getting out, unscathed by razor-wire
snagged on rusted, twisted pegs of rebar,
and looking to graft itself from you to me,
the bougainvillea, in Diquini.

In Acadie

There is an interior here new world
blow-ins like myself don't enter often,
a dark sky reserve one can paddle round
like a first person. I like how round here
they will say, *I'm going up the valley,*

the way we would go—our home on a road
that took a fair dip out front—down the North.
We'd make a list. I'd to hide the butter.

The Home Depot an hour up the valley
has everything every Home Depot has
to put up a house, and then some, *mod-cons*
you'd call them. Onward, an airport. You'd land
in for the best, one-month summer around,
this only the half of it. You should see
the holiday home, not the one you saw,
once, really, only. You came across as
lonely for your own home. There's a county
near here, funny—Clare County—like back home
but backwards. We never knew if it was you
after it or both of you for the saint.
I've a friend in Clare, she speaks a mix of
Mi'qmaq and French, English like ours. You'd love
the wild life: porpoises, given the tides,
owls, wolves, the odd howl from who or God knows what.

Elizabeth Brunazzi

Fall

The dazzle of golden
Leaves flying in the light
Of the ripe time
Through the violet air
Of towering mountains
Gathering wayfarers
What are they wishing for?
What was? What lies before?
Later and later, it grows
Hurry, hurry on.

(Taos, October 9th, 2022, first published in
the winter 2021–2022 issue of *Tanbou.*)

Danielle Legros Georges

Instances of Blue

This blue is deliberate, a move from the red, into something else. Tonight and what it means. To the unruffled and to ruffling. Ink and keys. To speed. Expression is the antidote to repression. So be it. As it is written. So it is done. So it is written. So it is done. Neither over. Nor under. Toward the temperate. Blue more somber. A constellation's backdrop. A darkness against light. Black's sister. Spare. The one between navy and aquamarine, with green. And aquamarine: A bath, a sea. A sky: its quality of never-ending forevering, and everything. A robin's egg. Danger blues. The maps of the world. The new maps. Blood before it pours out of the body. The blues, of course, of course. Lady sings. Women singing. Through and away the blues. My grandmother's belts worn beneath her peacock dress. Her devotion to pale Mary, mother of all mothers, and to the inky Erzulie, also Mary and more. Underneath it all. To the beauty of letters on blue paper. And when there is no paper, to that beauty too.

Jean Saint-Vil

To Die from a Lesser Laugh

If I laugh first, do not laugh after me, as, according
to the proverb: "He who laughs last, laughs best."

Of course, you might retort that laughter is contagious,
and that, all things considered, all laughs are similar.

If you laugh after me, it will be to your misfortune.
I could even sue you for plagiarism.

My laugh belongs to me. I own all authorial rights to
it, with a video for documentation. To the only one
who laughs when I laugh first. To the only one who
laughs, even if it means crying right afterwards.

My laugh belongs to me along with all my
tears. My laugh belongs to me along with my
right to laugh and my right to weep.

And if, eventually, you weep after me, I will have all the
more reason to get mad at you, to the maximum.

If you laugh and weep after I laughed first, after I cried,
the charge of plagiarism will be double. And wouldn't
you be ashamed to get the damages and interest for
imitating my laugh, based on the principle that I wish to
impose and which dictates that the right to laugh, even
in a theater space, belongs to the one who laughed first.

Misfortune to those who surf on the laughter of others and
who do not know that they risk dying from a lesser laughter.

(English translation by Elizabeth Brunazzi)

Don't Lose Your Head

Each head has its name
Some say the last name head first
But a name on the head
Is it the name of the head?
What I know
Is that a name on the head
Can never be erased
Not even after death
What I know
Is that the name of the head
Sticks to the body from head to toe
It's the head that counts
And counts above all
When people lose their head
They don't lose their name for all that
Don't lose your head
Even if you are sure and certain
That it will remain on your shoulders
Don't lose your head
Even if you are sure and certain
That your name will remain

For centuries and centuries
Don't lose your head
It is precious as long as you live
Long live the head
Long live life!

(English translation by Elizabeth Brunazzi)

Retorts and Resistance

Tontongi

Haiti Is Not What You Say, Mr. Tèt-Mato*

Haiti is the island nation born
from the cross-Atlantic blood
of people sold to the Traders.

Haiti actualizes the meaning
of both being and living
and has invented a new path
to freedom and a new way
to detect its perversion
even in the dark of the night.

Haitians shed blood for the United States
on the battlefield of Savannah
these valorous fighters held the lines
against British onslaught
to save the birth of the Republic
and help this nation into being.

Haiti is the country that stood
to her own peril and harm
against almighty France,
Spain and England
over the inalienability of being.

Haiti is the foundation of our modernity,
Haiti is the unsung mother of Latin America;
Haiti is where Francisco de Miranda and Simón Bolívar
came to acquire the fervor of brotherhood
and resources to liberate their lands.

Haiti has made hers
countless other countries' causes
for human freedom and independence,
the most Hellenic nation of Greece among them.

Haiti is not what you say, Mr. Tèt-Mato;
Haiti is the country of the once enslaved
who dared to resist oppression
and whose bravura in defeating Napoleon's forces
compelled him to sell the Louisiana territories,
doubling the size of US possessions of the time;
a favor that is now honored with insults.

Haiti is the land of the arts
where writers, poets, storytellers,
musicians, painters, sculptors wrought
the infinitesimal inner souls of our Universe.

Haiti is among the richest countries in the world
by measure of intellectual and philosophical
achievement of her people's genius
and for the beauty of this mountainous land
despite the human-made pollution aided and abetted
by U.S. support of corrupt dictators.

Haiti is not what you say, Mr. Tèt-Mato;
Haiti has sent to North America's shores
thousands of doctors, researchers, intellectuals
and teachers who instill values
that enliven and enrich the children's fortitude;
some of her migrants scrub your floors
and take care of your sick and feeble;
Haiti has been good to the United States.

Haiti is the country forced to pay
in billions of French francs
and National City Bank bonds
for having won her freedom;
the people's sweat was made
to sweeten many a Western high life
while the first Black republic
languished in impoverishing debt.

This descent into the abyss of darkness,
the degrading remarks that demean
hurt like a sword that penetrates the heart;
we shall not mince words; we shall see it plain,
naked in its nature, representing a deeper ill,
a more widely-shared sentiment.

The menace of hate coming from the voice
of the highest symbol of U.S. power
today targets the Haitians
today targets the Africans
today targets the Muslims
today targets the Mexicans
today targets the Salvadorans
today targets the Iranians
today targets the Palestinians
is the same that targeted the Jews,
the Socialists, the Communists,
the Gypsies, the Homosexuals.
the Jehovah's Witnesses, the mentally
and physically handicapped,
and we know what happened then.
The menace will tomorrow target you
and all people who don't look Norwegian...**

O Africa! Cradle of the civilization
of men and women inventing humanity!
O Africa! The land of the Mandé Charter
where human rights were first made sacred
on a day in thirteenth-century Mali,
today demeaned by a knuckle-head!

The immigrants come to the land of immigrants
where Christian pilgrims, vagabonds, ex-cons,
persecuted of all stripes come to find refuge;
the land where defeated Ottoman subjects,
and pre-Nazi German nationals
came to become rich,
some leaving behind the values
of common human bonds;
the land where Jews, Christians, Muslims,
Buddhists, Taoists, Vodouists,
Irish, Japanese, Somalians,
and all kinds of disadvantaged
come to find their peace
although not always in welcoming fuss.

You have no right to deny others
that which serves your family well
and makes you a successful,
arrogant nouveau riche;

you have no right, however large
your ill-acquired fortune may be,
to debase whole continents of diverse nations;
you are a disgrace to mankind.

What we are seeing today
and experiencing in real time
is no longer an innocent joke
when real men, women, and children
are paying the heaviest price.
We must take to the streets
the fight for human integrity,
if we want to hold on to our dreams;
the tragic comedy already lasts too long.

A lone white supremacist at the White House
I would dismiss without much ado, but a system
that lets a lunatic destroy its ideals, my friend,
this is the problem we all should condemn.

I hold the whole system of government,
endowed to foster harmony and well-being
and to guide our children to higher pursuit,
responsible for letting this barbarian into the gate.
It's time to stop the power of greed
and the corruption of our institutions!

The world will never forget
this affront to human decency,
nor will the masses of the United States
forgive endurance of such shame.

Haiti is not what you say;
Your Haiti is a reflection
of your twisted phantasms;
our Haiti is the guardian of our light
that which makes us all human;
your Haiti is a black hole
ours is a Deleuzian structure
a place where many dimensions join
in the pursuit of elevation
a place where many splendors coalesce.

(Boston, January 13th, 2018)

* This poem was written in response to Donald Trump's insults in calling Haiti and the whole continent of Africa "shithole countries." The term "Tèt-Mato" means "Hammer-Head" in Haitian Creole and generally refers to a dabbler, an incompetent person.

** In allusion to Donald Trump's remark that only people from countries like Norway should be allowed to immigrate to the United States.

Karine Belizar

Poetic Stela

Twelve strokes
Twelve strikes
Twelve burials
Twelve deaths
Twelve verses
Twelve verbal funerals
Six boys
Six girls
Twelve hibiscus
Six red
Six black
January 12.

Gary S. Daniel

Sorting life's Sorgo

(for François Eddy Philippe)

Grandpa used to punish me when I lied.
Politicians wore the liar's mask;
Then, honor was the compass.

The sea carries the putrid garbage
That slaps the coolness of the breeze.

The drying northern pole
Causes mouths to twist ugly grimaces.

Something isn't right
Something is not sticking
Something is not working
Something is not normal.
The people's repugnance
To ignorance in red bowtie,
Awakens their resolve against
The thieves suffocating their valor.

Impossible!

No, it will never be possible
For the poor to ride zigzagging along
Thieves, architects of blatant misery,
Trafficker of white powder
Wearing colored make up,
Leaving only pennies for the survivors' fight.

Impossible!

No, it will never be possible.
The fog hiding the indigo blue sky
Cannot stop the burning rays of the sun,
The heat of the fire,
And the water that renews the earth.

No, it will never be possible.
To wash moms and pops' faces
With tears shed on cursed
Foul-smelled pillow cases.

Brainwashing is not knowledge;
One can't iron back dignity
Into a brain grilled over the fire
On three rocs
And hope for a better tomorrow.

Haitians, to clean up our mess,
We can't lie down,
We can't softly stand
Nor can we stand softly!

Honor to our ancestors!

Franz Benjamin

Return to my country

To each his own dreams
To each his own song
To each his own dreams
To each his own reason

I return to this country of mine
I return as to a refrain
Woven into the song of liberty
A music I cannot forget

With my guitar and my dissonances
With my hope and my remorse
Far away from you the melody is of legends and memories
Summers shut away in an old drawer

To each his own dreams
To each his own song
To each his own dreams
To each his own reason.

You have traveled in my fingers
You have met through my voice other voices
Visited so many houses in my nights
You are the framework of my melody

With each of your footsteps and your rustlings
At the greatest depth of my wanderings
What I have of breath is exhaled through the notes
For you are the dream I carry

To each his own dreams
To each his own song
To each his own dreams
To each his own reason.

(English translation by Elizabeth Brunazzi)

I have spent too much time sitting down

I have ended up with a pain in my ass
A headache
And so many dreams destroyed

Then I stood up
Stood up for each child attacked
Stood up for each woman assassinated
Stood up for each old person abused

Stood up for trampled Haïti
I have spent too much time asleep
Among the memories of my country
I have ended up with a backache

A belly ache
And so much pain
I have spent too much time pretending
Sitting down or going off to sleep

Then
I stayed standing.

(English translation by Elizabeth Brunazzi)

Jack Hirschman

The Coumbite Arcane

(in memory of Rachel Beauvoir-Dominique)

1.
River, how long have you spoken to her
hands? Stone, how long have you known
her bandanas? In mud we've danced.

Now with mud and powdered milk we feed
our starving young. O moon of black tit,
hearts swimming in it like weeping fish.

O Haiti, heavy with blood. Red dugs bursting
with sun over the Artibonite. Around the sun,
they say, they sit and pound the music out

of it, so those men are red from the flames
and black in the palm coronas, pounding,
pounding golden atoms out of the sun's

belly to warm the bellies of the hungry, this
poor family of drums leaning against one
another, thin, unfed—O for the day they're

big with revolt and all the hills griot again,
when you lie on your side and I feed you
and you wake with a dream of Boukman

in your gut and, though the king of Death
has fled, his prince remains, an evil junta
on our backs, so we're a sponge drunken

with blood, as Jacques Roumain said and,
either way, it seems it's hinghang pou
nenpot. Tikrik Tikrak. But come, after so

many years with soley couche; male pa
janm couche, let's be light on our side like
"Jan Jezi ta di w nan lang ebre a הבֵּט הנש."

2.
It's an ordinary fact like a coconut cracked
open and inside it there's a squirrel and inside
the squirrel a tree and on the tree a coconut.

Knock-knock. Who's there? Crik and Crak,
a local duet inside the coconut's milky white
meat. Outta work in BHM, the usual irony.

We keep a surplus stillness in order that the
bee be what it be when it comes rushing with
honey justice out of the coumbite hive. There's

a tam-tam beat for every Haitian who's been
murdered by the Tonton Macoutes. With
Riobes reborn, our colorful Taptaps will roll

until the heads of the Macoutes do and are
covered with People's stings. No dog-meat
anymore for bloodstreams half-vampirized

by the North. No more baskets full of bones
or the teeth of baseballs fanging. Revolt's
the name of our flame, our rioting with rage.

Toupatou toupatou: Gonaives Port au Prince,
Bombardopolis, CapHaitien, with dusty roads
in our mouths, with our bellies the insides

of drums that must be fed human food. Not
the narco-coup pus that crushes, bashes
truth into its opposite, drinks glasses of thug.

All the hype is empty tripe. Clinton, Obama,
Trump—a dingleberry dump in the ass
of the new Planetarian class. We've cut the

sugarcane in chains for generations. Now
we're cutting the chains. Without electric,
without telephones, who heard our machetes

moaning? Only the zombie makers. Only
deaths-head flags flew over our pommeled
villages, though Haiti declared war against

Nazi Germany even before the U.S.A. did.
We read—no, we can't yet read, but will.
We write—no, we don't write yet, but will.

We know—yes, we know the chains now
are dead snakes at our feet. And there's
a sweetness to our skin more powerful than

Death, as if we were the sugar we worked,
as if it were ours and, deliriously fragrant,
we were cutting a field that welcomed our

hands as brothers-in arms in Abobo. Mambo,
the world responds to the horror with what
you are: Love. The eyelid of a dead child

of 9 feels your kiss. The People keep you
as a caress in the days ahead, a cargo of
joy even as Haiti's hellish miseries continue.

3.

One day in the future these sounds are
seeds of, there will be a moment when
not even the monkeys chirp in the trees,

when burros will hold their brays, when
the coconut-milky clouds won't stir in
the sky, when the thatch-work of huts

won't be gossiping, and there's no breeze
or sweat between your body and your rags.
One day when that moment lived for years,

for centuries, is here, and everything is still
like death or zombie bread holding its breath,
a drum will begin sounding, and then another

and another, multiplying, and the voices of
the simidors will be heard in every field.
and the backs, those backs with everything

written on them, which have been bent like
nails hammered into the wooden cross of
the land for ages, will plunge their arms

into the ground and pull out the weapons
they've planted. For the drums aren't an
invitation to a vodou ceremony. The lambi

are growling lions of Africa. And it isn't the
cranium of a horse hung on the wooden
cross braided with limes; it isn't the wooden

cross at all that's planted in the good earth
of new Haiti. On the night of that day, the
taste of a mango will be rapturous fireworks

bursting and dying into the ecstasy of the
simple truth in our mouths. Our acres will
sleep with their arms 'round each other.

The child freed from terror and death will bound
with the boundless, and the maize amaze the
sky upon waking, for as long as humanity is.

Berthony Dupont

Get Up

In the land of zenglendos
A country where obscurity
Is darker than darkness itself
When night falls
It is not yet sleeping time

Even with exhaustion and fatigue
A politic of drowsiness
Enwrapped our minds
Cover us with a white sheet
Do not let sleep take over you
Wake up!
Get up from this bed of disappointment!

Get up!
Do not wait
For the ceiling to cave in
The sun is up
Goats have already jumped over the fence
To remind us
It is time to stand
It is time to stand up
Upright!

Children of Dessalines, of Péralte we are!
In the years before
We were always ahead
We had dethroned the empire
Uprooted evil slavery
But now
The enemy lives happily among us
They are walking in our midst
Like it is nothing
Guinea fowl
The star eagle
Freely
Rises over our people
Let's wake up!
Let's get out of the daydreams

Let's wake up
So that ideas for change don't die
Let's wake up!
So that this day is our day!

Let's wake up!
Sleep has tricked our patience
Don't let it cheat our trust!
Let's wake up!
It's our turn
We are the last wave
Let's wake up for once
We can go quickly
On the street of the people
To get to Mont-Organisé
Let's wake up!

Let's wake up!
We will succeed
We will reach Fort de la Victoire
Likewise
We will reach Fort de la Liberté
Eyes open, heart enchanted
Let's wake up!
For once
Let's wake up!

Charlot Lucien

Here, Peace at Last

Here, Peace at last
The peace of cemeteries.
Burnt walls, uprooted trees,
Rivers of blood,
Dried bones
Licked by trained dogs,
And sucked by the ubiquitous vermin.
Reddish, unbreathable scenery
Exuding the overpowering stench
That delights the nostrils of vultures and jackals

Here Peace at last,
Wolves with their mouths still hot and breathing smoke
Shreds of flesh clinging to their fangs
Their eyes aglow in anticipation
Enjoy the hellfire, the bloody ruins
They have just painted on the horizon.

Behold, they throw themselves about,
Searching the deserted horizons.
What remains of the hills
And the bushes are all torn asunder, violated, shredded.

But the forest, the hills, have no more victims
Neither to hide nor deliver
They have long gone to sea
Opting to expose their flesh,
—Formerly cannon fodder—
To the sharp edge of shark teeth
than to the choppers of enraged wolves.

The wild wolves ran in vain,
Frantic and furious; panting with
Hatred and spite, they let their
Gloomy and yellow glances
Pass from one to the other
Discreetly gauging each other's posture.

And the finale was sudden and ruthless
Vacillating between horror and grotesque; the wolves mob
in a
Epic melee of bloody flesh, drooling fangs,
And gasping, flung themselves against each other.
It took the time of a glance
and just a few growls.
But Here, peace at last, has come.

Patrick Sylvain

Final Decision

At the end of a sentence there may be silence.
At the end of a phase there may be betrayal.
At the end of a cupboard, dishes may fall.
At the end of an internship, trust may be violated.
In the end there may be a friend left.
In a drifting phase, loose tongues may prefer silence.
In lost asceticism, all social ties are cut off.
Those who were friends became frenemies
until teeth-like knives show
at what depth they can cut,
mincing ghastlier than an enemy's serrated knife.
I am in a phase, every frenemy is the end point.
No commas violating trust,
or semicolon of betrayal.
In my life's literature,
all sentences must be properly degreased.
All phases, thoroughly cleaned
for history to unfold without fragmentation,
without an alligator's bite.

Ella Turenne

Stand

We stand

We stand on the mountaintops we are named for Ayiti,
The pearl of the Antilles, the richest in history and culture

We stand

We stand on the shoulders of our founding fathers
Toussaint
Dessalines
Pétion
Christophe

And our founding mothers
Défilée
Catherine
Marie-Jeanne
Suzanne
Cécile
Marie-Claire

We stand

We stand on the Citadel
The 8th wonder of the world
Soaring over the Caribbean horizon
Protecting our motherland
From those who would threaten our freedom

We stand

We stand on koupetèt boule kay
A cry
A call
A strategy
To fiercely guard our sovereignty
A philosophy
A brand
A maverick sensibility
A grassroots movement
Meant to create ashes for the enemy
Then rebuild like a phoenix

We stand

We stand
On this history that made us infamous
The audacity to be free
That France cannot let go
That America cannot let go
That Europe cannot let go
That gripped fear into capitalism and colonialism
In ways the White man just could not explain
It travelled throughout the Caribbean
And Latin America
And Africa
Leading to

Revolutions
Revolts
Renegade rebel rousers
Shouting, crying, singing, screaming
in the name of freedom

We stand

We stand because the will of the Haitian people will be
heard
By ballot or burning tires
Or marches or carnival fires
From the deep crevices of Cité Soleil
To the flowing rivers in Limbé
From the bustling streets of NYC
To the glittering lights in ol Paris
The people speak
The ancestors hear
Èzili and Legba always close
Whispering back in our ear

We stand

We stand on our culture
Our music
The konpa, that racine, the zouk, the jazz
Paintings and steel sculptures and
Ocean and sand
Birthed from Gods
Our muse to create a feeling
A rhythm
A beautiful thing to share with the world

We stand

We stand because without Haiti
There would be no America as we know it
There would be no first black replublic as we know it
There would be no griot
There would be no soup joumou
There would be no Haitian Jazz
There would be no L'Union Fait La Force

L'union fait la force
L'union fait la force

This Land, My Beloved / Cette terre, mon amour / Tè mwen renmen an

So stand up
Stand up
Stand up

My people

Stand up!

Stand up together
For L'union
For la force
For all the babies who didn't survive
For all the fathers who gave their lives
For all the mothers who still gave birth
Because they knew what it was worth
To create Haitian kings and queens
It's who we be
It's our legacy
So Stand up and be proud
Stand up
Stand up
And cheer
Let our feet dig deep roots back to the motherland
The place we all get our strength up
Stand up in honor michan vanyan
Byenneme
Ayiti Cheri.

Patrick Étienne

Cannibal Sun

Sun that devours everything
Sun that grabs and scares
Sun wanting entry everywhere
Digging with prying darts
Incandescent and searching.

Indiscreet sun
Revealing secrets to light
Trespassing all privacy unveiling all nudity

Indecent sun omnipresent omnipotent
Consuming drying burning
Turning all to naught.

Sun dragging selfishly ruling
On shade and leaf-cover
Without even a gust of wind
Sun king invincible
Brutal sun
Imposing its law Cannibal sun.

A dog tongue hanging
Breathing heavily
Controlled by delusions
Laps at a mirage it confounds
With clean water
It seeks the improbable shade
Of an almond tree with its scorched leaves
With dried branches with blackened fruit.

Noon ungodly moment cursed hour
Mystical and evil moment
Tragic hour
Burning star at its height
Bathing all in an orange flame
Setting fire to the whole plain
Making a bizarre contrast:
The overexposed site
Black human forms
Burnt black trees.

People wander disoriented
As double-jointed puppets
With haggard faces stupid looks
Damp dripping with sweat
Eyes expressing stupor
Noon final hour fatal hour
Beneath the cannibal sun.

(Translated from the French by Danielle Legros Georges)

André Fouad

Two poems

Your mornings on fire
imprison me still

I am attached to you
as to a daily prayer
as to the wings of butterflies on Saint John's Eve

I have long wandered in the arms
of the wind
my life is emerging joyfully
in parentheses

I am seeing again loony birds
shooting stars, blessed
figures in Sunday clothes

(English translation by Elizabeth Brunazzi)

Vilvalex Calice

Dangling at the End of Hope

Many years ago
I was told in strict confidence,
With genuine Haitian certainty:
The moon behind the trees
Is made of cheese…
Eyes trained toward the sky
I wish upon the crumbs
And watch it rise like bread
And soar to zenithal heights.

We seat in the dark
With friends, foes and acolytes,
Armed with prayers, curses and opened hands
We wait patiently for the moon to fall
Within the grasps of the hungry;

From night to night
Follow its silvery glow to every horizon
On a diet moonlight,
Always thirsty for sunlight,
Always willing and ready to kill
A friend, a foe, an acolyte
For a piece of cheese
Dangling at the end of hope.

Doumafis Lafontant

A Better Haiti

Tell me a word, a phrase.
Tell me a tale, a story
Recite for me a poem, a lecture
Tell me about yourself, with no filter
Sing for me, a beautiful song
Don not let anyone else hear your voice
Show me some Rara moves
Let us not let those who envy us see us dancing closely
Hold me tight, don not let go
Bring me deep into your heart
Let us think of a greater Haiti

(2021)

Denizé Lauture

The Epic Story of Toussaint Louverture

(excerpts)

In the midst of the eighteenth century
A time when slavery
Had reached its peak
In the world
A time when

African men
Women and children
Were hunted caught
And sold as cattle
As beasts of burden
An infant boy was born.
He was born on the island
Today shared by Haiti
And the Dominican Republic
His father was captured in Africa
Bound shackled thrown
Into the hold
Of one of the many slave ships
That plowed the corpses-strewn sea
Of the middle passage
And brought to the island
To become a slave
Among thousands of slaves

....

He endured all the privations
And sufferings
Of children of slaves.
They were easy preys
For the jaws of Death
Only the lucky ones like him survived
His parents lived in a miserable hut
Like the hut of every family of slaves.

....

His nightly dreams:
The hiss of commanders' whips
Flogging his folks
And dead friends' corpses
Heading to their graves
After all nightly nightmares
Are often long wings
Of previous days' torments

....

Other children
Children of masters
Children of slaves
Harassed him
Tormented him
And for his size
And for his look daily
But he had a brain with the gift
To resist and fight misfortune
And inside his young heart
The blood of a true hero
Was flowing.

The frail and sickly child
Performed a miracle on his body
He became a strong bright boy
Who caught the eyes
Of fellow slaves and also master.
He received a precious gift
From his wise godfather
The gift of reading and writing
A hungry learner he was
And like a rare healthy tree
In the middle of an infested forest
He grew up with more strength
He grew up with more intelligence
He grew up with more wisdom.

....

The frail and sickly child
Performed a miracle on his body
He became a strong bright boy
Who caught the eyes
Of fellow slaves and also master.
He received a precious gift
From his wise godfather
The gift of reading and writing
A hungry learner he was
And like a rare healthy tree

In the middle of an infested forest
He grew up with more strength
He grew up with more intelligence
He grew up with more wisdom.

....

Among the hundreds of slaves
Going back and forth
To the tobacco and sugarcane fields
To the coffee and indigo trees
There was an older woman
An older woman who had a son
Suzanne was her name
Toussaint Breda and Suzanne
United their lives
And there were two more sons.

....

Floated down the Artibonite River
Like dead tree limbs
Snakes and birds of preys feasted
On their decaying corpses
In Ravine-a-Couleuvres
Floated down the Artibonite River
On the banks of Grande Riviere du Nord
In la Plaine du Nord
On Plateau-Central
And on the bordering plains
Of the eastern lands
Rotten corpses of Frenchmen and Spaniards
Kept the grass green
And British soldiers' heads
Rolled down the slopes
Of Mountain Macaya
To the deep southern meadows.
The window of victory
Flapped open for him
During each pitched battle
The golden shafts of the freedom sun

Among his men was Dessalines
Jean-Jacques Dessalines, the tiger
A slave with a hundred of whip scars
Who became his right hand man
Fought and won the War of the knives
And ultimately won the final battles
Of the War of Independence.

....

And enslavers whispered in fear
"Toussaint Louverture!"
His men were chosen from a life of hell
They fought like soldiers from hell
And each night in the dark forests
Or in the deep caverns
There were former slaves
Dreaming of merciless battles
Humming the hymns of freedom
And a visionary leader
Staring and staring at the next victory
And each one of his bold steps
Sounded louder and louder
The death knell of human bondage
And one morning the tropical sun
Solemnly shone
And had its golden rays
Glide upon his liberating arms
Hugging the entire island
And the echoes of the songs of freedom
Were heard upon mountain tops and hilltops
Upon hilltops and into meadows
Into meadows and down valleys
Down valleys and across plains
Across plains and beyond the seas'
Such is the epic story of Toussaint Louverture
A MAN BORN SLAVE
A SLAVE TURNED VETERINARIAN
A VETERINARIAN LEADER OF MEN
A LEADER GUIDING HUMANKIND
ULTIMATE SMITH OF BROTHERLY LOVE
THUNDERING COMET OF FREEDOM

BLINDING SUN OF EQUALITY
TITAN OF HUMANITY
TOUSSAINT BREDA LOUVERTURE
THAT UNIVERSAL MAN…!
And when on a deadly day
The ravenous red ants of darkness
Crept to his bed
And gulped his noble blood
Prophetic were his words:
"In overthrowing me you have brought down
only the trunk of the freedom tree. It will grow
again. Its roots are numerous and deep."

(Copyright 06/2018)

Jean-Claude Martineau

The Donkey

On the narrow path
Lined with coffee plants
Like a green belt 'round
Mount Tapyon's waist

A line of peasants
With their donkeys up front
Laugh and chatter in a chain
On their way to sell wares

When they get to place
Called the Death Crossroads
Where if your foot slips
Folks don't see you again

The head donkey decrees
I will not move an inch
This is it for me

Why is he catching hell
Charcoal load on his back
When everybody knows
Donkeys don't eat what's hot

He says hell no
I will not move one step
This is it for me

He says hell no
I'm tired of walking
Tired of carrying
Sick of being beat

He's got a bit
That makes his head ache
His back is so rotten
It will never heal

His crupper's so tight
Some days he feels
His tail will fall off
And get left on the trail

They do all they can
To get him up
They whip him, beat him
He makes like he's dead

And they finally decide to lift
The sack off his back
That's when he gets up
And makes tracks

Why is he catching hell
Charcoal load on his back
When everybody knows
Donkeys don't eat what's hot

He says hell no
I will not move one step
This is it for me

He says hell no
I'm tired of walking
Tired of carrying
Sick of being beat

(translated from Haitian by Danielle Legros
Georges, first published in the collection *Flè Dizè:
Powèm, Chante*, Marika Romain, New York, 1982.)

Gary Klang

Ex-Île

I miss
The sounds of evening and the scents
The cocks crowing in the middle of the night
The dogs in heat under the window

I am haunted by
The muffled sound
Of the drum
In the hollow of evening

And this man
Who made the children laugh
at the stack of bottles he wore on his head

And there too
All the sounds of the tropics
The fireflies or who knows what
Cries punctuating the night
Like a concert of shadows

There was
But must I list
All that was
It was
Unbelievable
It was
The soul of the island
That lives and moves
For me in
the inimitable scent
of ylang-ylang

There were evenings and mornings of dream
There were there were there were

But there remains nothing more
than a memory.

(English translation by Elizabeth Brunazzi)

A Door Opens

A door opens
And childhood is reborn
This scent so tenacious
Of vacation rooms
With the painting of the young English girl
Her eyes turned to an elsewhere
Or the weary tree looking in the window

The garden was brimming with lizards

We had a hill all to ourselves
In spite of the fear of spiders
Hidden under the stone where we sat
Which always came in couples
Who were not in any hurry
Until one day
Our father found one on his chest

Words are all we keep
As if these people
These trees
These childhood games
Had never been

(English translation by Elizabeth Brunazzi)

The Soul of Haiti

Denizé Lauture

I Snatch the Zombie of a Great Poem

I'm buried
Standing up
In a cemetery
Of folks with beautiful souls.

The zombie of a great poem
Which lost its way
Wanders in the cemetery
Like a spellbound butterfly.

It goes from
Skull to skull
Till it enters
Mine.

I snatch the zombie of the poem
And close it in my heart's holy vessel
That's why my soul's
Forever strolling
In the most beautiful garden of poetry.

A Son of the Land and a Monben Tree

At the crossroads below the house of the midwife
Who presided over the sanba's mother's labors
The midwife who cut the sanba's umbilical cord
With a sickle heated under hot ashes
Above the stream called The Spring
Where beautiful girls fought
Over handsome young men
Until their hair floated to the sea
Like manes of bathing horses
A mighty dream led the sanba
To his birthplace.

The great monben tree at the center of the crossroads
Enters the sanba's skull
With all its old big twisted roots
Its big old trunk of sap-filled bark
Its big old branches reaching across the ravine.
Like lightning slicing the sky
The great old monben-tree
Cracked open the sanba's skull
With all its nests of hunting snakes
With all its nests of bow-legged spiders
With all its colonies of shining worms.

At the crossroads below sister Timiya's House
Atop the stream called The Spring
The great ancient tree of the gods
Pushed the sanba's erect body
Deep into the dry brown earth.
The sanba became the strong root of a totem post
Spreading in the earth's womb
Sucking the essence of life
And pumping it up to the monben tree's
Massive body
Way up to the end of the last small leaf.
A chorus of singing children
Picked up the monben tree's sweet berries.
Their innocent teeth bit into not one fruit-worm.

Isaac Volcy

On the Bed of your Hill

On the bed of your hill
I discover the midnight sun
Naked torso
Gushing its pulsating life
To the four seasons of the world

On the bed of your hill
The clouds sketch a hat of shadow
On my head
The wind rocks my ebony hair
Without ceasing

On the bed of your hill
My eyes lose their color
In summer
Like the trees change their dress
In autumn

On the bed of your hill
The horizon bows down at my feet
Like Mary to Jesus
Bringing to life the bones of my
Fallen dreams

(translation by Elizabeth Brunazzi)

My Woman, Land of My Birth

Oh woman, mother, spouse lover
Trinity of bounties of love and beauty
Before I met you
I was a man without a country
Wandering like a lost star
In the sphere of nothingness

You are all the "you are" that destroy
Slowly
The indelible traces of my childhood
The sad inheritance of the past
Suicidal impulses of my being
To make of my life
The masterpiece of "I am"

Oh woman, mother, spouse, lover,
Trinity of bounties of love and beauty
You are the only Loa dancing
In the peristyle of my subconscious mind
When I am taken by trances

I know neither fire nor hail
Not even the shards of broken bottles
Eyes closed
I trace the Vèvè of the revolution
Invested with the ancestral spirit
To heal you when you are skinned alive
By the adventurers of the New World

(excerpted from *L'Arbre oratoire,* p. 37, English
translation by Elizabeth Brunazzi)

Franz Benjamin

Who will make the spring into a stream

Flowing toward the rice fields
Who will trace the path
To the passageways of the pheasants
and other migratory birds

I fling my words of remorse
Imitating the sorrow of the earth
Originating in the season of avalanches
Drought spreads over all the valleys

The rhythm of songs
Mixing with the sound of machetes striking against stones
And my sleeping land
Refuge of paper birds

Comes apart in the blowing wind.

(English translation by Elizabeth Brunazzi)

Artibonite

You have made of my eyes a new riverbed
And each stage effaced by your arms
Is an admission of betrayal

Artibonite
You are off to find the morning sun
In the middle of my life
I am reciting the song of the Touareg
In the endless desert of the Niger

I continue to fling my words full of remorse
Of twisted regrets
To the sorceress whose serpentine gestures
Threw her venom into my coffin

A clever shelter in misfortune
We still have a few branches from the coconut tree
And an old drum to last out our days of mutation
You will pass along the valley until you reach the woman
Crossing the stream on foot at the confluence with the river

Who will sing of our renewed compositions.

(English translation by Elizabeth Brunazzi)

Dary Jean-Charles

Crime of Identity

my right hand like a wheat field under the rising sun
fixes on the rotation of the planet at the constellation of Ursus
where lures retreat after reading my great sorrow as a bird

in the country air of the riverside-market between the willow
within hearing
of the café noise spiraling through the scent of spices
the sweet-easy woman arriving embroidered in the dew of
before-daybreak
as if she understood by instinct how to reach
into the clockwork of my memory

from her hips synchronized with the length of her body
coming and going
the impromptu river of her fringed dress
gusting through the branches of the larch trees in high
inalterable waves
between harmony-thread needles
loosing the importance of time

on my music-paper a country-sky land without completely
knowing why
makes a riot of stars on the port d'anse with your cathedral
eyes
great sailboats capsizing in the ageless
night of a poem of return

burning coals from the rough-hewn wood smoking just
under my lip
her steps rushing to live passed the time in the branches of
the date trees
as happens on a Sunday in town after Mass a hymn to the
great boulevard
dancing cheek-to-cheek beneath the wide
open eyes of Gonaïves's voice

the come-hither look of your glazed eyes reaches the summit
north of the word-median
where the ink and the music-paper patter about like truant
children

foremost wonder in the armored tale among a thousand
other wonders
i am speaking argot words backward about you o
city I love more than I will ever love a woman

my shadow flowing full over the archipelago of ripe mangoes
a rose l'air du temps fluttering past in the attenuated
sunlight of the original tree
the wind lassoing the mortar of the towers of my life erected
caught without an identity in these high-voltage oasis-cities
vestiges of the wanderings of silence the sound
coming from behind the threshold of your door

ringing out note by note the word emerges the length of the
silver river
that flows in the droning of the bell tower in your artful hands
speaking the language of fire from all the wood grains
arriving to die
in the sillages of winter mimosas poised on the evening work
table
before the spark narrowly escaped
without remembering any of it

in the huge voice of thunder the wind blows at its pleasure
new rains
its torso swelling above higher than the forbidden word at
the tip of my tongue
a shower of stars the ego wounded by the double-edged
sword bled white
sings and weeps a bird in agony in the empty gutters
where I bring so much thirst for the vital
water of butterflies in the night

the monarch of Indian summer to be read from the height
to the depths
of the blank pages
of your eyes great sheet of ideas on paper next to my fault
line
a striding dog I traverse the vertebrae in my shadows
zigzagging in the mirror of odorless sleep in the night
like a hungry silence chewing on the
banquets at the crossroads

(English translation by Elizabeth Brunazzi)

Iléus Papillon

The First Breeze

The night imprints silences censured in the geometry of
indomitable glances
The sea, a blue wound diverted seven times for the pleasure
of the toothless cities,
I sketch the absence of all pain in double notes
A thousand phrases hanging to the left of shadows
A thousand moons piercing the sterility of a time stained
with half-open temples
The window like the hanged days pass in the sensibility of
anonymous clocks
I open my soul to undo the solitude of solitude
Regardless of the madness of the sun
God dies of hunger when the earth shreds the will of vowels
How to reset a heaven in tears without
the alphabet of memories

(English translation, Elizabeth Brunazzi)

Michel-Ange Hyppolite

Women

*(for Medjine and Mendjaly—When a brave woman's
out walking she looks just like Mistress Life)*

Women carry life
higher than beams of sunhght
In a stone's throw rising and bringing water down
to the Courtyard of "yes, sir"
women raise a ladder high as the wind
sweeping the dew

In the land of hawks
women transport daybreak
atop the wooden backs of trucks,
market women doing overtime
for peanuts

When a woman fights
alongside man
toe to toe with rags of fire…
When a woman falls seven times
before she cries uncle
you must know how many crossroads
her petticoat has seen
how many flame she's traversed
before her bonnet tips over

Woman leads life by the hand
to the source of well-being
She scares off misery
Stares down the bad mouths
Woman's accusing finger
fears neither pope nor priest
When a brave woman's out walking
she's Mistress Life's spitting image

Laundry disfigures her hands
The strokes of her clothes-beater
between collarbone and hollow
braid ribbons
in her bonfire of daily bread
the shoe-soles of her days
eat dust
swallow up crossroads
give up the buff er for the load
O Woman nothing can fence in
your courage

Jack Hirschman

The World Vodun Arcane

(for Boadiba)
1.
These days we're
mouthshut silences,
wide-open alones.
I suck on an elliptic

bone in the darkness.
Mahogany egg in
my mouth. As for that
pit for all earthquake
mutilated and flung,
I nourish this stone
for the sling of dawn,
for General Soleil,
the general strike,
the swollen Black
moons of the kids'
bellies after shaking,
for the starving rags
and chopped roads.

2.
Haitian language, you,
Americas' rainbow-est,
know nothing dies
in dear Vodun. All tons
of collapse, destruction,
displacement and loss,
all wails, screams,
laments with arms
in beseeching despair
are as nothing to the
beating of the heart
of the drum of world
Vodun, which has
caught up with soul
on Lari Dendiferans
and turned it into
Dinmin Sinp
through the salt
it throws at the eyes
of the SS of Haiti,
then scatters seeds
of salt all over the
countryside so it can
blossom into machetes
of salt the tongues
of the zombies are

thirsty for, for the
resurrection of
insurrection, and
will sharpen
the blades on their
teeth and slice
the wrists of
the stiff-arms
of the new nazis
at their heils.

3.
How many are we?
As many as tears
for the massacred.
We go on forever,
our eyes dry as
dialectical materialism
may seem to you.
To us it's fire.
Not the kind
crematoria advertise,
nor of the sun
toasting a bloated
swarm of brown
infants into chestnuts
in Rwanda.
Ours is of another
flame than the heat,
a flame that burns
through the lies to
breathe a breath
that blazes through
the mind and gives
the spirit wings to
carry hopelessness
transformed into its
opposite: the light
of the Planetariat.
Pass it,
pass it
along.

Elsie Suréna

The sky stumbles over surging clouds

The river opens its veins into the burning lands
The sea no longer knows whether to stay in place or to
overrun the banks that limit it
What does the migration of monarchs matter, if tomorrow
your hair is twisted into crazy tufts?
Speak to me of the silence of things at dawn, of the music of
nostalgic words for secret wounds
Your hands wrinkle each day, streaked by falling tears
Tomorrow, when your song stops, no one will be able to take
account of these things, even less of the flashing of sparklers
Your memory is a shroud where time succumbs, heavy with
the unspoken and missed rendez-vous
I have counted the strands joining the ylang-ylang flowers
with the long braids of the night alleyways
What I would not give for a new morning, going about in
bare feet
A morning that brings back the trilling of the nightingale
A morning dancing around the sun left to its childhood
caprice
Could it be that sorrow is finery for the soul?

(English translation, Elizabeth Brunazzi)

Gary Klang

Madrid

In the country of the great master who dared disfigure the
human face
And of the white bear larger than any other
In this country where one plays with death
Where we saw the man in the cape defy the mythical beast.
We lived wild nights and joys
When only friendship spoke to us

That was the time before

Hidden by the enthusiasm of a youth
made up of laughter and poems

We were listening to Garcia Lorca and Machado

Son las cinco de la tarde

It was the hour when the toreador breathed his last in the
arena of Madrid
The hour of bars and flamencos

I remember a girl we ran into
We walked around Madrid with her until dawn
In spite of the one who was quoting Cervantès up on his
balcony
And the *serenos* who so quickly answered
the call of our hands

It was the hour of endless suppers
And walks on the *Gran Via* until earliest morning
We were reading Hemingway and Lorca

Son las cinco de la tarde.

Louis-Philippe Dalembert

stagioni*

now and again
my senses track childhood
behind the words
childhood of storms and scorching
earthquakes behind the unlivable
rooms of mist

with which rain should I
write the sounds striking my
body as the invisible draws near
with which extinct cloud should I say the
being stowed in his memories

c'era una volta
once upon a time

there was an eternal child of summer
who would have liked to know the
man of drizzle and silenced
earthquakes
still this burst of being
in the beyond of myself
in the beyond of
ourselves imperceptible flow
interweaving the seasons of words

which word for this wrenching
which word for this man of winter
unknown to childhood
which word only one
to summon cyclones and fogs
to say bald mountains and eternal
snow like a single river
cold and abundant just yesterday
white and dry today

now and again
set above bullets
that waltz with unending
insanity a small chair of straw
at the foot of a parasol mahogany tree

*Translator's note: Stagioni is the Italian word for "seasons.

(Paris, november 7, 1993, English translation
by Nancy Naomi Carlson)

Danielle Legros Georges

A Credence

(Haiti 2010)

The prison. The real cell.
The bars of one's own
making. The scars, and flesh
beneath still quaking.

The dire need to breathe.
The stars and sky on fire.
Seed and pyre. The turning,
turning all to dust. The air.

A hole bored through
a tent's blue ceiling.
The sky reeling.
Reeling.

Will. Force. The thing
that will not let you die.
A million, million, million
whys. An absence

of antecedents. A frankness.
A tension. A craggy flower,
rough blossom, repeating.

A Stateless Poem

If you are born, and you are stateless,
if you are born, and you are homeless,

if your state and home are not
yours—and yet everything you know—

what are you? Who are you? And who
am I without the dark fields I walk upon,

the streets I know, the blue corners
I call mine, the ones you call yours…

Who am I to call myself *citizen*, and
human and *free*? And who are you

to call yourself landed and grounded,
and free. And who is judge enough?

Who native? Who other?

Who are we who move so freely
without accents of identification,

without skin of identification, with
all manner of identification. With

gold seals of approval. With stamps
of good fortune. With the accident

of blameless birth. Who are we to be
so lucky?

Note: This poem addresses a September 2013 ruling
by the Dominican Republic Constitutional Court that
stripped citizenship of Dominican-born persons without
a Dominican parent, going back to 1929. The majority
of persons affected are Dominicans of Haitian descent.

Bernard Block

Wind From the South Comes to Port-Salut, Haiti October, 2016

It began with a gentle breeze
Flutter of waves on a distant shore *Mariposa* butterfly of light
Constellation of the Southern Cross flashing the night

Soon the roar of a thousand lions
Rose over the strand
buzzards circling
In a hush
horses thrashing the stable door Mules quaking on the wood

> *The wind that blows where it will*
> *Hear the wind and wail of it*
> *Needles of rain pierce the skin*
> *See mother and father cling to the child*

Now the sea has gone silent
Dead animals float in tidal pools
Cinder-block heaps where homes once stood
Trees stripped impale the earth

Emilien Clerveaux trying to save his daughter
Head split by flying debris
Elouse Maître's aunt and four cousins
Swept out to sea

The sea that claimed them
And mules and horses of tidal pools

Roll back to silence silence that bows to the sea
As mute voices whisper *all is gone*

All but the village church on the hill
Overlooking *Port-Salut*
a broken cross And arm of the Mother
Cradling her broken Son

(October 12, 2016)

Patrick Sylvain

Final Lesson

We've been breathing for a while
inside a basin of water
with no space for our lungs
to get fresh air.
With one finger, I try
redressing a dandelion
tired of seeking the sun's direction.
Finally, I decided to take lessons
from my dog who wants to show me
how to die like a dog:
swollen belly, teeth grinned to the almighty.

Marilène Phipps

Sap

Sap climbs trees
to tell all leaves
what roots heard
deep in the ground.
Leaves tell it to the winds
that tell it to free men
who live like chimes
hung over fire—
tales from under the earth and of the
dead then spread all over

Strings

Strings resound deep
where fetuses lie.
The day retreats
to savor what has passed
and prepares for a night
that advances with iguana steps.

Hill dogs sigh.

Black flies polka
dot the low grass.

A Feather

Again the mourning
dove is at my doorstep,
head bare as a petal,
walking between mint, basil,
and red geraniums in clay pots.

Yesterday on the stairs
I picked up a feather
on my way to the grave
to set it by your picture,
ushering in gray tones.

Boadiba

The Drum of Marmelade

When Marmelade falls asleep in its bowl of fresh mountains
Dew flows from the rooftops
And drips in harmonious triads on the flat leaves of the
garden
The door opens to the bleached sky
Which draws the prehistoric contours of its mute guardians
Tame monsters watching in a circle over Marmelade
The moon in Marmelade presses against a tree
To drill in its heart a hole of light

Evenings in Marmelade transmit
The song of the violin married to the guitar
With the sudden trill of a trumpet
Taking up old tunes on a jazz rhythm

Child musicians enchant marmalade
Through the artistry of their Cuban teachers
But the absent drum keeps on repeating the same old question
Insinuating itself like a serpent in the melody of the present

Genetic Trip

Desert winds carry the call of water points
Where I meet my double
The sands of the sea deposit in Grandpa's grey-white eyes
The field of mystic alliance linking Nordic travelers
Hanging on to Africa's coasts with her springs and her
forests
Distilling into magic music the secret name of his black eyed
woman
His red-skinned woman whose long dark braid slides on her
shoulder
As she leans toward the sweet water of her mysteries
To fill a redwood bowl

Three races mix to paint a perfect memory
Of countries that pass through me
And plant me awestruck in genetic space

Christ-Falin Oralus

The Rightful Owner

In the head of the woodpecker
The cemetery holds a mirror where we can gaze at ourselves
The greetings are harmonious
Even in the background ugliness
Even for nothing
A bird of good omen spells the letters ABC
In the mouth of vultures
The crow treats as the ugly ones

Familiarizing us with irony
Pride implores us
For the country will not serve as experimental animal any
longer
The nightingale eats graviola
Leaving Lavilokan
The politicos are sly
But the vultures will endure the detour
If the detour is not too numbing
And the unfeeling has no fear of the carrion eaters
Truth mocks the grin of happiness
The harness breaks the wind
The pen that writes has the taste of tides
Calamity scarcely offers itself for sale
The poem remains his and his only.

2
Wake up to the cacophony of the horizon
Remember the song of the cock crowing
Wake up without shame
Wearing sunglasses throughout the day
To scare yourself
Wake up with the remnant of cloth
Shake it
Do not forget the two cardinal points of your lips
Wake up
Do not forget to leave hope on the fire
And go plead your cause at the seashore
Wake up
Do not forget to give napkins to passersby
So that dust loudly applauds your appearance
Wake up looking for food before the country is cut off

3
My desire is the kindred of your absence
What I want to do to you Choucoune
Is not listed in the dictionary
We are the only ones left
On this wisp that remains of a lost cloud.

(English translation by Elizabeth Brunazzi in collaboration with
Oralus Christ-Falin for original Haitian, and Karine Belizar
for French translation.)

Jean Saint-Vil

I Weep in the Daytime I Laugh at Night

I weep in the daytime
I laugh at night
I have never seen
Either in closeup or from faraway
Either in my tears
Or my laughter
The beautiful colors
That makes one dream
To the point of delirium
I know that laughter
Without knowing it
And very often
Is hit by tears
Right in the face
I know that laughter
In its cascading
From time to time
Hollows out wrinkles
And without return
The beds of tears
I know that tears
Change nothing
Either of the odor
Or the humor
When I break out in my laughter

(English translation by Elizabeth Brunazzi)

Life

Life is short
We must live quickly
And be happy
Life is hard
We must take
Everything gently
And round out

Its angles that lead only to death
Life is beautiful
We must make
Forever
Our eyes forgiving before it
To seize
Its beautiful favors.

(English translation by Elizabeth Brunazzi)

If You Love Silence

If you love silence
Take care not
To smother it in your heart
At the risk of seeing it
Explode in your face

If you love silence
As I do who loves
Day and night the silence
Fills up with the silence
While others jazz

Silence is a king
Who rules over the word
And can save you
If you know how to engage it
At the critical moment.

(English translation by Elizabeth Brunazzi)

Biographies

Coutechève Lavoie Aupont published *Partances* in 2009 (Rivarticollections, USA) and *Déesse de la premiére vague du jour suivi de Partances* (Éditions Ruptures, 2013). He received the Grand Prix Dominique Batraville for poetry in Haitian Creole and the Prix René Philoctète in poetry for *Le doute de la main* in 2016. Lavoie Aupont has contributed to numerous literary festivals and events in Haiti, North America, and Europe. His poems are collected in several anthologies around the world. He combines his work as a published writer with his more private vocation as a painter. He lives in Port-au-Prince where he divides his time between volunteer literary and cultural projects, publishing, and photography.

Karine Belizar is originally from the island of Saint Martin and a former student of the Université des Antilles, in Martinique. She studied in the United States where she earned a Master's degree in Foreign Languages and Literatures at the University of Delaware. She currently works as an English teacher in France. Her interest lies in understanding the creation of a collective viewpoint based on the languages at work among Caribbean authors and the repercussions of the Haitian revolution in literature.

Franz Benjamin is a poet and storyteller. He has chosen to celebrate life, and to make it a feast expressed through his poetry. In Haitian or in French, the reader revisits his attachment to the essentials: freedom and love. Among numerous published collections, his work appears in: *Valkanday* (poésie, Paroles, 2001), *Chants de mémoire* (poésie, Paroles, Montreal, 2003), *Dits d'errance* (poésie, Mémoire d'encrier, 2005, Montreal, *Tanlapli* (lèt kreyòl, Paroles, 2007, Montreal), *Vingt-heures dans la vie d'une nuit* (poésie, Mémoire d'encrier, 2011, Montreal). The author was born in Haiti and lives in Montreal.

Roseny Blanca is a poet who lives in Paris, France. Author since 2017 and recipient of a Master of Sciences. She learns her mother tongue through action: "Tou rete rete," she says, translated as "Stay here," in echo of the lagooning, of the sanitation techniques, of the Péligre dam in Haiti's Artibonite department, of the suspended solids that settle by decantation, of the vetiver hedges which are strengthened thanks to the amendments. With her toolbox around heritage, riddles, proverbs, she invites us to forget everyday life for a moment and travel to Haiti.

[See the Appendix for **Boadiba's** and **Jeanie Bogart's** biographies on page 473]

Vilvalex Calice: I was born in Port-au-Prince, Haiti, and voluntarily exiled since 1978. I have lived in the USA for most of my adult life, where I did my university studies first in New York at Medgar Evers College of the City University of New York, and then at Pratt Institute in Brooklyn, New York. I've moved to Georgia now, looking for some bucolic peace. Nature abhors noise. My works in French or in English have appeared in various magazines and anthologies: *Censures, Tanbou Magazine, Toward Forgiveness* (anthology), *Les Voix du soleil* (anthology), *Paumonok, Interwoven* (anthology).

Marie-Ange Claude was born in Deschapelles, Haiti. She pursued undergraduate studies at two faculties of the State University of Haiti. She was the third recipient and first woman laureate of the René Philoctète poetry prize in December 2018 for her manuscript *Kaskad peyi* (My Country's Waterfalls). Moreover, she was nominated for the international poetry competition "La différence" (The Difference) of the 2020 edition of the Maurice Koné prize. Marie-Ange Claude is a member of *L'Atelier Jeudi Soir* (The Thursday Night Workshop), a collective of Haitian writers. Many of her poems were published in anthologies in Haiti and abroad.

Louis-Philippe Dalembert is an author writing in French and Haitian. His literary career began with poetry, a genre in which he continues to write. A guest professor in American, German and Swiss universities, writer in residence in Rome, Jerusalem and Berlin, he has published novels, essays, short fiction and poetry since 1993. Following many years of residence in Italy, he currently lives in Paris and Port-au-Prince, the city of his birth. He was named Chevalier de l'Ordre des Arts et des lettres in 2010. He has received numerous literary awards, among them the Casa de la Americas Prize in 2008 and the Prix de la langue française in 2019. His work has been translated into approximately ten languages. His poems included in the trilingual anthology *Cette Terre, mon amour / This Land, My Beloved / Tè mwen renmen an,* are published with the permission of Éditions Bruno Doucey. The versions in English are by Nancy Naomi Carlson.

Gary S. Daniel was born in Cap-Haitien, Haiti. He has a Bachelor Degree from SUNY-Plattsburg and a Master in Business Administration from Phoenix University. Daniel published more than six books of poetry and participated in the publication of many other poetry books. He is an active member of *Sosyete Koukouy* (Firefly Society) and Vice President of Regwoupman Ekriven Kreyòl, (REK / Creole Writers United). Gary Daniel is the recipient of the 50th Anniversary Honor Trophy of the Firefly Society for his works and for the promotion of the Haitian language.

Ewald Delva (alias Konpè Zòf) was born in Port-au-Prince, Haiti. He likes to write poetry, essays, reflections and plays. In Haiti, after classical studies, he went to work at the General Postal Administration as an agent of the Union Postale Universelle (UPU), and, in the United States, he studied Systematic Theology 1 and 2, and graduated as a pastor at the Reynolds Institute of the New England District of the Nazarene. Many supportive friends renamed him with nom de plume Zòf', because as a former goalkeeper for the soccer club "Football Fan Club", he didn't let many goals in, like former Italian goalkeeper Dino Zoff.

Delva lives with his wife Marie Marthe Belhomme, and their two children—a son Théodat, and a daughter Jennyfer—in the United States. He is an acrylic painter, as well. Essayist, poet and novelist, Delva wrote and directed the play *Jouva jouvien* in 1987. In 1996, he wrote the collection of poems *Pawòl,* and in 2014, the Haitian Creole novel *Adelina* (ed. Trilingual

Press). Other up-coming books by Konpè Zòf include *Angels of Darkness, Broken Heart, Kachotri, Red Rose, Black Grimo, Revenan, Ivanoye, Twakapyas.*

Berthony Dupont is a poet, author, journalist and editor of *Haiti Liberté*. He published two books: *Pliye pa kase* (Editions Zemès, 1997), a collection of poetry in Haitian, and in French: *Jean Jacques Dessalines, Itinéraire d'un révolutionnaire* (essays, Editions L'Harmattan, 2006). For decades now, in his editorials, essays and poems, Berthony Dupont has advocated the advent of a liberated and democratic Haiti.

Patrick Étienne is a civil engineer and an urban planner who also paints and writes poems. He lives in Port-au-Prince, capital of Haiti.

Christ Falin-Oralus (Ti Kris) is an editor, writer-poet who was born in Bombardopolis, a small town in the Northwest of Haiti. He is the author of four collections of poetry: *Conspiration de l'âme et du Cœur contre l'incertitude,* (Edilivre en France, 2016); *Du zèle à l'amour,* (Pen Gonaïves, 2017); *Bonbon Siwo,* (Éditions de la Rosée, Gonaïves, February 2019). He is one of the leaders of literary activities such as Pawoli, Samedi-Poésie, Kontredans at Gonaïves and Bombardopolis.

André Fouad was born in Port-au-Prince, Haiti. He studied, in turn, accounting, journalism and communications. He worked for the news publications *Le Nouvelliste* and *Récréation Magazine,* as well as Haitian national television as a presenter-editor in the cultural division. Fouad is the author of four collections of poetry: *Gerbe d'espérance* (1992), *En quête de lumière* (1992). *Bri lannwit* (2000), *Etensèl mò m yo* (2006). He was chosen to be the artist of the season by the Alliance Française of Miami, for its program in 2005. He also was awarded 2nd place in the poetry contest organized by the Franco-Haitian newspaper *Haïti Tribune* (France) in January of 2005. In May 2007 he was the chosen poet of the year for its 7th season of Haitian heritage cultural month in Miami.

Danielle Legros Georges is a poet and professor of writing and literature at Lesley University in Cambridge, Massachusetts. A former Poet Laureate of Boston, she is the author of the poetry collections *Maroon* (Curbstone Press, 2001), *The Dear Remote Nearness of You* (Barrow Street Press, 2016), *Letters from Congo* (Central Square Press, 2017), as well as articles, essays, and the anthology of contemporary Boston poems, *City of Notions* (Boston Mayor's Office of Arts and Culture, 2017). Legros Georges' most recent book is *Island Heart*, translations of the poems of 20th-century Haitian-French poet Ida Faubert (Subpress Books, 2021). Her awards include fellowships from the American Antiquarian Society, the Massachusetts Cultural Council, MASS MoCA, the PEN/Heim Translation Fund, and the Black Metropolis Research Consortium. She lives in Boston.

Lenous Guillaume-Suprice was born in Fond-des-Blancs, Haiti. He has published poetry collections in Haitian and French in Montreal, where he has lived since 1976. He is a member of the Union of Quebec Writers. In 2017, invited by the Canada Council for the Arts he was part of the jury for the awarding of Governor General's Literary Awards (poetry section).

Michel-Ange Hyppolite, a.k.a. Kaptenn Koukourouj, was born in Haiti. He has lived in Ottawa, Canada since 1984. Teacher, writer, poet, he is a tireless defender of the Haitian language. He successfully convinced the Ontario Ministry of Education to include Haitian Creole as a second language in its program. Michel-Ange Hyppolite holds a bachelor degree in biology from New Jersey City University and a Masters in Education from the University of Ottawa. He is a member of the Haitian Creole Academy. He has taught general sciences and biology at Gloucester High School in Ottawa. Kaptenn Koukourouj's publications include: *Lespwa Lanmou*, poetry, 2019; *Lèt Ife ak Soul*, 2006; *Istwa pwezi kreyòl Ayiti*, essay, 2000; *Zile Nou*, poetry, 1995; *Li Konprann Ekri*, Teaching aids, in collaboration,1996; *Atlas leksik zo mounn, lexicon in 4 languages, Haitian Creole, English, French and Spanish* (1989); *Anba lakay*, poetry, 1984.

Dary Jean-Charles was born in Gonaives (Haiti). A retired teacher, he has lived in Montreal for forty years. His publications include: *Haïtianeiges* (poetry, Editions Lagomatik, Montreal 1992), *Encres Brûlées* (poetry, Editions Humanitas, Montreal 1997), *L'Îlerrant* (poetry, Editions Humanitas, Montreal, 2000), *Pages Triangulaires,* a collective of authors (Éditions Les Intouchables), *Plain-Chant sur mer* (poetry, Editions Dédicaces, Montreal 2011) and *Dentelles du vent* (poetry, Editions Paroles, Montreal 2010).

Jean-Dany Joachim is a past Cambridge Poet Populist, Poet in residence at First Church in Cambridge, Director of City Night Readings Series, in residence at Little Crêpe Café in Cambridge, Massachusetts. He has three published collections of poetry, *Crossroads / Chimenkwaze* (2013), *Avec des mots* (2014), and *Quartier* (2016). Joachim is a 2017 Massachusetts Cultural Council grant recipient for his play *Your Voice Poet / Ta Voix Poète.*

Gary Klang was born in Haiti and has lived in Montreal since 1973. He holds a doctorate in literature from the Sorbonne with a thesis on Proust, honorable mention). His quite varied œuvre includes about twenty books: poetry, novels, short fiction and essays. He has served as president of the Société des Écrivains Francophones d'Amérique et de la Sociéte des Écrivains Canadiens (Montréal section); he has also participated in the council for the administration of the Pen Club of Québec and is a member of the Union of Québécois Writers (UNEQ). Gary Klang has traveled the world, invited to participate in poetry festivals and various literary gatherings in China, Mali, Benin, Venezuela, Columbia, Mexico, the United States and Haiti.

Klang's poems have received the honor of being posted in the Peking subways in Chinese translation. Among his other works, the following are noted: *Ex-ile* (poetry-first prize from la Vague à l'âme in France, *Il est grand temps de rallumer les étoiles* (poetry), *L'Immigrant* (theatre piece, produced on television), *Toute terre est prison* (poetry), *Kafka m'a dit* (short stories), *Un homme seul est toujours en mauvaise compagnie* (novel), *L'île aux deux visages* (novel), *Le Massacre de Jérémie, Opération vengeance* (novel, in collaboration with Anthony Phelps), *Monologue pour une scène vide* (novel).

Doumafis Lafontant is a playwright whose writings have been published by Trilingual Press of Cambridge, MA, Potomitan, Boston Society of Landscape Architects, New American Writing, and Pardee School of Global Studies at Boston University. Moreover, he is a photographer, and proprietor of Ecofugees®, a green initiative conceived in 2021, to address climate change, with a particular focus on protection of natural habitat and endangered species that are native to the Island of Ayiti. In 2012, Lafontant founded Gallery Basquiat of Boston, a business incubator conceived to help "artists who see themselves as a business" launch their small–medium enterprises (SME). Lafontant encourages you to look at his Instagram page, @doumafis1, which contains samples of his artworks.

Fred Lafortune was born in Anse-à-veau, Haiti. He is a Ph.D. student in Boston University's French Language & Literature program. His main research interests are post-colonial studies and literary criticism and theory. Lafortune is the author of several books, including *En nulle autre, Silex,* and *An n al Lazil,* a poetry collection written in Haitian, which was the winner of the Dominique Batraville Prize in 2017. His poems have been published in several anthologies, including the *L'Anthologie de Poésie Haïtienne Contemporaine,* edited by James Noël. Additionally, his poems have been published in various literary magazines and journals.

Alex Laguerre is a poet, short fiction writer and novelist. He lives, writes and works in Port-au-Prince in Haiti. His poem "Zone d'ombre" is included in his poetry collection *Incantations pour les nuits de pleine lune,* published in April 2013.

Denizé Lauture, who began his working life as a welder, received a B.A. in sociology, an M.S. in bilingual pedagogy, an M.A. in Spanish literature. He pursued further studies at Fordham University and the CUNY Graduate Center. He writes in Haitian, French and English. His poems have appeared in dozens of literary journals, including *Présence Africaine, Callaloo, Black American Literature Forum, Artist and Influence, Tanbou* (United States), *Litoral* (Spain), *Litterealite* (Canada), *The poetry of Everyday Life,* Cornell University Press, and in many anthologies. Denizé Lauture's published works include *Pi bèl son lanbi sanba: Dlo nan Sensè a* (poems, Trilingual Press 2021); *A Kiss to the Land* (poems, SubPress 2017); *Les lunes d'or du cactus* (poems, Trilingual Press 2017); *Les Dards empoisonnés du denizen* (poems, Trilingual Press 2015); *Denizens of Hope* (poems, Berkeley, California, 2013); *Manman Zanfan* (Haiti Literacy Project, 2013); *The Black Warrior and Other Poems* (SubPress, 2006); *Father and Son* (children's story, ed. Putnam and Grosset, 1993, 1996, 2005); *Running the Road to A B C* (children's story, Simon and Schuster 1996, 2000, 2003); *When the denizen weeps* (poems, 1988); *Boula pou yon metamòfoz zèklè nan peyi a* (poems, Bohyo 1986). Denizé Lauture was instrumental in the drilling of 16 water wells for La Vallée de Jacmel, Haiti. The author lives in the Bronx, New York (United States).

Charlot Lucien is a storyteller, poet, and visual artist who resides in the US, and is the founder of the Haitian Artists Assembly of Massachusetts. His writings have been published in various anthologies and publications, including *Regard, Liberation Poetry, Compost Magazine, Revolution, Anthologie des poètes français 2022, Poètes à la Une,* and *Tanbou Magazine.* His poetry book *La tentation de l'autre rive* was released in 2013 by Trilingual Press of Cambridge, Massachusetts (USA). He has also prefaced the art anthology *Migrating Colors: Haitian Art in New England,* released in 2018.

Mario Malivert is a poet and a medical doctor. He is the author of four collections of poetry (*Arène Noire, Vin Aigre, De la mort à la vie,* and *La tête chauve des mornes*) and two novels (*Jeunes gens de mon pays* et *L'Agonie de ton absence*). He has also contributed book reviews, poems, and short stories in various newspapers and magazines, such as *Le Nouvelliste, The Cartier Street Review, The Caribbean Writer,* and *Tanbou magazine.*

Jan Mapou is the pen name of **Jean-Marie Willer Denis** who was born in Les Cayes, in the south of Haiti. He obtained a B.A. in accounting after studying at the University of Ethnology in Haiti. Between the years 1965–1969, he taught in several schools in Port-au-Prince. He worked for four years at the National Bank of Haiti. Since 1965, Jan Mapou has participated in the revival and promotion of the Haitian language. He is one of the founders and former president of *Sosyete Koukouy* (Firefly Society). He is the main administrator of Librairie Jean Mapou in Little Haiti in Miami, Florida, United States.

Michèle Voltaire Marcelin is a poet, writer, performer and visual artist. She has lived in Haiti, Chile and the USA. The themes of social issues, resistance, love and desire are always present in her writings, stage performances and her visual art. She writes in four languages and has published seven books of poetry and prose, and participated in numerous anthologies published in France, Cuba, Canada, Kenya and the United States.

Jean-Claude Martineau (AKA "Koralen") was born in Croix-des-Bouquets, Haiti. His constant contact with the peasants enabled him to acquire an incomparable knowledge and ethnological base which would characterize his future work. Martineau left Haiti for Boston, United States, in 1962. His works constitute an enlightening instrument to show the way toward changing relationships of oppression, exploitation and domination. He is the author of the collection of poems *Flè dizè* (1982), a trilingual work (Haitian, French and English); the French essay *L'histoire d'Haïti en six leçons*, and an English novel, *The Arada Pledge* (Trilingual Press, 2022), which traces the colonialist invasion of Christopher Columbus in the context of the Arawak resistance and the Haitian liberation struggle. Jean-Claude Martineau lives in Montreal, Canada.

Iléus Papillon is a native of Port-Margot, northern Haiti. He holds a degree in sociology and anthropology from the Faculty of Ethnology of the State University of Haiti. He also obtained a master's degree in history, memory and heritage. Poet, story-teller and journalist, Papillon's poems and articles are published in several international newspapers and magazines such as *Île en Île, Afrolivresque,* and many others. He is the author of the collection of poems *Dans la prison de ton corps* (2009). He is the poet laureate of the first edition of the poetry contest "Ronde des talents" (University Pastoral of Port-au-Prince) and 3rd place in the poetry contest organized on the occasion of the 35th anniversary of the National Radio of Haiti, in April 2012.

Marilène Phipps was born and grew up in Haiti. She is a member of the Academy of American Poets and a recipient of the NAACP's Award of Excellence for Outstanding Commitment in Advancing the Culture and Causes for Communities of Color. Phipps has held fellowships at the Guggenheim Foundation, the Harvard-Radcliffe Bunting Institute, the W.E.B. DuBois Institute for Afro-American Research, and the Center for the Study of World Religions. Phipps's collection, *The Company of Heaven: Stories from Haiti* (published by Iowa University Press), won the 2010 Iowa Short fiction Award. Her poetry won the 1993 Grolier prize, and her collection, *Crossroads and Unholy Water* (published by Southern Illinois University Press), won the 2000 Crab Orchard Poetry Prize. Phipps's other books and publications include her memoir, *Unseen Worlds: Adventures at the Crossroads of Vodou Spirits and Latter-day Saints,* 2018, the novel, *House of Fossils,* 2020, etc. Phipps also edited the Jack Kerouac *Collected Poems* for The Library of America and contributed her own work to North American anthologies and collections such as *The Best American Short Stories; Harvard Divinity Bulletin; The Beacon Best; Haiti Noir.* Her website is at www.marilenephipps.com.

Gahston Saint-Fleur (Bois-de-Laurence) comes from Haiti. He is a writer, poet, translator and professor of International Relations. He holds Master's degrees in law and philosophy; also Master's degrees in Conflictology (Open University of Catalane), Management of Public Politics (University of London, UK), Management of Cooperative International Projects (University of Salamanca, Spain) among others. He has been invited to represent Haiti at international poetry festivals in more than fifteen countries, and on five continents.

Jean Saint-Vil was born and studied in Haiti, and also Bordeaux (France) where he earned a Ph.D in 1973. He lived for 25 years in Africa (Ivory Coast and Gabon). Since his return to Haiti in 1996, he worked as a cabinet member in many ministries and at the Presidency of the Republic. He produced many studies on the problematic of development of Haiti and has published more than ten books of poetry, participating in many poetic anthologies in France, United States and Canada.

Elsie Suréna writes in short genres, especially in French and Haitian. Her texts appear in various journals and anthologies, several of which have been translated into English, Portuguese, Spanish and Japanese. *Amours jaunies suivi de Miscellanees* is her most recent poetic publication (2022). Settled in Canada since 2010, she lives in Ontario. Also a photographer, she has exhibited in Haiti, the United States, Canada and is a member of the Association of Authors of French Ontario (AAOF) and of the Group of Visual Artists of Ontario (BRAVO).

Patrick Sylvain is a poet, writer, social and literary critic. Twice nominated for the Pushcart Prize. Published in several creative anthologies, journals, and reviews. Sylvain has degrees from the University of Massachusetts (B.A.), Harvard University (Ed.M.), Boston University (MFA), and Brandeis University (PhD). Sylvain is an Assistant Professor at Simmons University, and also a lecturer on History and Literature at Harvard University.

[See the Appendix for **Janine Tavernier's** biography on page 474]

Tontongi is the pen name of Eddy Toussaint, born in Port-au-Prince, Haiti. Poet, critic and essayist, he writes in Haitian, French and English. His latest books include *Tyaka Poetica* (2021); *La Parole indomptée / Memwa Baboukèt* ("The Untamed Speech /

Memory of The Muzzle," 2015), published by L'Harmattan in Paris, France; and *In the Beast's Alley* (2013), a collection in English of his "poems of conscience." Tontongi's book *Critique de la francophonie haïtienne* (L'Harmattan, 2007) is considered by experts, including the great Canadian-Haitian linguist and academician Frénand Leger, as a seminal critique of linguistic power relations in Haiti. Tontongi is also the founder and host of the award-winning cultural program "Haitian Poetry in Three Languages" (Français, English & Ayisyen) broadcast across Boston-area cable TV. Tontongi is now working on a collection of essays using the critical investigative perspective which he calls *reverse anthropology* or *l'anthropologie inversée* in French, (the reverse gaze of the Other, the oppressed, upon the oppressors). A look from the South to the North. Also in the making is a collection of poems in English, *I'm Looking At You.* Tontongi is Editor-in-Chief of the publishing house Trilingual Press and the trilingual politico-literary journal *Tanbou* (online: www.tanbou.com).

Emmanuella "Ella" Turenne was an educator, a poet, and performing artist, featured in an array of films and theatrical works including her one-woman show, "Love, Locs & Liberation", which won a Producers Encore Award at the 2018 Hollywood Fringe Festival. She was also the founder of BlackWomyn Beautiful. Ella was dynamic and thoughtful, a wonderful artist with a great mind and heart. Although she was born in NYC, Ella Turenne held her Haiti heritage tightly in her heart. In 2004, she dedicated to Haiti's liberation the trilingual book she edited to commemorate the country's 200th anniversary of independence, *Revolution, Revolisyon, Révolution: An Artistic Commemoration of the Haitian Revolution.* In the aftermath of the 2010 earthquake, Ella Turenne co-edited *For the Crowns of Your Heads*, a collection of poems about Haiti. Funds raised by the volume were used to aid a Port-au-Prince library destroyed in the quake. Ella Turenne passed away, far too soon, in late 2021.

Emmanuel Védrine was born in L'Asile, Haiti. He is a writer, editor, linguist and researcher. Védrine was educated in the

United States and in Europe where he studied literature, linguistics, social sciences and education. His literary works have appeared in several anthologies, journals and magazines. Among his works are *Œuvres complètes: Trente ans de recherches et de publications portant sur Haïti, la Diaspora Haïtienne et le Créole,* and *An Annotated Bibliography on Haitian Creole: A Review of Publications From Colonial Times to 2000.* He lives between New England and Curaçao. Védrine is a fierce critic of linguistic disparities in Haiti, developing over a period of several decades a large bibliographical archive on the Haitian language.

Jean-Robert Christian Victoria was born in Port-au-Prince, Haiti. He adopted the name **Kwitoya** to emphasize his commitment as a political militant in the struggle for a better future for the Haitian people: onward without detours. He is the founder of Tanbou Progresis, Cercle d'Études Jacques Stephen Alexis, Solidarité pour le Progrès d'Haïti, and co-founder of *Tanbou-Tambour,* a trilingual Haitian review devoted to political and literary issues. Victoria is a former member of the Haitian consular corps in New England.

Isaac Volcy was born in Haiti and is the author of *Ma Drapo Souvnans* and *L'Arbre oratoire.* A philosopher, poet and theater director, he also holds advanced degrees in Community Development and in Philosophy. Some of his texts have been put to music as songs by the artist Shammas Lorrédan and by Roseleine Volcy, his wife. His poems are published in the journal *Le Nouvelliste.* Isaac is working on the translation of *Discours de la servitude volontaire* de La Boétie (a philosophical essay).

Frantz Kiki Wainwright is a musician/composer, singer, poet, writer, storyteller, novelist, actor, theater actor, playwright, and dancer/choreographer of Haitian folk dance. He has published several books in Haitian, French and English. His musical works include *23 Nèg Vanyan, Séverine,* and *Bòs Prevo.*

Kiki Wainwright has spent a large part of his life on the theatrical stage in Haiti, the United States, and Canada. Among the plays in which he performed are Félix Morisseau-Leroy's

Antigone en Créole; Jan Mapou's *D.P.M Kanntè*, and *Reclaiming Choukoun* by Bob Lapierre with Kiki in the role of the great Haitian poet Oswald Durand. Kiki earned an Associate Degree in Business Management from Manhattan Community College in 1980 and also a Bachelor in Social Science and Social Work from Florida International University in 1988. He is currently the Vice-President of *Sosyete Koukouy* (Firefly Society) in Miami, a literary movement founded in Haiti in 1965.

Poetic Companions of Haiti

Indran Amirthanayagam was born in Sri Lanka. He writes in English, Spanish, French, Portuguese and Haitian. He has published 23 poetry books, including *Ten Thousand Steps Against the Tyrant, The Migrant States, Coconuts on Mars, The Elephants of Reckoning* (winner of the 1994 Paterson Poetry Prize), *Uncivil War* and *The Splintered Face: Tsunami Poems.* In music, he recorded *Rankont Dout.* Amirthanayagam edits the *Beltway Poetry Quarterly* (www.beltwaypoetry.com), publishes poetry books at *Beltway Editions* (www.beltwayeditions.com), and writes a weekly poem for *Haïti en Marche* and *El Acento.* He has received fellowships from the Foundation for the Contemporary Arts, the New York Foundation for the Arts, The US/Mexico Fund for Culture and the Macdowell Colony. In addition, he hosts the Poetry Channel https://youtube.com/user/indranam (contact: https://indranamirthanayagam.blogspot.com).

Bernard Block, born and raised in Bensonhurst, Brooklyn, produced the Poetry Series "From Whitman to Ginsberg" at Cornelia Street Café in NYC for seven years. 38 of his poems are published in the European literary journal, *Levure Littéraire* #8, #9 and #12. His poetry book *Am I My Brother's Keeper?*, released by Dark Light Publishing, is available on Amazon and from the author: disviolin@yahoo.com

Ricardo J. Bogaert-Álvarez is a Dominican-American chemical engineer and award-winning poet. He obtained his B.S. in chemical engineering at the Pontificia Universidad Católica Madre y Maestra in Santiago. He received his chemical engineering MA and PhD degrees from the University of Delaware. He has lived in the United States since 1981 and has worked both in industry and academia. He now resides in Denver with his beloved wife Laura. Bogaert-Álvarez has published four bilingual poetry books: *The Samurai Poet, The Dance of the Phoenix, Romance and Haiku Elixir,* and *Chronicles of a Young Dominican.* Each poem is in Spanish and English. He is a member of the Columbine Poets, Inc, in Colorado and of The Tanka Society of America. Website: drbogaert.com

Elizabeth Brunazzi was born in New Orleans, in Louisiana. She is a writer, poet, critic, essayist, editor and translator. Her poems and prose poems are published in France in the reviews *Le Nouveau Recueil, La Traductière* et *Recoursaupoeme.fr.* Among numerous other poets, she has translated collections of poems by Charles Simic and Maya Herman-Sekulič from English into French. Her bilingual collection of poetry, *The Beginning Ends Here / Le Commencement prend fin ici,* is published by Lambert Academic Publishing, 2019.

Brunazzi is coeditor with Jeanine Parisier Plottel of a collection of essays, *Culture and Daily Life in Occupied France, Contemporary French Civilization,* 1999. She is the recipient of a residential award and long-stay visa for research and translation in France dedicated to historical reporting by pioneering French journalist and international correspondent Andrée Viollis, under the auspices of the French government and the internationally competitive program "Compétences et Talents," 2011–2014.

Brunazzi's most recent article, "Tourmente sur l'Afghanistan, Grand Reporter Andrée Viollis and Civil War in Afghanistan, 1929," is published in the review *French Cultural Studies,* UK, February 2019. In May–June, 2022, she was awarded a two-month residency at the Centre International de Traducteurs Littéraires, Arles, in support of her collaborative work on the trilingual anthology, *This Land, My Beloved / Tè mwen renmen an / Cette terre, mon amour,* in collaboration with co-editors Eddy Toussaint Tontongi and Denizé Lauture (Trilingual Press, Cambridge Massachusetts). She presented a paper on the project at an international conference on the evolution of North American poetry during the past twenty years, in Paris, June, 2022.

A PhD in Comparative Literature (Princeton, 1988), she has held several academic appointments for teaching at, among other institutions, Princeton University, Wesleyan University, New York University, Rutgers (State University of New Jersey, New Brunswick), and George Washington University. Elizabeth Brunazzi lives and writes in Paris, France.

Jack Hirschman was emeritus poet laureate of San Francisco. He formed in the 1980s the Jacques Roumain Cultural Brigade with the Haitian poet Boadiba, whose newsletter, *Boumba,* was filled with translations of Haitian poets. Hirschman's *Selected Poems* appeared in Chinese and Greek, and the third volume of his thousand-page masterwork, *The Arcanes,* was published in Italy. Hirschman visited Haiti in December 2007 for the commemoration of the centennial of the birth of Jacques Roumain, reading at the French Institute in Port-au-Prince (in the company of Tontongi and Franck Laraque) a poem of solidarity with Haiti from his seminal anthology *Open Gate: An Anthology of Haitian Creole Poetry,* coedited with legendary poet Paul Laraque (translations by Boadiba and Max Manigat). *Open Gate* (published by Curbstone Press in April 2007) was the first bilingual anthology in English and Haitian ever published. Hirschman passed away in August 2021, a great loss to the international literary community.

Aidan Rooney was born in Monaghan, Ireland. Since 1988 he has been a teacher of World Languages at Thayer Academy in Massachusetts, USA. Rooney's poetry collections include *Go There* (Madhat Press, 2020), *Tightrope* (The Gallery Press, 2007), and *Day Release* (The Gallery Press, 2000). His translations of poetry and fiction from Haitian and French can be read at *Vox Populi, AGNI,* and *Asymptote.* His honors include the *Sunday Tribune* / Hennessy Cognac Award for New Irish Poetry and the Daniel Varoujan Award from the New England Poetry Club.

Translators

Samuel Barthélemy is an artist, painter, and photographer who was born in Jérémie, Haiti. He was a teacher and school administrator in New York for many years until his retirement. He has also published two collections of poems, *Sur le parcours des rêves* and *Sailing away*. He currently lives in Florida.

Joseph Bocchicchio is a writer, educator, and translator. His work has been published in journals, chapbooks and in an anthology regarding the emotional demands on health care providers. His entry was nominated for a Pushcart Prize. He is a retired Crisis Worker currently employed in museum education. He lives in Boston, Massachusetts.

Nancy Naomi Carlson, author of twelve titles, is a poet and translator whose translation of the book *Khal Torabully's Cargo Hold of Stars: Coolitude* (Seagull Books, 2021) won the 2022 Oxford-Weidenfeld prize for translation. Decorated with the French insignia Chevalier de l'ordre des palmes académiques, she is Editor-in-Chief for the Translation section of the website On the Seawall. Her second full-length poetry collection, *An Infusion of Violets* (Seagull Books, 2019), received a special mention in the Literary Novelties section of the *New York Times.*

Marie-Cécile Corvington Charlier was born in Haiti, and has lived in New York since 1965. She has kept a deep connection with her native country and is passionate about its history, literature and arts. As an artist, she has illustrated books of

Haitian authors. Now retired, she strives to contribute to Haitian culture in various ways. She has translated into French three stories by Denizé Lauture: « L'enfant qui apprivoisa une couleuvre rouge », « L'enfant pour qui une couleuvre arc-en-ciel a dansé », et « Le garçon qui chevaucha un ouragan », « L'histoire épique de Toussaint Louverture ».

Monica Hand was born in Newark, New Jersey. She was a poet, playwright, scholar, and traveler. She worked for 30 years at the U.S. Postal Service, eventually retiring as a public relations officer. She earned an MFA in Poetry and Poetry in Translation from Drew University, and was pursuing her PhD in Creative Writing at the University of Missouri-Columbia. She was also a part of several literary communities, including Cave Canem, Poets House, and Women Writers in Bloom. She was a founding member of Poets for Ayiti, a collective of writers "committed to the power of poetry to transform and educate" whose work benefitted literary institutions in Haiti. *Me and Nina,* Monica's debut collection of poems, was published in 2012 by Alice James books. Days before her sudden collapse, Monica Hand announced on Facebook that her second collection, *The DaVida Poems,* would be forthcoming. On December 16, 2016, the world lost a light. *[This bio is compiled from information provided by Lauren K. Alleyne on the website of James Madison University.]*

Chantal Kénol has been working in the field of education for thirty years. She is co-principal of a private school in Port-au-Prince. She is a founding member of the Association Atelier Jeudi Soir, a collective of Haitian writers and cultural agents. Several of her poems and short texts have been published in magazines and anthologies, both in Haiti and abroad. In December 2021, she published her first collection of micro fiction entitled *Si je contais ma ville.*

Josaphat-Robert Large was a novelist and art critic who left us in 2017. He left Haiti for political reasons in 1963 after his arrest by Papa Doc's Tonton Macoutes for participation in a student strike against the Duvalier regime. He was a close friend of the late Haitian poet Paul Laraque. His signal novel *Les terres entourées de larmes* won the prestigious literary prize Prix littéraire des Caraïbes in 2003. He was a great literary presence in New York and the Haitian Diaspora in general.

Lunine Pierre-Jerôme, Ed.D., is an educator, translator and cultural activist who lives in Randolph, Massachusetts. She has translated Alice Walker's novel *The Color Purple* (*Koulè mou la,* JEBCA, 2019) and Edwidge Danticat's novel *Breath, Eyes, Memory* (*Vivans, Vwayans, Souvnans,* JEBCA, 2022) into Haitian. Pierre-Jérôme is currently the Academic Director of the Haitian Language & Culture Center (HLCC) in Boston, Massachusetts.

Charles Rice-Davis, PhD, joined the School of Languages and Cultures in 2018. He has completed a monograph on the medical and literary history of nostalgia/homesickness from its origins to the late 19th century, set against the backdrop of urbanization, nationalism, racialism, technological change and neo-agrarianism. He has published a series of articles (the first of which appeared in 2017) and translations on interactions between French and Portuguese poetry. He has also translated works by Haitian poet Coutechève Lavoie Aupont into English. [Info source: Victoria University of Wellington]

Maggie Vlietstra holds a Master's degree (MFA) in French Literary Translation from Boston University. She specializes in contemporary literature.

....

Co-editor **Elizabeth Brunazzi** has also translated (from English into French and vice versa) as many as twenty-four of the poets included in the anthology, and some of the biographies as well.

Co-editor **Tontongi** has also translated (from English into Haitian) the poems of Ella Turenne and Jack Hirschman as well as some of the biographies in this anthology.

Anthology contributor **Danielle Legros Georges** has also translated (from Haitian to English) the poems of Jean-Claude Martineau.

Anthology contributor **Patrick Étienne** has also translated (from English to French) the poem "Une croyance" of Danielle Legros Georges.

Anthology contributor **Mario Malivert** also translated (from English to French) the preface by Edwidge Danticat.

Anthology contributor **Karine Belizar** has also translated (from the Haitian to French) the poem "The Rightful Owner" by Christ-Falin Oralus.

English Editor for Trilingual Press

Jill Anna Netchinsky holds academic degrees in language and literature (BA, Bennington College, MA and PhD, Yale University), specializing in Spanish, Latin American, Caribbean, and Afro-Hispanic literatures and cultures. She has taught undergraduate and graduate students at the University of Wisconsin-Madison, Middlebury College, and Tufts University, and delivered lectures at symposia across the U.S. and abroad. In support of her work, Netchinsky received a Mellon Foundation research grant, and was chosen as a research fellow by the W.E.B. DuBois Institute for Afro-American Research at Harvard. It was at Tufts that she first got involved with Haitian Studies, co-chairing conferences with the Haitian Studies Association and local community groups. Later, as Director of Outreach at the David Rockefeller Center for Latin American Studies (DRCLAS) at Harvard University, she became founding coordinator of the interdisciplinary Haitian Studies Initiative. Her articles and literary translations have appeared in journals such as *Callalloo, Latin American Literary Review,* and *Revista De Estudios Hispánicos.* Born in New York City, Netchinsky lives in the Boston area, where she is an editorial content developer for bilingual educational publishing. She is English Editor for Trilingual Press, as well as a poet in her own right.

Priestess Officiating the Wedding of the Drum and the Moon by Charlot Lucien, 2017.

This Land, My Beloved / Cette terre, mon amour / Tè mwen renmen an

Tablo kontni

Ouvèti

Katastwòf yo

Istwa tan prezan an

Ayiti entim

Reyaksyon ak rezistans

Nanm Ayiti

Anvan-koze

Se avèk anpil plezi n ap prezante bay piblik la michan koleksyon sila a de yon gran ganmèl powèt ayisyen ki reprezante divès sensiblite ak estil powetik. Nou fè yon chwa konsyan pou n pibliye antoloji nou an nan twa lang. Tou dabò pou sousi enklizyon ak reprezantasyon lengwistik, ke nou konsidere enpòtan nan pwoblematik ayisyen jounen jodi a, epitou tou pou rekonèt e bay lang matènèl 99% Ayisyen ak Ayisyèn—lang ayisyen ke yo rele kreyòl la—plas enpòtan li merite nan literati ayisyen. Yon pati an kreyòl ayisyen, ki ann egalite ak pati angle e franse yo, anrichi liv sa a pou lektè ak etidyan ki enterese seryezman nan literati ayisyen an. Valè ajoute sa a ka sèvi tou pou edike piblik la ak etablisman literè a.

Kontrèman ak literati ayisyen 19èm syèk la, nan tan Coriolan Ardouin ak Etzer Vilaire, ki te yon jakorepètisyon literati ewopeyen ak franse, pwezi ayisyen kontanporen an jwenn orijinalite li nan « kreyolizasyon » li deklennche—pou pale kouwè Edouard Glissant—atravè plizyè sous enspirasyon li : sous karayib la, afriken an, amerik latin lan ak ewopeyen an. Li nouri tou de eksperyans lavi chak jou, ki rete trajik ak douloure, akoz yon pase ewoyik ke peyi a kontinye ap peye pri a, ansanm ak dinamik vivan yon dyaspora angaje ki fè de egzil yon pratik pou rekonkèt. Kou nou ka kontaste nan anpil powèm isit lan, menm lè y ap konfwonte ak tribilasyon, Ayisyen ak Ayisyèn kontinye ap pran plezi nan jwa de viv ak jwa reve.

Pwezi ayisyen, kouwè kuizin ayisyen, eritye bèl savè Ewòp, Afrik ak Amerik yo san bliye lespri endijèn Ayiti anvan debakman Kristòf Kolon. Nanm powetik ayisyen an, tankou nanm vodou a, miltip e jèminen pa yon varyete eleman alafwa kosmik e egzistansyèl. Antoloji sila a p ap alimante okenn sansiblite espesifik, ni yon manifès ideyolojik espesifik, ni ankò mwens yon lekòl panse patikilye, men pito ekspresyon powetik nanm miltip ayisyen an kondanse nan yon sèl koleksyon e ki reflekte santiman ak eksperyans Ayisyen, kit l ap evolye nan lil la kit nan dyaspora.

Pwezi, antanke ekspresyon atistik, pou lefèt ke li pa tjèmen ni viv nan yon vid egzistansyèl, andeyò sousi moun nan lavi, n ap jwenn nan koleksyon sa a yon grann kantite powèm ki plenyen kont relasyon pouvwa sosyal yo ansanm ak pwoblematik dominasyon enperyalis e neyokolonyalis nan mond lan. Tandis ke gen lòt powèt ki mete aksan pito sou lòt aspè inik eksperyans y ap viv la, oswa sou entwisyon ak emosyon pèsonèl yo ; an brèf, lektè yo pral jwenn nan koleksyon sa a anpil bèl bijou konstititif ki, atravè yon efè konplemantè, ogmante vitalite ak mayifikans tout ansanm lan.

Byen antandi, yon antoloji powèm pa ka kouvri tout kalite talan powetik ak gou atistik ki egziste nan yon sosyete ; li se toujou yon echantiyon tanporèl e limite, kidonk lwen nan tèt nou reklamasyon nou kouvri tout moun alawonnbadè*.

Nan yon sans pwofon, vwa sa yo nan antoloji a vin yo menm yon temwayaj kolektif de yon trajedi orijinèl—*eksperyans* esklavaj la—ke pèp ayisyen an itilize pou afime yon eta mounite ann opozisyon ak kolonyalism, yon eta mounite baze sou libète, sou solidarite imen, sou konfyans nan yon demen miyò, ki pote yon nouvo konsepsyon de sa moun ye.

Nan yon lemond kote pèp yo ap petri anba atak konjwen militarism ki pi dominan e repiyan—jan nou wè l nan lagè kont Ikrèn lan oswa nan Palestin anba okipasyon, oswa tou nan nòmalizasyon rasism ak rayisman lòt moun, jan nou wè l nan peyi Etazini jounen jodi a, oswa ankò nan gansterizasyon Leta ak lavi menm, jan pèp la ap viv li kounye a ann Ayiti—, se yon bèl bagay pou wè powèt nou yo kontinye ap pwodui, chante vinisman yon lòt reyalite, devwale richès peyi a sou yon lòt lòd valorizasyon ak detèminasyon de sa ki « rich » oswa « pòv ». Wi, ki jan yo ka rele l « pòv » yon peyi ki akouche yon si gran jayisman bèlte ak mèvèyman powetik ? !

Enklizyon yon grann kantite kontribitè, san bliye konpayon powetik Ayiti yo, pou elaji etandi antoloji a senbolize kilti solidarite a ak tradisyon *konbit* ayisyen an, yon konsèp ki reflekte byen travay kolektif nou tout yo : editè, òganizatè, tradiktè ak kontribitè literè yo nan volim antoloji trileng sa a.

Lespri kolektif solidarite sa a fondamantal nan istwa ayisyen an (pami anpil egzanp genyen sòlda ayisyen yo ki te goumen kont Angletè nan batay Savannah nan lagè Endepandans ameriken an 1779 la, oswa lidè ayisyen yo ki te bay lajan ak materyèl pou ede konbatan ki t ap goumen pou endepandans Amerik Latin yo, tankou Simón Bolívar). Lespri ak reyalite *konbit* la ka byen reprezante pi bon lespwa pou yon lavni ayisyen pozitif e jis, alafwa sou plan politik e atistik.

Nou remèsye koeditè nou an Elizabeth Brunazzi pou anpil kontribisyon l yo ak pou konsepsyalizasyon orijinal pwojè antoloji a, ansanm ak koeditè nou an Denizé Lauture pou devouman li e pou lefèt ke l te envite nou vin jwenn yo nan gwo travay sa a. Nou remèsye egalman konseye atizay Charlot Lucien ak Michèle Marcelin pou gidans valab yo toujou ban nou, Levoy Exil pou mayifik penti sou kouvèti a, ak David Henry pou michan sipò konpozisyon grafik. Gran mèsi tou ak tout ekriven yo ki te vle kontribye, yo tout ekselan powèt e defansè lakilti ki fè pwomosyon richès literati e lakilti ayisyen—san bliye ekriven ki sot nan lòt peyi yo, ke nou te envite pou patisipe yo, pou lefèt ke yo ret konpayon chimen enfatigab nan long lit ayisyen an pou reprezantasyon, diyite, jistis sosyal ak liberasyon.

Nou dedye antoloji sa a—*Tè mwen renmen an : Yon antoloji trileng pwezi ayisyen kontanporen*—ak memwa twa nan kontribitè ki pi ilis nou yo: Janine Tavernier, Emmanuella Turenne ak Jack Hirschman, ki te mouri anvan piblikasyon l. De nan tradiktè nou yo, Robert Josaphat-Large ak Monica Hand, al jwenn zansèt nou yo. Jenewozite bon kè yo te ankouraje nou pote pwojè a nan vwa reyalizasyon l. Se pou devouman yo pou jistis sosyal ak pou jayisman lespri kontinye enspire jenerasyon k ap vini yo. Mèsi.

Pou kounye a, an n bay powèt yo lapawòl e pran jwisans nan esplandè yo.

—*Tontongi,* Editè-an-chèf, Trilingual Press;
—*Jill Netchinsky,* PhD, Editè angle, Trilingual Press
(Fevriye 2023)

* Antoloji sa a enkli sèlman powèt kontanporen k ap viv nan moman konsepsyon li, majorite ladan yo nan dyaspora a. Seleksyon powèt antoloji a chwazi yo pa vle di yo se sèl zetwal briyan nan konstelasyon powetik ayisyen an. Genyen plizyè ekselan powèt kontanporen ki pa reprezante ladan l, moun tankou : Anthony Phelps, Jean Élie Barjon, Bernard Gousse, Duckens Charitable, Dovilas Anderson, Anivince Jean-Baptiste, James Noël, Robert Berrouët-Oriol, Bobby Paul, Loubens Philippe, Mlikadols Mentor, Wilson Thelimo Louis, Serge H. Moise, Yves Marie Jean, Lamos Paul, Daniel Laurent, Guamacice Delice, Natasha Labaze, Valy Grant Henry, Frankétienne, Kettly Mars, Evelyne Trouillot, Lyonel Trouillot, Jean-Robert Léonidas, Ketsia Théodore, Suzy Magloire-Sicard, Karen Melander-Magoon, Marc Arena, Romy Jean-Michel, Melissa Beauvery, Barbara Victomé, Dalla Pierre, Serge Claude Valmé, Jean-André Constant, Cathy Delaleu, Jean Armoce Dugé, Mesmin Charles, Régine Beauplan, Henri-Robert Durandisse, Rodney Saint-Éloi, Jean Mercredy, Renold Laurent, Patrick Louis, Frantz Dominique Batraville, Yvon Joseph, Henry Saint-Fleur, Martine Milard, Jean-Max Calvin, Frantz Minuty, Mesmin Charles, Jean D'Amérique, Joël des Rosiers, Ernest Pépin, elatriye. Li pral pran yon dezyèm volim pou kouvri powèt sa yo ak lòt nan menm kalib ak yo.

Nota bene: Menm lè pi fò nan powèm nan antoloji sa a prezante nan fòma trileng oswa bileng, kèk nan yo parèt nan yon sèl lang orijinal, men yo toujou ap briye nan otonomi yo

Entwodiksyon

Powèt ak powèm yo nou seleksyone pou patisipe nan antoloji trileng sila a, *This Land, My Beloved / Tè mwen renmen an / Cette terre, mon amour*, reprezante yon envitasyon ak lektè yo, kit gran piblik la an jeneral, kit espesyalis yo, pou yo dekouvri refleksyon ak entèpretasyon istwa ak kilti ayisyen, selon jan powèt ayisyen sa yo ap viv e enskri yo atravè dyaspora a o Zetazini, o Kanada, ann Aytiti, oswa an Frans.

Patikilarite asanbleman vwa sa yo konvèje nan konsepsyon kò a : kò a kòm manman latè Ayiti ; kò a kòm kò yon byenneme ; kò yo vyole a, malmennen an ; kò an soufrans lan ; kò a kòm lamantasyon ; kò kòm rezistans e lokalite pou renouvèlman ; epi kò kòm langaj li menm apre vag apre vag evennman istorik, katastwòf ak deplasman, kidonk jan kò a entegre nan mo ak estil powèt ayisyen kontanporen sa yo adopte e reenvante.

Poukisa yon antoloji trileng ? Majorite powèt sa yo pale plizyè lang, souvan yo ekri an franse, angle e an kreyòl ayisyen. Kidonk, relasyon ki genyen ant powèt endividyèl yo ak twa lang yo konfòme, nan tout ka yo, ak chimen egzistansyèl e kreyatif chak grenn otè yo. An menm tan, e nan yon sans pi jeneral, rapò yo ak twa lang yo, franse, angle ak ayisyen, reprezante itinerè chimen langaj li menm ki, apre l travèse fwontyè kiltirèl e jewografik yo, evolye selon sitiyasyon an e selon chwa chak grenn powèt sa yo enpoze sou tèt yo e enkòpore nan tèks yo.

Franse ak angle se, sètennman, nan yon sans politik ak kiltirèl, e selon pèspektiv istorik la, lang kolonizatè e oprese latè ak pèp peyi d Ayiti yo. Kidonk, li vin enperatif pou nou ke yon antoloji ideyal dwe yon koleksyon trileng ki layite tèks powèm a kote lòt tèks ekri an franse ak/oswa angle dapre enspirasyon ak chwa powèt yo. Nou menm editè yo ofri koleksyon sa a jan nou konstwi li an avèk lespwa antoloji a ap vin founi yon ouvèti e yon entwodiksyon ak asanble vwa, tèks e lang sila yo.

Nou òganize seksyon antoloji yo ozalantou tèm ak evennman kolektif yo, olye de selon yon siksesyon powèt endividyèl ak powèm : Ouvèti / Katastwòf yo / Istwa tan prezan / Ayiti entim / Ripòs ak Rezistans / Nanm Ayiti. Konsa, pa egzanp, powèm Denizé Lauture yo (New York), Boadiba yo (Oakland, Kalifòni), Tontongi yo (Cambridge, Massachusetts), Charlot Lucien yo (Northwood, Massachusetts) Gary Klang yo (Montreal, Kanada), oswa Louis-Philippe Dalembert yo (Pari, Frans) kapab parèt nan plizyè seksyon akote lòt powèm ki ekri plizoumwen anba menm tèm lan. Chak powèm ajoute yon ton diferan, yon tent diferan nan prezantasyon an ki alafwa kolektif e kolaboratif.

Nou ta dwe remake ke youn nan aspè ki pi frapan nan pwezi ayisyen se baz mizikal e pèfòmatif li yo, yon sans vibrasyon menm ki transfere sou yon paj ekri. Powèm Denizé Lauture ak powèm Boadiba a « Blues apre tranbleman » figire pami pi bon egzanp yon venn ki puize sous li nan alafwa estil tradisyonèl men ki se tou siy inovasyon aktyèl, e ki de tout fason defini pwezi ayisyen an.

Antoloji sa a poze kesyon sou wòl tradiksyon pwezi nan yon kontèks entènasyonal ; pi presizeman, fason tradiksyon yo kapab favorize pasaj pwezi atravè fwontyè jewografik, kiltirèl, lengwistik e sosyopolitik yo. Yon pòsyon nan vèsyon trileng powèm yo ki nan antoloji sa a se zèv powèt yo yo menm ; gen lòt ki se zèv lòt powèt avèk ki otè yo kolabore pou elaborasyon tèks orijinal yo an nan lòt lang. Nou byen note tout tip kolaborasyon sa yo.

Wòl mwen nan inisyativ pwojè antoloji sa a se òganizatè, ansanm ak koeditè ak tradiktè an kolaborasyon ak powèt yo ki te rasanble alantou kreyasyon li. Fòmasyon inivèsitè mwen nan literati konpare ak istwa kilti, e sitou konpetans mwen nan tradiksyon tèks de franse a angle, osi byen de angle a franse, te mennen m antreprann pwojè sa a.

Mwen fèt nan Nouvèl Òleyans, an Lwizyàn, kote enfliyans djanm kilti franse ak karayibeyen yo te make anfans mwen. Se yon privilèj travay avèk powèt ayisyen ki reprezante yon dyaspora ki lonje atravè plizyè rejyon nan Etazini, Kanada, Ayiti ak Lafrans. Mwen renmen kwè ke vwa powèt sa yo ki rasanble alantou antoloji trileng pwezi ayisyen kontanporen sa a pral li e tande nan lari ansanm ak nan salklas yo. Mwen gen konfyans tou pwezi, distilasyon lakilti ki pi konplèks sila a, ka rezone kòm vwa menm jistis an favè moun ki oprime yo sou latè sila a.

—*Elizabèt Brunazzi,* PhD, Pari, 14 fevriye 2023, tradui de franse a ayisyen pa Tontongi)

This Land, My Beloved / Cette terre, mon amour / Tè mwen renmen an

Prefas

Atizay kòm defi anfas dezespwa, opresyon, ak touman

—pa Edwidge Danticat

Chimen mawon an, jan Charlot Lucien endike l nan powèm li ki louvri baryè koleksyon sa a, chankre nan chan kann yo jouk nan nway yo. Se menm santiman sa a ki eklate nan liv *Tè mwen renmen an: Yon antoloji trileng pwezi ayisyen kontanporen.* Ayiti te toujou gen yon tradisyon powetik djandjan ki marye fòlklò, espirityalite ak rezistans. Ekriven ki prezante nan koleksyon sa a se eritye tèt drèt fyè tradisyon sa a, k ap eksplore listwa, rezistans, revandikasyon, lanmou, lanati ak migrasyon, pami tandòt tematik, menm jan zansèt yo te fè.

Nan « Middle Passage »[1], defen Ella Turenne bay zansèt nou yo ochan. Yo te mennen batay revolisyon an pandan plis pase yon deseni pou akouche premye Repiblik Nwa nan lemonn. Men sa li ekri sou zansèt sa yo : *Those same Spirits cannot be forgotten and / Their energy cannot be broken* (« Menm Lespri sa yo pa kapab pase anba pye sabliye epitou / Enèji yo pa kapab tounen migan »), nou ka sèvi ak pawoli sa yo tou pou bay manmzèl ochan, piske jounen jodi a, li menm tou, se zansèt nou. Kwak powèm nan depenn latoumant, li kònen lanbi gerizon, sou fòm pijon an ki plane anlè orizon an pou beni nanm ki *anba dlo* yo.

Menm jan ak pifò travay nan koleksyon sa a, nan « Poem for the Poorest Country in the Western Hemisphere »[2], Danielle Legros Georges refize lide kòmkwa yon moun ka defini Ayiti avèk yon metrik. Ewo Ayisyen yo ka tankou Marcel Numa ak Louis Drouin, jan Michèle Voltaire Marcelin dekri nan « The Assassins of November »[3], oswa tou, sila yo ki te pote reskape tranblemanntè 12 janvye 2010 yo sou kòtòf lestomak yo, e ki parèt nan yon dividal powèm, tankou « Post Quake Blues » Boadiba a. Sans de fas—*blue/blues*—nan « Post Quake Blues »[4], mete aksan sou prela ble klere ki te alamòd yo, granmèsi tranbleman an, an menm tan, li jwe wòl yon metafò pou peyi delabre nou an Patrick Sylvain dekri nan « Fragmented »[5], epi debouche sou yon grann kantite Ayisyen ki epapiye patou tankou fèy bwa nan gwo van, rive sou jan Berthony Dupont esplike nan « Where have the trees gone? »[6]: *Chili, Brezil/Dominikani, Pari, Kanada/Nan Etazini/ nan Lemonn Antye.* Chans pou nou, pawoli nou yo, istwa nou yo, chante nou yo ak powèm nou yo kontinye vwayaje ak nou.

Tè mwen renmen an: Yon antoloji trileng pwezi ayisyen kontanporen konekte pase nou, prezan nou, ak lavni nou nan twa lang tradisyonèlman nou gen plis chans pou nou pale yo. Boadiba entwodui panyòl, ki kounye a se youn nan lang natif natal yo, ansanm ak pòtigè, pifò pitit Ayisyen ki fèt Chili ak Brezil pale. Nan kèlkilanswa lang moun li, resite oswa analize powèm sa yo, yo charye istwa, rèv, ak aspirasyon tout yon pèp, kit se ann Ayiti kit se deyò peyi a, ki kontinye ap sèvi ak atizay kòm yon defi an fas dezespwa, opresyon ak touman. Atravè powèm sa yo, nou viv lavi yon fason se sof atizay ki kapab tradui laviktwa ak tribilasyon yo, twoke kòn nan lit yo, enjistis yo, bèlte ak vanyans lan, epitou lanmou san bout powèt sa yo genyen pou Ayiti. Malgre tout nouvèl k ap soti nan peyi a—sitou nan Pòtoprens—anpil fwa malouk, nou jwenn yon ti lougal, *yon ti souf,* pou travèse bèl mòn sakre sa yo jouk nan nway yo. Jan Doumafis Lafontant ekri nan « Dear Haiti »[7], an nou ranmase bèlte nou ak pwòp men nou epi kite powèt ki dwe sa yo klere lantèn nou nan vwayaj sa a. Se nan moman lè nou plis bezwen l nan menm, powèt ak editè ekselan liv sila a rafrechi memwa nou se yon don li ye pou nou Ayisyen.

—*Edwidge Danticat* se otè yon ventèn woman, esè, memwa ak liv kolektif, pami yo liv chedèv *The Farming of Bones* (woman, 1998), e pi resamman *Everything Inside* (istwa kout, 2019). Li abite ak fanmi li nan Miyami, an Florid.

(Tradui de angle pa Lunine Pierre-Jérôme, edikatè, tradiktè Alice Walker ak Edwidge Danticat, pami lòt).

---

1. « Travèse nan fon Atlantik »
2. « Powèm pou peyi ki pi pòv nan Emisfè Lwès la »
3. « Asasen mwa novanm yo »
4. « Ladeprim apre tranbleman »
5. « Dekonstonbre »)
6. « Kote pye bwa yo fè ? »
7. « Chè Ayiti »

Ouvèti

Charlot Lucien

Ti chimen nèg mawon

(pou Rev. Martin Luther King)

Mwen konnen yon ti chimen k ap file
Tankou you ti koulèv nan mòn nan
Soti nan chan kann yo, rive jouk nan tèt mòn yo
Bò nyaj yo, kote pèsonn moun pa ka rive

Mak pye yon pakèt nan yo,
yon pakèt fòk ou ta di yon chan zetwal
Nèg, fanm, timoun foule ti chimen sa a
Paske yo t ap chape kouri pou laperèz,
Chenn wouye nan cheviy yo k ap swe san
Lawonte raso sou do bronze nèg vanyan yo,
Pou rive nan tèt mòn yo bò nyaj yo ;

Kote yon tapi zèb moun tankou koton
T ap tann pou soulaje doulè nan kò yo
Kote frechè labriz ki t ap chante, t ap tann
Pou kalme po nwa ki te kòche tou wouj
Kote bra lalibète t ap tann pou te ba yo yon akolad.

Yo di m menm ti chimen sa a la toujou
Ak menm mak pye sa yo ki pa janm disparèt
K ap tann lòt k ap vini dèyè
Pou poze po pye nèg vanyan yo
Pou mache ladan yo
San soulye, nan menm tras zansèt yo te kite dèyè.

Ou pa janm konnen, yo ka toujou ka kenbe nou ankò
Menm jan ak lontan,
Men nou sèten tankou lannuit konnen lajounen dèyè
Ti chimen sa a ap mennen nou anlè
Nan tèt mòn nan, kote nou ka rive wè yon jou
Latèpwomiz.

Coutecheve Lavoie Aupont

Anfas solèy la k ap kouche m renmen ou

—sa k gen zorèy tande-n

je gran louvri sou mond lan
kòm si ou te ka wè lanmou sa vwayèl yo ap toupizi a

labote k ap refè tèt li nan fènwa
tankou yon tifi ki gen 13 zan

dwèt gayen ap kouri dèyè batman kè lòt moun
kisa kè ou ka di sou lantouray ki pa ou

gou ou se sou tète manman ou li ye
yon bras byen taye ou ta di papye sèl lanmè blanchi
Lèswa ou nan sa tout moun ap di
lawouze sou popyè ou
sanble labrin ki kase

van an
bri jip yo klere kou solèy

wi lodè savann nan blayi

si gen yon sezon pou renmen
lanmou se nan je sa chita
oubyen nan lonbray moun k ap pase

m renmen ri sa
vil sa a
peyi sa a
tankou yo li enkyetid sou yon kat pòstal.

Boadiba

Jeremi cheri

Apre sèt jou lapli
On sèvyèt alantou l
Nan men l on parapli
Jeremi janm touni fèk sòt nan kè Ayiti
Labou jis nan jenou l

Nan lari pave
Ak wòch lavalas bwote
Jeremi an chapo
Pye l nan dlo

Kouche devan tonm dekale on simityè tout koulè
Jeremi an ranyon wòz sou jipon kim blanch
Kilbite nan laglèz jòn lantouraj danjere
Kwoke sou dantèl Kòt de fè
Jeremi pon pèse ak riban dlo Lagrandans
Ki bwode ak fil wouj
Ban sab ble syèl plaj soumaren

Jeremi nan mitan kuis de rivyè ansent
Bò on lanmè an chas
Defigire ak lafimen chabon k ap flote sou dlo marè yo
Jeremi sinistre
Men ki kontinye simen nan van an
On pafen vetivè nou p ap janm bliye.

Lenous Guillaume Suprice

Kou n ap pale a menm

Ak je nou byen mi
epi bra nou tou louvri anba limyè tan an
nan chan mayi lavi
an nou kwape ata menm lonbray manzè traka
sou wout nou ansanm ak pa yon lòt
kou n ap pale a menm
pou nou prepare nwèl yon lòt moun nan kè nou
fini bati bèl kay nou vle
pou rèv nou rete bò kote pa anpil lòt
san kè sere ni dilere

Ak je nou tou louvri
byen mi pa makòn nan souf lavi
anba limyè yon fratènite sanzatann
anndan bra nou
fò nou fete nesans nou nan kè yon lòt
fè plas pou premye pa lòt la nan kè nou

wè klè nan sa k pou fèt
pou sa fin fèt nètale
jouktan nou va resi wete vwèl tout kalite esklavaj
sou fòs ak sou grandèt diyite nou

Kou n ap pale a menm
fò nou prepare grandisman yon lòt
nan lespri nou
andyoze lòt la
jiskaske li rive swete grandisman nou
nan nanm li
toujou ak je nou byen mi nan zepi lavi
epi bra nou tou louvri
toupre pou keyi tout sa ki bèl nan zekla chak moun
ki plante kou jaden douvan papòt egzistans lan
nan chache konnen kouman fè pour efase tout mak
tout kout manchèt mizèrere kite sou gran kouran li.

(ekstrè nan *Soukiyaki*, Lenous Suprice, Éditions
Trois Amériques, Monreyal, 2015)

Dezekilib

Lib tankou tray
yo ba nou sa n pa vle
jan yo vle
epi nou pran sa n pa swete
jan yo pito.
Yo ba nou
nou pran
nou pran jiskaske esperans nou
soti nan bon wout
tonbe nan bwa dezespwa
yon rakwen ki te vle fè n kwè sa l pa ye.
Nou pran sa n pa mande
ni merite
nan kout pa konprann
nou pran devan
sa dèyè poko ka soupsonnen.
Nou pran jis nan gagann
jiskaske nou desounen
nou pran… nou pran
depi yon ti lizyè

rive kote tobout resi bout
jouktan n resi wè sila ki jwenn lechakidò yo a
kote n pa t kwè n ta (re)tounen.

(tèks sa a soti anndan *Soukiyaki,* yon rekèy powèm otè a
pibliye nan Editions Trois Ameriques, Monreyal, 2015.)

Karine Belizar

Somnium caelum

Kò selès m pi renmen an
Se ou m envoke
Pou m pran desizyon ki enpòtan
Nan chanm kote m kouche a
M kontanple w lajounen kou lannwit
Bò kote w yon zetwal ap klere

Nan pati siblinè a
M ap ekri vè lagon
Tankou yon powèt liminè
K ap tann nouvo milenè

Ayiti
Chènn ou yo ap kase tikras pa tikras
Pou pitit ou
Tou pa yo, ka jwe ak Solèy la

Tontongi

Harvard Square, yon aprèmidi ann ete

Melodi a anvoute m ki sot
nan saksofòn ak ansanm lan
ki ajiste san m pa t atann
sou plas la anba bon ti van
ak lajwa anba cham estival.

Espektatè ak pasan yo
ansanm ak dansè enpwovizatè yo

chanje plas pandan y ap souri
detanzantan—se pwezi
lespri ki enspire m jou ete sa a
moun k ap danse souri sou bouch.

Menm touris ak kamera yo
figi yo briye ak sipriz ekstaz nouvo
devan gran mèvèy nan Harvard Square
pa t anmèkde tèt yo ak iwoni pèvèsyon
plas deregle sila a sou ideyal èt imen ; epoutan
transcient homeless yo, sa se yon lòt koze
tankou lakonsyans yo fè tounen zòt
e endezirab nan laboratwa reyedikasyon.

(Des. 2019)

Patrick Sylvain

Fragmante

Otòn depatya
Rèv laperèz toutouni.
M sèch tankou fèy.

Zòtèy

Zotèy avadra
Pye-atè ri soulye an kui
Fransè chimerik.

Danielle Legros Georges

Powèm pou peyi ki pi pòv nan Emisfè lwès la

O peyi ki pi pòv la, sa se pa non w
Ou ta dwe rele fa ak dife

Zanmann ak bougenvilye, jaden
ak monn tou vèt, vila ak joupa

tifi ak riban wouj nan cheve l
ak liv anba bra l, ki kontan wè limyè

solèy maten an, machann chabon
abiye ak jip nwa, ak pyebwa ki mouri otou li.

Ou menm, peyi, ou se madan sara
ak vandè kè kontan, granpè

nan pòtay la, nan kafou a
ak flach la, k ap pote limyè,

k ap pote limyè.

(tradui de lang ayisyen pa otè a an
kolaborasyon ak Patrick Étienne)

Emmanuella «Ella» Turenne

Pasaj milye a

Nan orizon an yon pijon vole
Pou l eksplore dlo lib yo
Pou l beni nanm ki anba yo
Yo andire michan tribilasyon
Moun mal plase e twonpe sila yo
Lespri Bondye kaptire yo pandan yo t ap tonbe
Sou bò bato rachitik
Pandan ke rès fanmi yo
Siviv e rive
Nan Sendomeng.
Bienvenue ! Sa se Nouvo Mond lan.

Rich, anvye, siveye, eksplwate
Sen Domeng.
Sik trajik
Travay, mouri, enpòte
Enpòte, travay, mouri
Mouri, enpòte, travay.
Se mizè lesklavaj
Ki pran nesans nan pasaj milye a.

Tan nou navige pou plezi yo ale
Sou bò rivaj san laj yo
Avèk vag sik koulè lò yo
Bato sa yo mennen n kounye a nan rivaj ki lwen yo
Byen lwen lavi nou konnen an
Byen lwen zye zansèt nou yo
Bra yo lonje rive kouvri dal kilomèt
Men pafwa yo pa long ase
Pou trape sila yo ki tonbe
Tout sa n genyen kounye a se sa ki nan men nou
Kago presye lavi ak
Ekri sou papye
Tikè pou yon libète
Yon fwa nou te panse n genyen
Kounye a li pèdi
N ap chache lòt kote.

Nou pa vwayaje anlè lakansyèl
Men gen yon ja lò nan fen vwayaj sa a
Si nou ka kenbe fèm ase lontan.

Nou pa t gen okenn chwa sou ki kote n te fèt
Dlo yo ki te antoure peyi kote n te viv la
Ta dwe wouj ak likid lavi zansèt nou yo
Dlo yo ki te sipoze pwoteje pèp nou an
Nouri yo
Lave yo
Vin tounen lennmi an
Ki anpeche yo rive
Nan rivaj kote libète ap reye ak
Yon rèv ki ka tounen reyalite
Ki lakyèl nou te vin nan bato ?
Kiyès ki te achte nou isit la tou dabò ?
Pèp mwen an pa t janm pèp dlo
Sou teren montay
Nan mitan oseyan an
Yo pa t janm ekipe pou siviv nan dlo rapid ak vag
Men yo te rive janbe menm dlo sa yo
Ke zansèt yo te fòse metrize
Sere kò yo sou bò yon moso bwa lespwa.

Yo te gade anndan bouch grangou oseyan an

E klere je yo tou dwat nan *souleyesspirit* Lwa a
Lontan anglouti anba dlo enpadonab sa yo
Nou pa ka bliye menm lespri sa yo
E enèji yo pa ka brize e
Matris ki se pasaj milye a
Toujou poko geri
Toujou ap jemi ak vwa
plizyè milye kòd vokal
Ini nan rele pou lalibète
Yon enèji ki blayi sou
Menm dlo ki pi kalm nan
Enèji sa a anraje anba po m
Kenbe mwen konekte
Fè m sonje te gen yon anvan mwen
Eke genyen yon avèk mwen
Menm dè milye de kilomèt.

(tradiksyon ann ayisyen pa Tontongi)

This Land, My Beloved / Cette terre, mon amour / Tè mwen renmen an

Katastwòf yo

Boadiba

Blues apre tranbleman

Twal ble ble ble plastik ble klere
Nou rele pwela
Rekole peyizaj nou ki fraktire
Nanm nou ki kraze
Pwela pwela blues rapyese lavi nou ki dechire
Ak zenglen syèl kole nan fant bagay tonbe
Kote kadav deseche jis kounye a kwoke

Pwela blues pwela ble ble ble dekò teyat
Limen dèyè lame etranje deplwaye
K ap fè kòb sou do nou
Pou li soulaje fayit peye pa li
On anvwa ki gen zam pi danjre pase fizi
Ki pa defann pèsonn : kolera yo simen
Ak kaka yo foure nan kabann rivyè nou
Klis dlo ble ble ble koupe kamouflaj sòlda pwela
K ap souflete n ak chaple vyòl yo

Pwela pwela blues pwela ble ble ble plastik ble elektrik
Yo sèvi pou bare kote ti moun pwela kole
Anvan yo pèdi nanm yo lòt bò fontyè kote yo vann yo

Misyonè kontinye lonje dwèt sou kote metal estratejik kache
Deyè lantouraj ble ble ble alantou tou y ap fouye
Nèg nwè ap bite anba sak plen trezò
Blan resevwa pèmisyon vòlè
Pwela pwela blues bòs lokal sou volan machin nan fè nwa

Sèvi ak wout lajan rekonstriksyon trase
E ki fèt pou l dire sèlman tan k il fo
Pou yo pran sa y ap pran an
Tout peyi a pou piyaj nèt al kole

Youn apre lòt on seri touyatwa
Prezidan tonbe a fòs yo kranponnen
Jeneral tounen pou yo fè yon lòt tou
Panten k ap danse pou yon mèt je ble
Ki plase yo sou echikye desas
Balanse ak on pari odasye :
Sekrè richès imans Ayiti cheri sa a
Pwela pwela blues pwela ble ble ble kas ble
Yo voye pou yo kòmande lè lè a rive

Tankou chat ki sove sot nan on sak
Latè a fann lè li fè vap
Nou resi wè anba vant vòlè
Prezan ak pase k ap machande sa y ap sere
Pou yo ka woule nan lajan pwela

Sechrès ap bat nou lavalas ap pouri nou
Jis nou tounen ranyon
N ap rekoud ak jewometri ble ble ble kay twal rizib
Nou kanpe nan labou
Yon lòt sezon anba dlo

Eritaj

(pou Claudine)

Ti fi ou sanble peyi d Ejip
Ou resevwa kòm eritaj

Figi sa a
Zansèt Ejipsyèn nou te bare pa aza
Nan dezyèm ran on foto fanmi ayisyen
Grann matant patènèl ki te kite pou ou pitit fi
Mask jèn esfenks ou mete chak jou

Figi sa a
Ou resevwa an eritaj
E ki tounen pami nou
De tanzantan a travè syèk amen.

Charlot Lucien

Espwa yon rechape

(pou viktim tranblemann tè 12 janvye 2010 la)

Mwen te konnen li, kay sa a,
Yon moniman fè-wè, yon vanitedèvanite
Mèt li te bati nan mitan vil la
Pou tout moun te ka wè

Men, gen yon bagay k ap souke
Nan mitan debri ak pousyè ki rete yo

Yon men,
Yon men ki gen tout senk dwèt li—
Tout senk dwèt li !
Yon gras nou panse nou merite !
Men se yon men sèlman !
Yon men sèlman ?

Di m kijan li ye,
Èske li dous ? Èske li manikire ? Èske li gen kal ?
Èske li nwa ? Èske li blan ?

Èske se men mèt kay la ?
Oubyen men touris bon-papa ki t ap vizite peyi a ?
Oubyen se men bòn nan ?

Nan pwen moun ki ka di
Se yon men sèlman,
Yon men kouvri ak san,
Kouvri ak pousyè gri
Ak yon bann mouch k ap wonwonnen,
Paske yo gentan santi yo pral festwaye.

Men gade, gade ! Men l ap bouje !
Epi, gen yonn nan dwèt yo
Menm si se tou dousman,

Men li sanble l ap fè m siy
L ap fè nou tout siy, l ap di nou
«Pwoche, vin pi pre, vin pi pre…»

Wi, gen yon men k ap bouje nan mitan
Bann blòk wòch, pousyè ak feray ki atè a,
Li kouvri ak san, ak sann, ak pousyè,
E pa gen moun ki ka di si li nwa, si li blan,
Si li swa ou byen si li gen kal
Men, l ap bouje !

E sanble kounye a,
Li bezwen pou yo lave li
Pou yo rechofe li
Pou li jwenn lòt men ki kenbe li
E pandan mwen kenbe li

E m ap lave li, m ap rechofe li
Èske w ap pwoche tou
Vin ak men w sèlman si ou pa gen zouti
Pou ede m fouye bò men sa a
Pou ede mwen rale yon bra
Pou ede mwen rale yon tèt
Pou ede mwen rale yon pwatrin

Pou ede mwen rale yon kò ki fin kraze
Men k ap batay pou li klete pòt lavi
Pou derefize lanmò rantre ;

Lè sa a, nou tout ki la a,
N a ka rasanble
Pou n ede rebati yon vi,
Pou n ede rebati lòt vi,
Pou n ede rebati lespwa.

Michel-Ange Hyppolite

Zile Karayib

(pou Daniel Boukmann ak Max Rippon—
« Kreyòl pale kreyòl konprann »)

Nou se zile Karayib
Douvanjou nou neye nan sann
Prentan nou fleri

Flè kenèp mal
Yo anba zèsèl nou
Yo ap dechèpiye lakansyèl

Nou se zile Karayib
san nou tranpe nan souf pasyans
Nou ap tann septanm
pou nou file grenn node
nan kolye timounn karèm

Patrick Sylvain

Endiyasyon

Lè mizik nan kè m sispann,
limyè mouri nan je yon manman.
Plenn yo antere
jouk nan pli po.
Dlo tounen lwil
lè bouji chagren
boule depase mèch.
Nan yon peyi moun nwa mache
Mò-vivan, nanm endiyasyon yo
pa kapab gade pwòp lanmò kòporèl yo
tankou bouyadò dekonpoze.

Ileus Papillon

Bondye bon !

Lannuit vann dwadenès nou pou twa tranch foli
Pwojè pou tout moun nan son pègal
Yon pinga
Yon lesetonbe nan plamen Pòtoprens sou Bisantnè
Byennere fè filalang ak gout san n ki seche sou Bisantnè
Lanmè fè fraz san gade dèyè An Bondye bon
Nou foure kò n tout vitès nan revè rèv la Chak timoun ki
gonfle

G on zegui ki kase nan penitans malere
Pouki nou pa janm mande
Sa k fè lapli se ekspresyon syèl la ki blese
Pa mande n sa yon peyi bezwen
Lavi pa t fèt pou lèzòm betize
Ki enpòtans mo yo si lèzòm ap mezire grangou
An Bondye bon

Apse a pete nan foli tchovi yo
Epi nou priye
Chante
Jene
Epi nou plonje nan siplikasyon
Di m Ofrand
Batèm chat
Yon rado manti limanite ap pwomennen
Pwojè pou tout moun nan kwense nan kwendan prezidan.

San limit

Tankou mèt Jan Jak
M janbe lizyè pou keyi volonte w
Si m renmen w ak yon kè mouye
Se pou koupe lapli nan je w
Tankou Mèt Jan Jak
M devise kè m toutantye
Trese foli m nan dènye très chive w San Bondye pa wè
M pote lonbraj mwen nan pye kabann ou
M aprann ou nan chak nuit ki fè lavi bèl
Anpwent ou kole nan chak kout zeklè ki bay limanite priz
Tankou Mèt Janjak
M foure kò m nan wonn kè w
Sèmante disèt fwa pou non w gaye nan tout vil
Epi
Zafè si Jezi bare m sou vant ou...

Roseny Blanca

Konpòs

Yo rele nou fatra, men fò ou sonje
Sa bèl lò nou melanje
Nou vire, nou tounen
Se pa de monte, chalè a ap monte
Wi, chalè a monte
Gen kèk gaz ki ap chape :
Pa enkyete ou Doudou,
«Misye konpòs, se avè ou li ye.»
Chalè a monte
Gen kèk gaz ki chape :
Nou pa bezwen kouran,
Se nou menm k ap voye elektrisite.

Se konpòs mwen ye,
Banm tout sa ou vle.
Ou sikre : m ap manje w.
Ou si : m kapab manje ou tou.
Se konsa mwen ye :
Tout sa w ye,
M ap manje.
Ti mòso a ti mòso
Kraze bwa, kraze zo.
Ti moso pa ti moso
Nou vin melanje tankou dlo.

Po, lèt, ze
Yon sel eleman nou fòme.
Po, lèt, ze
Yo rele nou fatra, men fò nou sonje
Ban mwen bon manje pou m manje
Se konpòs mwen ye.
Manman, Papa
Pa manke m dega
Pa mete plastik nan mitan nou
Pa jete fè tou, nan mitan nou.
Nou rayi yo
Nou pa sipòte yo

Yo anpeche nou fè
Sa nou gen pou fè
Yo anpeche nou rive nan sim
Yo anpeche nou rive nan leta iltim
Yo rele nou fatra, men fò nou tout sonje
Sa bon, sa bèl pou latè lò nou konpoze.

Fatra kouri

An n pale yon bagay serye.
Gen yon dividal desen kouri
Tankou Sipèmann, Batmann, Spidèmann,

Yo kraze tout sa yo genyen
Yo pete tout sa yo kontre
Ki kalite sitwayen k ap rete ?
Yo tout se dezòd yo dezòd :
Pa gen yonn menm k ap mete lòd

Lari a kraze
Machin yo kraze
Kamyonèt yo kraze
Biwo yo kraze
Eskilti yo kraze
Mize a kraze
Gwo bildin yo kraze
Tonnè !
Gwo wòch ti pyè tonbe kraze
Nou pa janm wè yo ranmase
Ki kalite egzanp yo ye ?
Ki kalite sitwayen ki rete ?

Gade anpil desen kouri :
Yo brile kay
Yo kraze bildin.
Tout yo tout rete atè !
Ki moun ki ta pran yon balè ?
Ki moun ap fè pwòpte ?
Tankou lari a pa t gen valè,
Se jete yo jete san yo pa menm panse.
Iks menn, Sipèmann, Batmann, Sibòg, Sangowann, Gokou,
Nawouto, Katara
Yo gen fòs, yo gen pwen, yo gen ti kòb, yo gen sajès

E yo tout tonbe nan laparès
Pouki sa yo nan estrès ?
Sanble : ranje gen movè près,
Oswa fè pousyè poko alamòd.
Sonje fatra pa gen yon sèl kòd :
Resiklaj mete bon dezòd nan lòd.

Doumafis Lafontant

Ayiti cheri

Oumenm tou, ou kapab reve.
Se potansyèl sila m vle reveye,
Nanm ou.
Pou ou pran bote nan de men,
Mete li sou gran ekran pou tout moun wè,
Ou gen talan.
Kòm Ayisyen, se pa maji se don.
Menmsi zòt di otreman.
Franchman, opinyon yo pa byen konte.
Anfèt, yo mal kalkile.
Lesansyel se ki moun ou ye?

Sa ki pi enpòtan, nan moman mond lan,
Fas a fas gran kriz sila,
Se istwa ou ap rakonte !
Tout lòt pawòl zòt di sou Ayisyen,
Ak manti li bay kaba.

Kale kò ou
Kenbe ekilib ou sou kòb rèd egzistans.
Vide kè ou
Pa kenbe anyen pou moun.
Lejè tankou plim.
Mache sou dlo.
Se pa mirak.
Se fason ou viv.
Tirè ant nesans e lanmò se Libète.
Kote li ye nan ou, okenn moun,
Okenn bèt,
Anyen pa kapab gate esans ou,

Nannan ou.
Menmsi yo eseye, se tan yo ap pèdi.
Ou se sa Ayiti ye pou ou.

(2021)

Lapriyè Boukman

(oun repwodiksyon chante Azò)

Boukman o nan Bwa Kayiman
Nou nonmen non ou
Nou pa detounen ou,

Nan Bwa Kayiman.
Papa Boukman o,

Nou gen ase
Papa Boukman o,

Nou rive nan twòp wout o.
Peyi nou divize,

Lafanmi dozado.
Ou pat fè Bwa Kayiman,
Pou n sèvi etranje.

Denizé Lauture

Kout manch pilon nan mitan sèvèl tèt

Sete yon apremidi
Yon apremidi
Toupre lanjelis
Toupre lannuit
Yon apremidi modi
Yon madi apremidi
Premye jou madi
Apre premye soti Madigra
Yon jou madi madichon
Yon jou madi lanfè
Sanble pim vant latè te vid
Li te bezwen moun pou li manje

Li te bezwen san pou li bwè
Sanble zantray latè
T ap vale lòt zantray latè
Sanble trip latè t ap kòde
Sanble twou gòj li te sèk
Li te bezwen manje moun
Li te bezwen bwè san.
Li koube vye zo do long li
Tankou yon koulèv lanfè
K kite sèlman tye li ak tèt li
Touche atè
Li soukwe kò li
Tankou yon move milèt plen pis
Tankou yon baka mil pye mil men
K mande anraje
Mèt Agwe di li non
Li pa tande
Ayida Wèdo di li non
Li pa tande
Simbi Nan Dlo di li non
Li pa tande
Menm Papa Legba
Ansanm ak Papa Danbala di li non
Li pa tande
Li pa okipe yo
Li pa pran ka yo
Li pouse yon wonf
Yon wonf ki pi fò
Pase kout kanno lanmè Jakmèl
Yon wonf tankou
Bri loray nan syèl
Tout sa ki te debou
Tout sa ki t ap mache
Menm tout sa ki te kouche
Te chavire adwat
Te chavire agòch
Te tonbe agòch
Te tonbe adwat
Yo blayi tounen farin atè
Depi Potoprens rive jis Jeremi.

Beton glasi te fann di mil kote
Pou san kretyen vivan
Te ka antre nan gagann latè

Yon katafal nyaj blanch
Yon poud desounen blanch
Yon poud lanmò blanch
Kouvri tout vil yo
Timoun tankou granmoun
Vivan tankou mò
Tounen zonbi blanch
Zonbi blanch k ap rele Anmweee !
Moun tonbe moun tonbe moun tonbe
San vide san vide san vide
Sezon madigra nou
Ak sezon rara nou
Antre nan twou
Anba pye sabliye
Nou pa tande ni wonf banbou
Ni son tanbou
Nou tande sèlman
Son tris lanbi lanmò

Je ki te rete ouvè
Wè A B C lanmò toupatou
Wè pil liv lanmò toupatou
Wè bibliyotèk lanmò toupatou
Nan vwal lanmò blanch lan
Nan letan pousyè blanch lan
San Ayisyen trase piramid
Li trase chimen k fè de branch
Li trase ling dwat twonse
Li trase kwa
Ayisyen rich tankou malere
Tounen fèy papye anba mi kay
Pye nou tankou janm nou
Janm nou tankou ponyèt nou
Ponyèt nou tankou tèt nou
Kraze anba mi pwa senkant
Tankou si yo te pase
Nan moulen mayi
Tankou si yo te pase
Nan moulen kann

Kadav Ayisyen blayi
Sou tout twotwa
Nan tout kafou
Nan mitan tout lari
Gri anba sann nan

Tankou kò gwo mabouya
Moun ki gen yon tikras chans
Janbe kadav apre kadav
Kadav ranje tankou lèt A
Ranje tankou lèt Y
Ranje tankou lèt I
Ranje tankou lèt T
Ranje tankou lèt I
AYITI menm tounen kadav.

Anba pye yo wouj
Ak san frè ak sè yo
Yo mache de men nan tèt
De men dèyè tèt
De men nan machwè
Vant mare byen sere
Lè yo pantan sou kò zanmi yo
Kò gran papa yo
Kò grann yo
Kò frè yo
Kò sè yo
Kò papa yo
Kò manman yo
Kò pitit yo
Yo rete san mouvman
De bra ouvè
Tankou kwa
O pòv pitit tè manman m nan !
De bra ouvè !
Se Jezikri k desann
Fè plas pou nou sou kwa ?
Kwa Kwa Kwa !
Kwa isit
Kwa lòt bò fontyè
Kwa lòt bò lanmè
Ala kwa nou gen pou nou pote !
Nou fout pote kwa
Jous nou tounen kwa
Nou swe san anba kwa
Nou vonmi san anba kwa
Nou pise san anba kwa
Nou poupou san anba kwa
Kwa avan yè
Kwa ayè

Kwa jounen jodi a
An nou fout di kwa denmen an
NON ! NON ! NON !
N ap fout lage kwa nou
Sou zèpòl Granmèt
Sou zèpòl Papa Legba
Sou zèpòl Mèt Danbala
Zèpòl Larenn Èzili
Mèt Agwe
Ayida Wèdo
Sou zèpòl tout tèt san kò yo
Tout lèspri san kò yo

N ap ranmase mò nou yo
N ap benyen yo ak fèy santi bon
N ap antere yo nan yon fòs lavi
Sou tèt fòs lavi a
N ap kanpe yon pye Mapou Renmen
Renmen a tonbe pou lavi
Lavi a tonbe pou renmen
Pitit nou yo ap grandi
Ak renmen ak lavi nan kè yo
Ak lavi ak renmen nan tèt yo
Y a renmen tout moun nan lavi yo
Malfini a sispann fè bap piyank
Sou ti poul nou k san manman
Nou pran yon kout manch pilon
Nan mitan sèvèl
Men fout lè tèt nou fann
Se lavi ak renmen
K antre anndan li
Lespwa toujou ap fè miyan miyan
Nan kè nou
N ap jwenn bon chimen nou
Nou nan yon chimen lanfè
Men nou se pitit pitit gran Ginen
Ginen k konn manje dife
Ginen k konn danse nan lav vòlkan
Ginen k konn vòlè dife solèy
N a rive ! Wi n a rive !

(12 janvye 2010, pibliye premye fwa nan
edisyon ivè 2010 revi *Tanbou*)

Istwa tan prezan an

Charlot Lucien

Replik

Gen yon bal ki pati nan lantouraj la
Yon manman—yon manman—ki moun pou l ta ye ankò ?
Yon manman ki te gen pitit li nan menm lantouraj la
Tonbe rele,
San rete
Tankou bèt ki pran sant lanmò yo…
Bagay la,
Rèl la,
Pati soti
Nan fon zantray li
Epi li vanse, li woule, li fann tout andan li
L al chita gonfle anndan lestomak li
Anvan li eklate soti nan gòj li
Tankou yon loraj kale
Ki t ap toufe
Epi ki rive eksploze anba nyaj yo.

Gen yon bal ki pati nan lantouraj la…
Yon militè lè sa a—ki moun pou l ta ye ankò ?
Yon militè epòk la,
Eklate ri,
Li ri, li ri
A tout gòj li
Epi militè a tonbe tire tou
Je fèmen, li tire yon kote
Sou foul la.

Tontongi

Alterite nan kontenjans

Yon moman zantray rale
lè dènye revèy la a rive
souf final la nan yon sèten moman
yo te wè l ap vire-tounen san rete
se pri ou peye pou yon moman lajwa
ranson ou peye pou jwisans lavi
men tou revelasyon ladestine
pri ou peye pou w ka siviv.

Yon moman zantray rale
li se tou yon epifani
dekouvèt absolisyon
dekouvèt absidite ak orwellism
pèvèsyon reyalite.
Epoutan li kapab reyenvante
avèk enpètinans ak odas
kri revanch dezespwa
demann lajistis pou Ekzis.

Apre tan yo ban nou an
souvan pa yon aza kaprisye
ap vin rete sèlman memwa sivivan yo
moman fijitif la ki evanwi nan tan.
Rankont sa a alantou tab-a-manje a
yon maten Joudlan, se 14 jiyè nou,
se moman laglwa lakomin lan
senbyòz ant Tan ak Èt
inite yo ansanm ak diskòd yo
tout bagay anglouti nan evanesans,
laviktwa enstan sou tan
kontenjans toutouni.

Jean-Dany Joachim

Yon lòt pawòl

Anvan jounen an fini, mwen pral ekri yon tèks long pou peyi a.
Yon tèks k'ap fè longè tout pye bwa yo kole ansanm ;
Yon tèks ak mo fre, tankou grenn lapli sou fèy mazonbèl.

M'ap ekri pawòl ki ijan peyi a bezwen konnye a.
Pawòl anvan tout bagay k'ap fè nou tout tounen youn :
Ni sa ki lavil, ni sa ki an pwovens, ak tout sa ki lòtbò.

Tèks sa a, se pou tè a, ki se ti kal nan nou tout ;
Jaden kòd lonbrit tout moun :
Moun rich rich, moun ti mwayen, ak sa k pa gen ditou.

M'ap ekri nan tèks sa a, jan nou bèl, lè nou an pè,
Jan nou se yon pèp plezi ki renmen ri ak fè fraz ;
Yon pèp solidè, menmlè nou pa montre sa

M'ap ekri nan tèks la, pawòl ki ka sanble ak rèv.
Yon rèv tan lontan, nou kontinye fè toulejou,
Yon rèv linyon ak liberasyon.

Mwen p ap pèdi tan pale de istwa peyi a,
Nou tout deja konnen li.
M'ap pwofite pale de sa nou dwe fè pou nou rive pi lwen.

Fwa sa a, mwen p ap pale de solèy la.
Mwen p ap menm pale de lanmè a ki fè viwonn nou,
Mwen p ap di anyen sou syèl la ak makòn zetwal yo.

M'ap fè yon ti rale tou piti sou rivyè ak pye bwa yo,
Dlo sous nan tèt mòn k'ap kannale glise desann
Pou plen krich ak kannari pou nou pa janm swaf.

Tèks la ap pale de tout bèt volay : zwazo lib, zwazo kalòj.
L'ap pale de bon jan van ki vante pou kalme chalè.
L'ap pale de randevou lalin ak solèy dèyè tèt mòn.

M'ap ekri tèks sa a san difikilte, san pakèt refleksyon
Nan chache mo espesyal ak metafò.
Tèks la ap fèt ak souf peyi a

Si dòmi ta pati avè m,
Tèks la ap kontinye tèt li poukont li
Pou l ofri yon pawòl ijan peyi a bezwen kounye a.

This Land, My Beloved / Cette terre, mon amour / Tè mwen renmen an   219

Jack Hirschman

Egzoterik an V

Sa fè yon mwa depi m vini la a
kounye a, poutan ke se powèm djaz
mwen an ekri depi 40 lane pase e
ki sèlman pibliye nan fòm liv,
oswa maniskri yon powèm longè
yon liv pèp vyetnamyen an ekri
sa gen 42 lane, ki pèdi nan lapòs
sa gen 17 lane, yon zanmi rekipere l
sou entènèt, li voye li ban mwen
kòm yon kado 79 an anivèsè
ki tonbe dat 13 desanm 2012.

tout bagay lè sa a se kounye a tou
paske pou ekri mo w resevwa yo
nan tan ritmik djaz se reyalize
mo sa yo pa vyeyi nan tan istorik :
powèm mwen ekri 40 lane de sa
li kòm si yo te ekri yè, se osijè sa
tout bagay yo ye, kouwè sa pral
pa lontan vin klè kou yon rityèl

Len-Dong ki mennen atè powèm
pèp vyetnamyen an, ak lyezon
ant powèm djaz sa yo ak sèk
vodou a—wi, m te di yon sèk vodou
nan Vyetnàm, ki swiv Dau-Mau relijyon
an, adorasyon Manman Deyès lan,
ki te evoke pou mwen
envazyon Lwa Ayiti yo nan
Sid Etazini nan yon *Akansyèl pou
Lwès Kretyen an,* nan yon gwo liv
powèm Rene Depestre
ke m te tradui twa lane nan
Lagè Vyetnàm lan an 1968.

Kote ki te gen yon tanp pou
Len-Dong nan Kalifòni an 1970,
vin gen 11 kounye a. Paske se pa
posib pou bliye oswa entèdi

gwo V a pou lontan, kouwè li pa
posib pou siprime ensten djaz
ki fè pati tout pèp lemonn antye, e ki
gen rasin nan Vodou (oswa ou pa t
konnen ke se sa k te sa Nouvèl
Òleyans), ki te resevwa lè Nwa
ak Blan t ap danse ansanm nan

Kongo Square nan Kòmansman
paske gwo V a, sèlman de deseni
pi bonè, te ede djanmen liberasyon
lesklav ki pi siprèm nan listwa,
ki te fè Ayiti yon pwen dyaman
pou referans revolisyon, menm si
apre repèkisyon destitisyon yo
soti nan tire revanj kapitalism la, ak
apre katastwòf tranblemanntè a,
plizyè milye ayisyen ki san kay

KOUNYE A, e konsa an nou isit la tande
tanbou yo k ap soti nan batman
èt lari yo ki sonnen kou hip-hop k ap repete
son batman tanbou Vodou Boukman yo
k ap siyale atravè tout Ayiti yon soulèvman
tankou «aorta k ap ponpe tanbou» ke
premye powèt lari a te rele nan syèk
revolisyon, Vladimir Mayakovsky,
epi ak batman tanbou Mo a ak
son senbal Canh Dong nan Len-Dong

rityèl yo se pi bon apèl nesesè barrrraban
lan te kab fè avèk tout si
k ap siye kadav nou depi toujou,
men sitou depi
konsomasyon ap konsonmen
pou otosatisfaksyon san sans san fen,
epi konsa dwe fè avèk anvan-mouri a, kòm
yo pa tande powèm-tanbou la k ap vèvè
nan zòrèy yo, gaye dwèt pou fòme non pa
yon V pou yon Winnie-oswa-Ronnie Viktwa fiktif
men V pou lapè nan kè briyan Vodou a.

(2013, tradiksyon ann ayisyen pa Tontongi)

Emmanuel W. Vedrine

Palab kandida patri-pòch

A wi ! Yo jèjè,
Yo konn jèjè
pou twonpe nou,
yo pa janm mansyone nan
plan gouvènman yo
destriksyon latrin
omwen nan kapital la,
yon kote k pote non Port-au-Prince.

Pa t janm gen w lè
yo menm panse a destriksyon bidonvil yo,
abita iben popilasyon pi mizerab la.
Pa t janm gen w lè
yo te panse kreye lekòl gratis
tribò-babò nan peyi a pou fini
ak epidemi analfabetis ki gaye
e ki kontribye nan soudevlopman
Premye Repiblik Nwa a.

Men yo ! Yon dal bandi
sèvèl chavire
ki gen sèvèl bann madigra,
yon dal kandida,
yon fwa yo chita sou chèz boure a,
yo pa ka rezoud
menm yon senp pwoblèm elektrisite
ki date depi Cumberland.
Men wi ! Kandida konbèlann.
ki pral kontinye kenbe kwi yo,
devan Sen Washington
ap mande charite ak favè Sen an ta akòde.
Yo fè sa nan lang Shakespeare.

Anfen, yon dal Kandida Mandyan
an majiskil k ap vòlè ase grinbak
pou al sere nan bank aletranje
nan yon ti bout tan,
bati chato toupatou
pou fanm sou kote,
epi vòlè ase lajan
pou jenerasyon annapre.

Kiki Wainwright

Siloyiz

Mwen rele w Siloyiz,
se ti non gate sa a mwen vle ba ou nègès,
bèl nègès Karayib, kinan m.
Nenpòt jan m gade w Silo,
solèy ou leve nan kè m,
li kouche nan tèt mwen.
Je klè mwen wè w devan m
w ap ale vini, fè touchpri ak panse m.
Tout lajounen w ap tripote m,
boulvèse lòlòj mwen ki bloke sou tan ayè.
Ou fè dappiyan sou lannuit mwen,
makònen nan rèv
tankou branch amitye sou pye siwèl.

Malgre gwo sakad, ou la tennfas.
Chak kou yon van dezagreman pase sou ou,
kè m prèt pou rete,
lè konsa m konprann lanpatèt ou ap kase.

Siloyiz o !
W ap jwe ak santiman m
tankou gita nan laplennlin.
Ou fè m tande sa w pa vle tande,
lakataw fè taw se moso w k ale.
Ou fè m wè sa w pa vle wè,
lakansyèl ou ki fin pèdi koulè.

Ou te gentan gate m ak sa m renmen Silo :
ti dous ji kòk
kòk graje m
graje fresko m,
simen siwo swolin lanmou jenès mwen sou li.
Tablèt nwa m, dous makòs mwen,
soup joumou m, krab ak berejenn,

akasan-o-siwo
rara m
madigra m.
Ou konn pwen sansib mwen
tankou manman konn pa pitit.

Gad jan w ap fè larivyè koule nan je m !
O Siloyiz, bèl flè nan jaden rèv mwen !
Ou pèdi fèy, bouton, boujon,
pikan sèlman k rete nan branch
k ap balanse san lè kase nan move tan,
nan tan malè.

Sou chantye pwogrè,
blofay ak woulay bay latwoublay.
Malandren malpouwont
mare konplo pou vòlè blòk, vòlè zouti
nan kay ou k ap bati, Siloyiz.
Men… nèg dyanm ki brase nan siman konviksyon,
toujou la pou voye kout tiwèl,
met lòt blòk pou kay la ka fini,
pou l vin pi pwòp,
pi bèl,
pi solid.

O Siloyiz !
Jaden w gen pou l fleri ankò,
polenn ak petal
ki te gaye nan van dezagreman
gen pou tounen vin fè bouton,
ki pral pete nan tout branch
pou bèl flè libète pouse,
gaye pafen lanmou
ak pwogrè toupatou pou nou tout.

Berthony Dupont

Kote pyebwa yo ?

Kote pyebwa yo fè ?
Pye kokoye yo
Pye kafe yo
Pye palmis yo
Pye sitwon yo
Pye bannann yo
Pye lam yo
Kote yo fè ?

Kote pyebwa yo fè ?
Gen moun ki di
Yo bwaze
Kote y ale ?
Yo di
Se Chili, se Brezil
Dominikani
Pari, Kanada
Etazini
Toupatou

Peyi a debwaze
Tout fèy nan bwa yo
Fin bwaze
Kote fèy zaboka yo ?
Fèy kachiman yo
Gade branchbwa y ap koupe
Kase, rache tout lasentjounen
Lage pilsoupil
Nan mitan lari

Kote yo jwenn flè ?
Flè ki sou lotèl
Katedral soufrans pèp la.
Flè y ap simaye
Simen toupatou
Fè fatra nan peyi a.
Kote yo jwenn flè
Pou y ap voyeflè
Konsa
Nan peyi a

Yon peyi latè bandonnen
Latè ap nwaye
Nan lanmè.
Yon peyi
Latè ap pran lanmè
Sou povant li.
Yon peyi
San refòmagrè.

Kote yo jwenn flè
Pou y ap voye
Bèl flè kanaval
Bèl flè sanzodè
Anwo yon peyi yo fin piye
Anwo yon peyi yo koupe pye
Anwo yon peyi yo koupe pyebwa.

Peyi a sou beki
Peyi a pa gen pye
Peyi a pa gen pyebwa

Kote yo jwenn flè
Pou y ap voyeflè
Konsa
Nan biwo Leta yo.

Yon peyi debwaze
San zwazo
Fèybwa fin tonbe
Branchbwa fin koupe
Tout pyebwa deplimen
Men kote yo jwenn fèy ?
Pou y ap kase fèy
Pou kouvri sa k pa sa
Nan tiwa Leta
Kote pyebwa yo fè ?

Fred Edson Lafortune

Enposib

ou gade m nan retwovizè a
san w pa di anyen
je nou kwaze nan mouvman tan an
nan silans tout sa ki anpeche n renmen
ou fin gade m
ou ale
ou kite yon gwo tou vid
nan nanm mwen

Ki moun ou ye?

Mwen te kòmanse grandi
San w pat la
Yon jou mwen leve
Mwen jwenn ou nan kay la
Mwen te anvi bay blag avè w
Jwe avè w
Ri avè w
Mwen te anvi w montre m pare so
Lè chèn bekàn mwen kase
Men lavi pat ban nou kado sa a
Yon jou nou monte kap ansanm
Men se te dènye fwa
Yon lòt jou nou manje nan restoran ansanm
Se te dènye fwa tou
Ki moun ou ye papa?
Mwen grandi san w pa janm konnen m

Ou vyeyi san m pa janm konnen w
Ki moun ou ye papa?
Se te dènye fwa tou
Yon lòt jou nou manje nan restoran ansanm
Men se te dènye fwa
Yon jou nou monte kap ansanm
Men lavi pat ban nou kado sa a
Lè chèn bekàn mwen kase
Mwen te anvi w montre m pare so
Ri avè w
Jwe avè w
Mwen te anvi bay blag avè w
Mwen jwenn ou nan kay la
Yon jou mwen leve
San w pat la
Mwen te kòmanse grandi.

Elsie Suréna

Tan ki pase ale

Se lodè mango ki chatouyèt nen w nan gran vakans
Se klòch lanjelis pou onondipè defwa pa jou
Se rad nwa dèy manman solèy fennen sou do mètres li
Se vach plenn ki nan konkou ak fanm ansent
Se zouti lawouze fin wouye dèyè kay
Se tigrenn semans ayè, jounen jodi gwo pyebwa
Se chante lontan ki vin nan bouch ou lè w ap balewouze
Se yon foto tou jòn ou sezi jwenn nan yon vye anvlòp
Se jounal y ap sere depi w te ti katkat
Se souvnans premye tibo nou bay ak kèsote anba kafe
Se pantalon djin ki sere w ki pa vle tache w ankò
Se fèt yon zanmi ou bliye de lane youn dèyè lòt
Se ti chini tou lèd ki tounen jenn papiyon k ap file tout flè
Se cheve ki tanmen blanchi pandan tèt ap chòv
Se gou soup joumou tigrann ou pa jwenn nan bonm pa w
Se chalè men li sou frontyè kò w nan mitan lannuit.

Jean-Claude Martineau (Koralen)

Dayiva

Sou tèt waf la li kanpe
Ak youn ti kanson chire
Si l'gen dizan l'pa gen plis
L'ape tann bato touris
S'oun ti Dayiva li ye

Lè bato yo akoste
Li gentan ape naje
Si touris yo pa twò chich
Y'a voye senk kòb penich
Pou li plonje al chache
Se pa toulejou l'manje
Men l pa mande charite
Ni l pa vòlè nan mache

Dayiva, Dayiva
Si ou gen lafyèv twò souvan
Se pa youn metye pou ou pran
Dayiva, si ou paka
Kenbe souf ou twò lontan
Se pa youn metye pou ou pran
Dayiva, Dayiva,
Si reken fè youn espanpan
Se pa youn metye pou ou pran
Dayiva, Dayiva
Si ou egare lè ou wè blan
Se pa youn metye pou ou pran

Li pa genyen papa, li pa genyen manman
Li pa ta janm timounn genlè li fèt tou gran
Lavi-a se youn tren k'ap pase ak tout vitès
Li menm l'ape kouri wè si l'ka fè eksprès

Li te renmen jwe lago
Tire kont nan lalin klè
Jwe mab anba pye mango
Tankou timounn laj li fè
Men l'gen responsabilite

Se li k'bay tèt li manje
Ak ti kòb li ranmase
Men lè aswè vin rive
Li kouche li pa dòmi
L'ap reve de je-l louvri

Li wè limenm k'ap pase
Inifòm li eskanpe
Li pral aprann ABC

Dayiva, Dayiva
Si ou gen lafyèv twò souvan
Se pa youn metye pou ou pran
Dayiva, si ou paka
Kenbe souf ou twò lontan
Se pa youn metye pou ou pran
Dayiva, Dayiva,
Si reken fè youn espanpan
Se pa youn metye pou ou pran
Dayiva, Dayiva
Si ou egare lè ou wè blan
Se pa youn metye pou ou pran.

(tire nan rekèy powèm ak istwa kout *Flè Dizè*,
Jean-Claude Martineau (Koralen), Boston 1978.)

Denizé Lauture

Touf kann lanmò

Mwen swete yon jou
Ya genyen pititpitit
Pitit ki sonje yo
Pitit ki ranmase zo yo tout
Ki kanpe yon Hounfò pou yo
Sou tèt yon gwo mòn !
Ka jodi a mwen chache tonm yo
Mwen paka jwenn tonm yo...

Tak tak tak
Dlo koule nan je manman
Tankou gwo grenn lapli
Sou do kay tòl

Tak tak tak
Dlo koule nan je madanm
Tankou gwo grenn lapli
Sou do kay tach

Tak tak tak
Dlo koule nan je pitit fi ak sè
Tankou gwo grenn lapli
Sou fèy bannann vèt

Tak tak tak
Papa ak frè
Frè ak pitit gason
Tounen pye kòk loray boule
Anba move debòdman
Dal dlo nan je yo
Mouye tout kò yo
Lave janm maleng yo
Kouri sou tout tèt zòtèy yo
Fè yon ma dlo sonb
Nan plas pye yo

Tout nway ki sòti dèyè Saltwou
Pase sou tèt nou
Tankou gwo bal koton

K ap woule nan basen san
Lanbi tris kònen sou tèt tout mòn
Yo kònen yo kònen san rete
Limyè solèy pèdi koulè lò li
Li parèt vyèlèt koulè vandredi sen
Chak grenn lapli ki tonbe
Fè yon gwo sèk wouj
San koule nan je tout bèt gadinay
Ki nan move rèv wè mechan ap twonse men
Ki te konn karese do yo

Gran chimen mi bitasyon
Fann ven mil kote
Chak fant yo genyen fòm
Yon sèkèy gason
Poto mitan tranble
Tranble tankou tifèy bwa
Yon dife je pa wè
Boule tout kòd tanbou
Ak tout ne vaksin lavi

Pèp la wè lonbray li
Nan yon letan san
Yon letan san plen vag sanwont
Vag sanwont ki moute san fwa pi wo
Chak lè solèy parèt
Solèy tounen solèy sanwont

Nou boula anba solèy lanfè a
Nou sèkle tè nou nou pike tè nou
Nou kouvri patat plante manyòk
Plante manyòk plante mayi
Nou plante mayi plante pwa
Plante pwa simen pitimi
Nou simen pitimi nou grate patat
Nou fè tout sa nou konnen
Pou pye kafe nou
Pa tounen bwa chèch
Malgre sa lè rekòl rive
Nou paka achte yon rechany nèf
Nou paka chanje menm vye hou pyese nou
Nou lave men nou nan dlo twou wòch
Anba fil nou pati nan panyòl

La touf kann yo dri wo
Dri wo tankou lontan
Ponyèt janmen bouke nou
Voye manchèt kalabòch
Depi douvanjou jis lannwit
Nou plen fal tout moun sou latè
Ak sik ak wonm

Men yon lannwit okenn pwent plim
P ap janm ka fè wè
Yon lannwit okenn sanba
P ap janm ka rakonte byen
Nou lage kò mati nou
Sou bout nat pinèz nou
Pandan n ap fè vizyon nanm nou
Ak yon sak sou do l
Ak menm vye rad ranyon l
Ak menm vye hou pyese l
Nan yon vye chimen wòchapyè
Yo yo tonbe sou nou
Ak bayonnèt ak melyasin
NOU TAL KOUPE KANN
YO TWONSE NOU TANKOU MOVE PITIMI
GRAP NWÈ PLEN POUD NWÈ
TANKOU PYE BANNANN ZONBI

Lè sa a dizwitan
Dizwitan
De fwi ki te jenere Sanba a
Te genyen
Dizwitan

Yo te koumanse won ak ji lavi
Se poutèt sa chak swè
Sanba a wè yon touf kann
Yon touf kann okenn siklòn
Pa janm brannen
Flèch li fèt ak dlo je

Ki tounen ti boul glas
Fèy li wouj pwenti
Tankou fèy pit sovay
Tout ne li fèt

Ak zo jenou nèg nwè
Rasin li se zòtèy
« Nèg mòn gwo zòtèy »
Dlo li san wouj Lafrik
Koule toutaklè depi nan flèch
Jis nan pwent rasin

Touf kann nan nan mitan
Yon sèk gwo mal POLITICHEN
Ki niche tout titak san
Ki tonbe sou kote
Ak lang long yo
Lang sèpan yo
Ki pa janm fin lanbe
De elit santi pirèd
Pase kadav koulèv pouri.

This Land, My Beloved / Cette terre, mon amour / Tè mwen renmen an

Ayiti entim

Coutecheve Lavoie Aupont

nan pandri ou m ekri tout boulvès mwen

konsa ou toutouni nan tout powèm
jou samdi sa ou ye la se yon ti powèt tripòt

yon ti powèm ki pa fini pechè mare l bò lanmè
se yon ti sin lanmou
rès Whisky ak sann dife
yon ti powèm dife doulè mwen ekri ak mo larivyè
ma sigarèt ak anpil espwa
peyi sa ou ye maten an
se tankou yon pye bwa byennere yo jete nan lanmè
yon sekrè enpòtan m sere anba po m

m vle wè ou ap mache lib e libè nan branch powèm yo
navige nan dlo klè
epi kraze epesè jou yo pou ou di se pou lanmou ou fè sa
epi fè kwè sèks ou se kim mele ak kanèl
yon kè pou sovtaj lanmè a ofri bay tonb sa k nwaye yo.

Roseny Blanca

Tou rete rete

Lavi a dwòl !
Konnen lè ou gen yon wòl !

Kite dlo sa a
Ki fèk jete ou la
Demare l !
Kite l ale
Se poze ou poze
Se ale li ale.

Lagin se non mwen,
Matyè ki pandye vini bò mwen
Vini bo mwen.
Vini karese mwen.
Vini touche mwen.
Vini chita sou mwen.
Vini poze ou sou mwen.
Vini lage ou sou mwen.
Vini lonje sou mwen.
Vini nan mitan mwen.
Vini ouvri kò ou sou mwen.
Vini melanje w avè m.
Vini vlope w avè m.
Vini fè yonn avè m.
Vini konpoze avè m.

Kou nou ye a, ou konnen
Ki sa ou ye pou mwen ?

Bò kote m

Pou dat yo konnen,
Li di l :

«Wi doudou !
Ou damou, ou fou pou mwen
Lanmou ou sere m, antòtye m
Ou damou, ou fou pou mwen
Wi doudou !»

Cheri doudou : sanble ou timid ?
Ou pa yon vye gason fwonte
K ap simen pitit li tout kote
Ou pran tan ou
Lè ti twou a pare pou ou :
Ou plante nan mwen.
Ane yo ap pase,
Ou pa mande rete :
Ou fouye m, lannuit kou lajounen
Ou fouye m.
Nannan mwen, ou pouse
Tankou se fon zantray mwen ou ap chache.

Pa gen sezon,
Ou fouye m, lannuit kou lajounen
Ou fouye m.
Nannan mwen, ou pouse
Tankou se fon zantray mwen ou ap chache

Ou pa menm di ditou !
Pa gen okèn kay, ou paka bite m pi rèd ankò
Ou t a fè menaj avè m tout kote !

Cheri Papa : pitit nou yo pouse, yo grandi
Tim-Tim !
An n al chache ti Pyè !
…pitit sa sanble rive avan nou !

M renmen ti lodè w
M ap swiv ou, k ap swiv mwen
Ou rete avè m, menm lè m ap glise
Avè ou, m santi konfyans ak lasante
E tout vye ravèt yo fini danse
Ou gen lespri, ou pa nan pale franse
M gen chans kontre ou : se verite !

Lavalas mèt tonbe, mwen konnen ti vetivè m
Ap toujou veye sou mwen menm, ti tè li a, li renmen

Vètivè gen anpil gwo kalite
An nou sèvi avè l tout kote !

Patrick Sylvain

Ravaj

Nou dòmi tankou planch bò kote lòt,
Yon fwon cho, youn frèt, chaje ak patikil.

Yon nouvo lapli gonfle nan lespas,
Refize lave ravaj marital.

Syèl la mare min mekontantman l' pou eskandal
K'ap travèse nan chanm tankou tanpèt.

Chirepit byenvini move sezon wonje dan.
M'ap gade lonbraj mwen ki tranpe nan dezakò.

Yon ti moun chita ap kriye, zèl toutrèl li
Mare. Kè l' pran latranblad nan yon kalfou.

Pa gen anyen ki ka sove. N'ap goumen
Nan zye tanpèt la. Espwa disparèt tankou rèv.

Ewald Delva (Konpè Zòf)

Pa gen tankou fanmsaj Chansrèl

Manman m te pran yon randevou
Kay yon fanmsaj ki fè m damou
Ti non nègès sa se Chansrèl
Se la m premye pete kout rèl.
Se vwazinaj ri Chalotin
Aviyasyon sèvi l temwen
Si w kwè m manti, mande Hasco
Se la manman m kaselezo.

Li pot ko la sou tan Lanprè
Kidonk, li pa t konn Defile.
Men l fè kay li tounen sanktyè
Pou resevwa kòz malere.
Tout fanm gwòs ki vle wè doktè
Li menm konn bay medikaman
Kit san papa, fanm yo pa pè
Lakay Chansrèl gen soulajman.

Poutan manmzèl ret meprize
Anba rejim yo ki pase
Twòp trip kòde k gen kakarèl
Fè yo bliye vizaj Chansrèl.
Pou yo, li pa t nan bon andwa
Tankou Channmas, Lekòldedwa.
Pou tout byenfè l an entim
Yo lage l pou l «gratesanti».

Chansrèl pa janm jete pitit
Pouki l pa jwenn yon bon merit.
Menm moun Chansrèl te bay lavi
Abandone l avèk deden.

Al mande Isaïe Jeanty
Oubyen, al wè Leon Audain
Y a di w ki moun fanm sa te ye
Ki wòl li jwe devan Bondye.

Pou fè lajan, yo pwofite l
Gen mizisyen tou k abize l
Pou l pa sanble ak bwat poubèl
Y al fè konsè sou do Chansrèl.
Avèk lide pou l jwenn pwofi
Li pa menm jwenn yon ti degi.
De grenn doktè k ap ba l koutmen
Nan lespwa pou l ka wè demen.

Fred Edson Lafortune

Pari nil

Mwen fè tout sa m kapab
Pou m renmen w
Pou m viv avè w

Nou abite nan menm kay
Men nou pa ka kontre
Mwen fè tout sa m kapab

Kè m sere
Tankou seri pòt wouye
Pou m viv avè w

Nou kouche menm kote
Kò n pa fouti touche
Mwen fè tout sa m kapab

Vi m tounen yon kòk san zepon
Yon pari nil
Pou m viv avè w

Nou tete menm lang
Nou pa konprann menm pawòl
Mwen fè tout sa m kapab
Pou viv avè w.

Marilène Phipps

Nèg bale

(pou frè mwen)

I

Mouvman bale isit la, se nan kòmansman
   maten li fèt pase lè jounen an fin ale.
      Debri nan kwen bliye ak tout fatra yo vin kimen
        nan on bann ti pil k'ap boujonnen
          nan chimen nèg bale.

Kòk chante se blag,
   chalè a twòp deja.
      Flè mèvèy louvri kò yo pou syèl la,
        bay lòbèy se tout plezi medam yo.

Tout bèl mòn twopikal anfans mwen ap toufe.
   Anfans mwen, amou mwen, se on ti kal bagay ou te ye ?
      Lamizè anpile kay pay li yo la, tout kò li kofre ak doulè.
        Bò palisad gentan ap koule.

Nan distans kote m kanpe,
   moun sanble foumi nwa
      k ap aktive kò yo nan machwa kraze
        on twou foumi ki rayi tèt li.

Kòbo ap kwakwa pou on lapli ki pa janm vini.
An fas labè Pòtoprens, Lil Lagonav
   sanble li se ti gadyen peyi d Ayiti.
      Nan de lil yo, youn ap gade lòt nan yon silans etènèl.
        Pawòl pa gen itilite pou bèbè.

Bato ak vwal yo gran van fin tache nèt
   ap fè vaevyen ant de mòso tè a yo.
      Pi piti nan yo de ka byen suiv on bato on jou konsa,
        vire do l sou la bè Pòtoprens ki renmen koulè ble.

Lakay mwen lage vye po do l
   menm jan koulèv abitye fè.
      Plafon syèl la pa bay koulè vèt
        Jan m te kwè nan tan lontan.

II

Lanmò l te vanse pa mòso.
　　Nan kòmansman, li te bat kò l.
　　　　Pandan twa dènye jou yo, on mouch nwa
　　　　　　t'ap zigonnen nan tout chanb nan anvan l retounen chita.

Lanmò a, li long, li dousman, li pran tan.

On moun ta pito lanmò a parèt
　　tankou on lapli sezon lapli—tonbe blip
　　　　ak fòs kout tonè nan on syèl jònn kou sitwon,
　　　　　　on kote de timoun je klere ap bloti ansanm.

Tèt kalbas syèl la, se sèl vre plafon.
　　Pye bwa va leve dwat nan tè
　　　　kèlkeswa kantite fatra ou lage nan pye l,
　　　　　　alòske tout fèy plenyen ak chak ti van ki pase.

Chak fwa frè m souri ban mwen, zetwal leve nan kè m.

Labrim nan lejè lè maten m fon ti mache,
　　imidite a kole sou po m.
　　　　Lapli ki te tonbe dri dispèse
　　　　　　tout zegi bwapen ki fin neye ak dlo.

Peyi an mwen kouri chache figi l nan tout kriye toutrèl.

Bèlte pye bannann se tankou yon eksplozyon.
　　Zwezo kwikwi tout jan, pase'w nan betiz.
　　　　M renmen gade jan zandolit mawon pantan,
　　　　　　kouri monte ap panike.

Flaman wòz yo mache kou frè m—pa janm prese.

Jou Bondye vin chache l, solèy la te dousman.
　　Ti poul chagren te ap grate tè a,
　　　　chache mande sa zansèt yo te vle pou nou,
　　　　　　bouch yo louvri gran san yo ka bay okenn son.

Limyè parèt sibitman

Gadyen dlo nan pui
louvri kadna a
li lage gwo chenn nan—
timoun ret nan ravin parèt on sèl grap,

bokit yo vid nan men yo
grangou dlo.
Youn ap pouse lòt tankou ti mouton
sòt nan lonbraj
ak rèl kè kontan,
je yo twouble
anba limyè solèy ki plen yo on sèl kou.

Indran Amirthanayagam

Peyi bò kote a

Vini avè m. Pòt la ouvri,
sitèn plen, epi gen tout yon zile
pou dekouvri, yon inivè nan lanmè
ak sou latè. Men an menm tan
retounen kesyon an, pou konbyen
tan ? Yon mwa, yon ane, yon vi ?
Epi si chat la ka viv nèf fwa
poukisa pa yon nèg, aletranje,
de peyi an peyi, jiska rive
nan peyi san chapo, Lari Antèman
nan kè ne a, nan sant vil la.

Pawòl lib

Ban m yon bwat penso,
kèk twal, yon pakèt koulè,
epi kò ou pou m ka pentire
longè li ansanm ak lajè li
ke janm yo fè etensèl
lè y ap deplase, epi tete yo
briye kou pwason volan
nan lannwit ki ini nou. Kenpòt
ke vi nou abite chanm
kou peyi fije nan idantite yo,
se nèg la k ret nan solitid li, se pa fanm lan.
Pawòl yo, desen yo dewoute fwontyè yo
ensiste pou mo yo ak penti yo

fè pati nan lang migran an
ki ale de lanmè ak lòt lanmè
san bezwen lese-pase.

Monn lan parèy

Nan twal m te jwenn yon monn ensèk :
mouch, ti moustik ak gwo moustik toupatou,
nwa, wouj, blan, epi reyalizasyon
nan sèn lan ke chak bèt gen
yon tèt, bra, pye, lèv.
Yo pa vrèman lwen nou, zaryen yo.

(April 9 2019)

Kwitoya (Jean-Robert Victoria)

Kilti mwen

Se flango sans mwen yo
Ki manbre lespri m
Nan semantik solèy la.

Kilti mwen se payèt limyè yo
Sou riban gri souvni m,
Nan frengfreng loubli.

Se fofilay atizay tan yo,
Dantèl moman yo
Nan jipon memwa m.

Se filozofi lizyè m ap lanbe,
Nò al sid, ès al wès
Nan ensidans Marasa m yo.

Se pren mawon enfayib, zepi
Pawolitik lavi, ak tèt zepeng
Egzistans m ap siyen.

Debrayman konsyans mwen
Sou fenèt libète ak lanmou :
Senbòl ak kòd imanite m.

Filang sibtil Danti m yo
Anba nawè Kongo,
Arada, Boukmann ak Desalin.

Se bretèl tayno, soutyen sibone,
Dyòk ginen anba palmis,
Degre pwezi ak atizay anba mapou.

Kilti mwen ayayay ! se mwen !
Mwenmenm : Nèglakay,
Flè loray nan virewon latè !

Ranm pou ranm

Lalin touye je l sou nou, cheri,
An n pwofite lanbe lavi klin
Jous lanmò bliye n.

Se dènye biye n ap siyen
San sipa ni tyentyen !

M ap pran poul anbavant ou
Pou pwent tete w kanpe, souf nou
Kon van siblim pran wotè

Ranm pou ranm. Zetwal yo mèt
Fouyapòt, pyebwa yo paladyòl,

Fòk lanmou sele n pou nou leve
Renmen gad, epi kite
Yon tablopenti mistè ba lalin.

Plongaye

Depi benbo bèl rèv ap tizonnen
Somèy gran revè. Rèv o !
Rèv fuidefandi. Rèv kontras maten
Nan bwode nuit.
Rèv altere ! Rèv tètanba
Dèyè kwa. Kwa relijyon,
Kwa manti, kwa kreyati malefik,
Kwa baka politik : mikalaw zo pimpe,
Zo dekloke, zo kakòn. Zo tèt,
Tètsankò nan rèv kwèdèk.

Rèv lamàn. Rèv o !
Rèv bòlèt. Tiraj lotri Leta pa atenn !
Bòlèt politik ak twa lo bòz : 50-20-10,
Sou kat pwenkadino reziyasyon.

Ala depi Ponwouj boul politik
Malatyong klaw. Jou apre jou bon lide
Dezète, bon nanm lage cha !
Mire koutlè danble : fasinasyon bòbèch,
Tètgridap nan flan fènwa.
Se bon loupin sou kat pwenkadino.

Chist-Falin Oralus

Chèmèt chèmètrès

1.
nan tèt sèpantye
simityè jwenn miwa pou l gade
lizay k ap twoke jwen
nan madjòk makawon
pou fwomaj santi.
Bon zwazo li lèt A B C
anba bouch karanklou

boustabak joure nou lèd
pou l di nou sanwont
fyète mande nou gras

lapatri vle sispann pat
pou blanchi dan
wosiyòl manje korosòl
an sotim lavilokan
politisyen poko tonbe nan bwa

malfini gen pou l mal fini
si fini pa restavèk mal
si mal pa niche djòl karanklou

Verite ri chenèt nan bouch
brid kloure pawòl

plim k ap ekri a
jwenn gou lanm lan

Kalamite a pa vann santiman l
powèm lan rele l chèmèt chèmètrès.

2.
reveye sou do pye briganday lorizon
fè memwa w sonje
ti priyè kòk la

reveye san wont
jounen an ki pote linèt solèy
pou fè w pè

reveye sou ti kouti a
pase twal yo de tap
pa bliye vizite de pwen kadino yo nan bouch ou

reveye
sonje kite lespwa sou dife
pou w al diskite koz ou ak bòdmè

reveye
sonje fè lepasan salye ti sèvyèt yo

kite pousyè leve men l anlè

pou savalouwe mach ou reveye
avan peyi a lòk jodi a
pou w gentan lòk trip tchovi yo

3.
Lanvi m gen menm wotè ak absans ou
sa m anvi fè w Choukoun
diksyonè pa fouti pale yon koze
sèl mwen ak ou
epi ti bout nyaj ki te pèdi chimen an konnen.

Reyaksyon ak rezistans

Tontongi

Ayiti se pa sa ou di a, Misye Tèt-Mato*

Ayiti se nasyon zile a
ki pran nesans nan san nan travèse
tout longè lanmè Atlantik
pa yon pèp yo vann bay nan Latrèt.

Ayiti aktyalize siyifikasyon
alafwa sa moun ye e lavi l ap viv

epi li envante yon nouvo chimen
nan direksyon libète
ansanm ak yon nouvo fason
pou moun detekte pèvèsyon l
menm nan fon mitan lannwit.

Ayisyen te peye ak san yo
sou chan batay nan Savanah
brav konbatan yo kenbe defans
kont michan atak fòs angle yo
pou sove nesans Repiblik la
pou ede nasyon sa a pran lavi.

Ayiti se peyi ki te leve kanpe
menm devan danje ak malè
pou pwòp tèt pa li kont toupwisan
Lafrans, Espay ak Angletè
pou defann inalyenabilite Èt imen.

Ayiti se fondasyon modènite nou an,
Ayiti se manman engratiye Amerik Latin ;
Ayiti se kote Francisco de Miranda
ak Simón Bolívar te ale pran sewòm fratènèl
ak resous pou yo libere tout tè yo.

Ayiti adopte anpil kòz lòt peyi yo
ki t ap goumen pou libète kretyenvivan
ak pou lendepandans, tankou peyi Lagrès
nasyon ki pi helenik ki genyen sou latè.

Ayiti se pa sa ou di a, Misye Tèt-Mato ;
Ayiti se peyi ansyen *ansklave*
pa t pè reziste opresyon,
peyi kote kouraj moun ki te defèt
fòs lame Napoleon yo te fòse l
vann teritwa li nan Lwizyàn,
ki ede double gwosè Etazini alepòk la,
yon sèvis yo remèsye li jodi a ak jouman.

Ayiti se peyi atizay,
kote ekriven, powèt, tirè kont,
mizisyen, atispent, eskiltè konstui
nanm enfinitesimal Linivè nou an.

Ayiti pami nasyon ki pi rich nan lemond
lè n mezire l nan akonplisman jeni entelektyèl
ak jeni filozofik pèp li a
ansanm ak peyi ak kalte montay li yo
ki rete bèl malgre polisyon lèzòm kreye,
e ki ede e ankouraje pa sipò Meriken
bay diktatè kowonpi san konsyans.

Ayiti se pa sa ou di a, Misye Tèt-Mato ;
Ayiti te voye sou rad Amerik di Nò yo
plizyè milye doktè, chèchè, entèlektyèl,
ak pwofesè ki djanmen sèvo timoun yo,
anpil nan imigran li yo ap foubi planche kay
e pran swen malad ak tigranmoun ou yo,
Ayiti trè bon pou peyi Etazini.

Ayiti se yon peyi yo te fòse peye
plizyè milya de fran lò
ak dola Bank Nasyonal City
paske li te pran libète li ;
yo te sèvi ak swè pèp la
pou adousi lavi bèl nan peyi Oksidan yo
pandan Repiblik Nèg la limenm
ap peri nan dèt ki apovwi l pi mal.

Ladesant nan labim tenèb sa yo,
remak degradan ki depresye moun sa yo
fè mal tankou yon epe ki penetre kè nou ;
sepandan nou pa dwe pè lanse mo,
nou dwe mete tout bagay ogranjou,
blayi yo toutouni nan nati eskandalèz yo,
san dout yo se siy yon maladi pi grav
ak yon santiman ki pi lajman pataje.

Menas rayisman k ap soti nan vwa
senbòl ki pi wo pouvwa peyi Etazini
sible jodi a Ayisyen
sible jodi a Afriken
sible jodi a Mizilman
sible jodi a Meksiken
sible jodi a Salvadoryen
sible jodi a Iranyen
sible jodi a Palestinyen,
li se menm ki te vize Jwif yo,
Sosyalis yo, Kominis yo,
Jipsi yo, Omoseksyèl yo,
Temwen Jewova yo,
moun ki mantalman
e fizikman andikape yo,
nou konnen byen sa ki te pase lè sa a.
Demen, menas la ap vize oumenm tou
ak tout moun ki pa parèt Nòvejyen…**

O Lafrik ! Bèso sivilizasyon
gason ak fanm ki envante limanite !
O Lafrik ! Tè Deklarasyon Mande a
kote yo te premye fwa fè dwa moun sakre
yon jou nan trèzyèm syèk Mali,
jodi a ki denigre pa yon nonm tèt vid !

Imigran yo vin nan peyi imigran,
peyi kote pèleren, kretyen, vakabon,
ansyen prizonye, tout sòt pèsekite
vini pou jwenn refij ;
peyi kote ansyen sijè Otomann ki defèt,
ak sitwayen Alman pre-Nazi
vini pou yo vin rich,

kèk ladan yo kite dèyè
valè ki soude lyen komen èt imen ;
peyi kote Jwif, Kretyen, Mizilman,
Boudis, Taois, Vodouyis,
Ilandè, Japonè, Somalyen,
ak tout kalte moun ki defavorize
vini pou jwenn lapè yo
menm si akèy la pa toujou fèt ak flè.

Ou pa gen dwa refize ak lòt moun
sa ki sèvi fanmi ou si trè byen
e ki fè ou yon nonm ak siksè,
yon awogan nouvo rich ;
ou pa gen okenn dwa kèlke gwosè

richès malaki fanmi ou ta ye,
pou ou avili plizyè kontinan divès nasyon ;
ou se yon wont pou limanite.

Bagay nou ap wè jodi a
e ap viv nan tan reyèl sila a
pa annik blag ki inosan
lè gen gason, fanm ak timoun reyèl
k ap peye pi gwo pri pou sa.

Nou dwe desann nan lari a
pou klèwonnen a wot vwa
nesesite batay pou entegrite moun
si nou vle kenbe rèv nou yo anvi ;
komedi trajik sa a dire deja twòp.

Yon grenn blan sipremasis
nan Mezon Blanch lan,
mwen p ap fè yon gwo zafè ak sa,
men yon sistèm ki pèmèt yon moun fou
detui ideyal li, zanmi m yo,
se yon pwoblèm nou ta dwe tout kondane.

Mwen rann tout sistèm gouvènman an
nou konfye pou ankouraje amoni ak byennèt
e pou gide timoun yo nan dyeksyon pouswit nòb
responsab pou pèmèt babaryen sa a antre nan pòt la.
Li lè pou nou estope pouvwa avaris yo
ansanm ak koripsyon nan enstitisyon n yo !

Lemond p ap janm bliye
veksasyon sila a kont desans èt imen,
ni tou mas Etazini yo padonne
andirans wont sila a.

Ayiti se pa sa ou di, Misye Tèt-Mato ;
Ayiti pa w la se yon refleksyon
alisinasyon defòme w yo ;
Ayiti pa nou an se gadyen limyè nou,
se sa ki fè nou tout ret imen ;
Ayiti pa w la se yon twou nwa
Ayiti pa nou an se yon estrikti deleuzyen
yon kote anpil dimansyon jwenn ansanm
pou kontinyasyon levasyon lavi nou
yon kote tout sòt mèvèyman rasanble.

(Boston, 13 janvye 2018)

* Powèm sa a te ekri an repons ak jouman Donald Trump
yo lè li rele Ayiti ansanm ak tout kontinan Afrik la yon bann
peyi « twou kaka ». Tèm « Tèt-Mato » a jeneralman refere
a yon moun ki enkonpetan, ki pa bon nan sa l ap fè a.

** Alizyon ak remak Donald Trump ki te di
sèl moun pou yo lese imigre nan peyi Etazini
se moun ki soti nan peyi kouwè Nòvèj.

Gary S. Daniel

Vannen pitimi lavi

(pou François Eddy Phillipe)

granpa m te konn pini m
kon m bay manti
politisyen te konn mete vwèl
pou yo rive mantò
te gen bousòl

sou lanmè lanmèd flerize
tabòk bennyen fredi
pòl nò seche
bèk kwochi drese tèt atè plat

gen yon bagay ki pa klik
pa kole
pa mache
pa nòmal
ki wouze repiyans yon pèp
makònen ne iyorans kòd wouj
pou vòlò trese rans
mare brezo san konsyans
tikouri pou toufe souf valans

se pa posib
non li pa janm posib
pou zigzag malere vanse kwape
lamizè toutouni ak vòlè
sou pouvwa magouyè
pouchè d poud makiyè d koulè
sou fatra kras kòb debouyè

se pa posib
non li p ap janm posib
pou nyaj anba syèl ble digo
mare solèy pikan
pare chalè
wouze latè…

non li p ap janmen posib
pou dlo je sispann lave figi
manman, papa
sou zorye payas pichonnen

save pa lave
kawo pa eskanpe sèvo griye
sou twa pye dife
pou boukannen demen

Ayisyen pou laye pitimi lavi
nou pa kab ni dwe
ni moli kanpe
ni kanpe moli !

Alespwilaye !

Denizé Lauture

Vòlè zonbi bèl powèm

Yo antere m
Drèt doubout
Nan youn simityè
Nèg bèl lespri.

Zonbi yon bèl powèm
Ki pèdi plas li
Ap pwonmennen nan simityè a
Tankou oun papiyon madichon.

Li sòti nan youn tèt mò
Li antre nan youn lòt tèt mò
Jis li vin antre
Nan tèt pa mwen.

Mwen pran zonbi powèm nan
Mwen fèmen l nan govi kè mwen.
Se sa k fè toutan
Nanm mwen ap pwonmennen
Nan pi bèl jaden powezi.

Yon pitit gason yon pye monben

Nan kafou sou bwonba kay fanm saj
Ki te akouche manman sanba a
Fanm saj ki te koupe lonbrit sanba a
Ak yon digo chofe anba sann dife
Pi wo yon ravin dlo yo rele Lasous
Kote bèl kouzin sanba a
Konn batay pou tèt jendyan bwòdè
Jistan dlo pote cheve yo ale nan lanmè
Tankou makòn krenyen chwal k ap benyen
Yon rèv dechennen mennen sanba a
Tounen nan lakou lakay li.

Gwo pye monben nan mitan kafou a
Antre nan zo kalbas tèt sanba a
Ak tout gwo vye rasin tòde

Ak tout gwo branch lòt bò ravin
Tankou zèklè k ap fann syèl
Gwo pye monben danti a fann lespri sanba a
Ak tout twou makòn koulèv chase
Ak tout kolonn zaryen janm brankal
Ak tout latriye vè miyan miyan.

Nan kafou pi ba kay Sè Timiya a
Sou tèt dlo Lasous
Gwo pye bwa danti a
Pouse kò sanba a antre drèt doubout
Nan zo tè grizon an.
Sanba a tounen yon poto mitan rasin
Ki penpennen sik lavi nan zantray tè a
Ponpe l moute nan kò masif Mèt Kafou
Rive jis nan dènye pwent fèy
Yon pil ti lèzany k ap chante
Ap ranmase grenn monben mi byen dous.
Ti dan inonsan yo pa mode okenn vè !

Yon tè yo pran nanm li

Tankou yon bann karanklo devoran

Sou yon zaboka pouri
Move sòlda yo antre nan palè a
Yo mete nègpa pèp la atè

Nègpa pèp la bwete nan letan san
Li rive nan peyi gwo lajan
Kote li siyen renmèt desten tè manman l
Nan men sòlda li konprann gen pi bon non

Menm lè a gadyen linivè yo derape
Yo antre nan demanbre manman m nan
Ak dife lanfè nan tout zèl avyon yo
Nan tout bounda avyon yo

Menm lè a syèl tè manman m vin pi nwè
Karanklo ak malfini fè lanmou nan mitan syèl nwè
Sou tè a, anba yo, pèp la ki kwè nan mirak
Konprann se grenn lò Bondye simen
Yo fwape pi gwo tanbou vodou yo
Yo chante pi bèl chante Lwa yo

Men nan yon vye rèv lanfè
Vizion votou k ap pèse matris yon fanm
Parèt douvan je wouj
Yon bon pitit ki pèdi

L ap joure manman
Tout karanklo ak tout malfini
Tout Lwa sou latè ak tout Bondye
Nan syèl peyi manman l lan
Ki pèdi nanm li.

Michel-Ange Hyppolite

Fanm

(pou Medjine Hyppolite Mendjaly Hyppolite e Ange Diaquoi—
Lè fanm vanyan ap mache li pòtre ak manzè lavi)

Fanm pote lavi
Pi wo pase fetay solèy
Nan voye wòch monte
Bwote dlo desann
Nan lakou plètil
Fanm leve nechèl wotè van
K ap bale wouze

Nan peyi malfini
Fanm charye douvan jou li
Sou tèt kamyon bwat
Madan sara fè ovètay
Pou po pistach

Lè fanm ap goumen
Kòtakòt ak gason
Bab pou bab ak ranyon dife
Lè fanm pran sèt so
Anvan l di alatraka
Fò ou konnen konbyen kalfou
Jipon li janbe
Konbyen flanm li travèse
Anvan bonèt li chavire

Fanm mennen lavi
Nan sous dodo meya
Kwape lamizè
Twaze dyòl maldyòk
Dwèt madichon fanm
Pa respekte pè pap
Lè fanm vanyan ap mache
Li sanble tèt koupe ak manzè lavi

Lesiv defigire men li
Kout batwèl
Ant salyè e valyè
Trese riban
Nan boukan pen kotidyen li
Semèl jounen li
Manje pousyè
Vale kalfou
Twoke twòkèt pou chay
Fanm o !
Pa gen baryè
Pou mezire kouray ou.

(soti nan Zile Nou / Notre Île / Our Island, 1995)

Patrick Sylvain

Desizyon final

Nan fen yon fraz ka gen silans.
Nan fen yon faz ka gen trayizon.
Nan fen yon etaj ka gen asyèt ki tonbe.
Nan fen yon estaj ka gen konfyans ki vyole.
Nan lafen ka gen yon zanmi ki rete.
Nan yon faz drivaj ka gen lang ki prefere silans.
Nan pèdi asèt, tout lasèt sosyal koupe.
Sa ki te zanmi vin zannemi
jouk dan kouto montre
nan ki pwofondè yo ka koupe,
filange pi mal pase yon kouto dantle ennmi.
Mwen nan yon faz,
tout zannemi se pwen final.

Pa gen vigil vyole konfyans,
osnon pwen-vigil trayizon.
Nan literati lavi m',
tout fraz dwe byen degrese.
Tout faz, byen pwòpte
pou istwa dewoule san fragmantasyon,
san kout dan kayiman.

Ella Turenne

Kanpe

Nou Kanpe

Nou kanpe sou tèt mòn nou nonmen Ayiti yo
Bèl pèl Zantiy yo, ki pi rich nan istwa ak kilti

Nou kanpe

Nou kanpe sou zepòl papa fondatè nou yo
Tousen
Desalin
Petyon
Kristòf

Ak manman fondatèz nou yo
Defile
Katrin
Marijàn
Sizàn
Sesil
Mariklè

Nou kanpe

Nou kanpe sou Sitadèl la
8èm mèvèy dimond lan
Blayi sou orizon Karayib la
L ap pwoteje patri nou an
Kont sila yo ki ta menase libète nou

Nou kanpe

Nou kanpe sou koupetèt boule kay
Yon kri
Yon apèl
Yon estrateji
Pou veye fawouchman souverènte nou an
Yon filozofi
Yon mak
Yon sansiblite rebelyon
Yon mouvman popilè
Ki la pou kreye sann pou lennmi an
Epi rebati tankou yon Feniks

Nou kanpe

Nou kanpe
Sou istwa sa a ki te fè nou enfàm
Pou odasite n pou nou lib
Ke Lafrans pa ka kite ale
Ke Etazini pa ka kite ale
Ke Ewòp pa ka kite ale
Ki brandi laperèz lakay kapitalism ak kolonyalism
Yon fason nonm Blan an jis pa kapab eksplike
Yon odasite ki vwayaje nan tout Karayib lan
Ak Lamerik Latin
Ak Lafrik
Ki mennen nan
Revolisyon
Revòlt
Rebèl anraje ki leve kanpe
Pyafe, kriye, chante, rele anmwe nan non libète

Nou kanpe

Nou kanpe paske volonte pèp ayisyen ap tande
Pa bilten vòt oswa boule kawotchou
Oswa manifestasyon oswa dife kanaval
Soti nan fon zantray Site Solèy
Rive nan rivyè yo k ap koule nan Limbe
Soti nan lari mouvmante vil Nouyòk
Rive nan limyè briyan yo nan Pari
Pèp la pale
Zansèt yo tande
Èzili ak Legba toujou pre
K ap tounen chichote nan zòrèy nou

Nou kanpe

Nou kanpe sou kilti nou
Mizik nou
Konpa a, rasin sa a, zouk la, djaz la
Penti ak eskilti asye yo ak
Oseyan ak sab yo
Ki fèt nan men Bondye
Miz nou an pou kreye yon santiman
Yon ritm
Yon bèl bagay pou pataje ak lemond

Nou kanpe

Nou kanpe paske san Ayiti
Pa t ap gen Amerik jan nou konnen li an
Pa t ap gen premye repiblik nwa jan nou konnen li an
Pa t ap gen okenn griyo
Pa t ap gen soup joumou
Pa t ap gen djaz ayisyen
Pa t ap gen L'Union Fait La Force

L'union fait la force
L'union fait la force

Konsa, leve kanpe
Kanpe
Kanpe

Pèp mwen an

Kanpe !

Kanpe ansanm
Pou linyon
Pou lafòs
Pou tout ti bebe ki pa t siviv yo
Pou tout papa ki te bay lavi yo
Pou tout manman ki toujou ap akouche
Paske yo te konnen kisa sa te vo
Pou kreye wa ak rèn ayisyen
Se moun sa yo nou ye
Se eritaj nou
Konsa, leve kanpe ak fyète
Kanpe

Kanpe
E aplodi
An n kite pye nou fouye fon rasin peyi manman n lan
Kote nou tout jwenn fòs nou
Leve kanpe nan onè gwo nou an
Mezanmi nou
Ayiti Cheri.

(tradiksyon ann aysyen pa Tontongi)

Berthony Dupont

Reveyenou !

Nan peyi zenglendo
Peyi k fènwa pase lannwit
Menmlè solèy kouche
Se pa sezon dòmi.

Menmsi fatig ak kòkraz
Yon politik kabicha
Vlope nou nan dra blan.
Pa kite, dòmi pote n ale !
Leve !
Leve sou kabann desepsyon !

Leve !
Pa tann
Tonèl fin kraze
Solèy fin leve
Kabrit janbe baryè
Pou n ap sonje
Li lè pou nou kanpe
Li lè pou nou leve
Kanpe !

Pitit Desalin, Peralt nou ye !
Nan tan lontan
Nou te toujou devan
Nou kase ke lanpi
Nou rache lesklavaj
Alèkile pentad,

Menm èg
Alèzeman
Ap monte sou moun
Leve !
Soti nan rèv jeklè
Leve !
Pou lide chanjman yo pa mouri
Leve !
Pou jou ka jou pou nou.

Leve !
Dòmi twonpe pasyans nou
Pa kite l twonpe konsyans nou !
Leve !
Se tou pa nou
Se nou ki dènye kout lanm lan
Leve pou yon fwa
Pou n antre prese prese
Nan ridipèp
Pou n ale Montòganize
Leve !

Leve !
N a rive
N a rive Fò Laviktwa
Konsa tou
N a rive Fò Libète
Je louvri, kè kontan
Leve !
Pou yon fwa
Leve !

Patrick Étienne

Solèy Kanibal

Solèy aloufa k ap met dife tout kote
Ki bay laperèz, solèy dappiyan,
Solèy ki toupatou vle pou l antre,
Ak pik pwenti k ap pèse nan nannan
Ki limen tou wouj, ap fouye zo nan mitan vyann.

Solèy fouyapòt pou fè moun tò
Ki met tout ti koze chat deyò.
Solèy kadejakè, ki dezabiye w ni kò,
Solèy ki pa nan kache lonbrit,
Ki toujou la, se li k pi fò
Ki kwit, ki seche, ki boukannen,
Rann tout bagay vin pa anyen.

Solèy ki chita sou gran twònn diktatè
Sou tout lonbray, sou tout pye bwa l ap gouvènen.
Pa gen yon ti van ki brannen.
Solèy chèf siprèm, solèy wa,
Solèy brital,
Devan l tout moun koube byen ba,
Solèy kanibal.

Yon chyen ak lang li deyò,
Souf li prèske pou l koupe,
Je tou louvri lape reve
Ke li devan yon ma dlo fre,
Men li ret swaf, sa l wè pa vre.
Li reziyen l chèche lonbray anba
Yon pye zanmann fèy li seche,
Branch li tou sèk ak fwi l tou nwa.

Midi, lè madichon, tan malandren,
Moman mistik pou malfektè,
Se tan malè.
Solèy la nan mitan syèl la.
L ap vide flanm sou tout teren,
L ap kankannen sou tout plenn la.
Se yon chòk pou je k ap gade
Peyi a ki nwaye nan limyè,
Ak fòm moun yo ki tou nwè,
Ak pye bwa yo ki tou boule.

Moun nan tout sans, ape mache
Yo tankou yon bann zopope
Figi yo blèm, yo ebete,
Kò yo mouye, swè ap koule
Egareman make tout je
Midi, lè danje, denye lè pou mal,
Anba yon solèy kanibal.

Charlot Lucien

Apali, men lapè

Men Lapè k ap vini,

Lapè simityè
Miray boule nwa tankou chabon

Pye bwa ki dechouke,
Rivyè k ap koule san,
Zo moun ki fin blanchi,
Paske chen drese nan lantouraj

Fin souse yo jouk nan mwèl ;
Syèl la a wouj,

L ap sifoke moun kou bèt
Ak yon lodè boule

Sèl chen eran ak kochon

Ka pran pou bon pafen.

Men Lapè k ap vini.
Djòl chen yo tèlman cho,

Y ap vomi fè la fimen ;
Moso po vyann tranpe tankou yon eponj san

Pandye nan kwòk dan yo,
Tankou yon moso ranyon mouye
Chen ap admire yon lanfè dife, lafimen, san ak debri,
Yo pentire an relyèf sou lorizon syèl la.

Epi chen yo voye kò yo nan lantouraj la

Nan tout mòn, nan tout rak bwa,
Y ap renifle, y ap chèche,

Pou yo dechire, rache, dechèpiye, dechalbore.

Men bwa yo, mòn yo, pa gen viktim ankò,
Ni pou kache, ni pou bay.
Viktim yo t ap chèche yo te gentan voye kò yo,

Ak tout fanmi yo, tout pitit yo,

Nan lanmè,
Bay goyin machwa reken dechire yo,
Pase yo te lage kò yo

Anba kròk dan chen anraje.
Chen yo kouri toupatou, yo eksite, yo anraje.
Se lè sa a, souf yo kout,

Pandan lang yo ap koule yon bav desepsyon,
Yo kòmanse gade yon lòt pa anba,
Je yo ratresi, je yo pichpich

Yonn ap pran mezi lòt.

Epi dènye chapit teyat la frape sanzatann.
Nan yon sèl mouvman brital, efreyan
Chen yo vòltije yonn nan gòj lòt !

Ou tande gwondman gòj k ap rakle

Gòg k ap gagare san ak flenm,

Flenm k ap kimen bò bouch yo tankou vag lanmè ;

Bri kwòk dan k ap toke ak lòt kwòk dan,

Bri vyann k ap tchake,

K ap dechalbore,

K ap dechèpiye.

Sa pa t pran anpil tan
Tan pou kat popyè je te bat,
Tan pou kèk gwondman vwa k ap trepase,
Men, apali,

Men yo tout te atè a,
Tankou mas yon pakèt trip
Dechalbore tout wouj…

Men apali,
Apa lapè,
Apa lapè te vini.

André Fouad

Pwezi 1

Mo yo chwazi m
selebride m

kò w pale avè m
menm jan ak mo yo

kò w son mizik rege
ki vibre dènye grenn sonj plimeyank mwen

yon douch
yon chay lapli
ki fè m akokiye
nan ti bato koulè kò w.

Pwezi 2

Fè m kado yon ti silans
di m konbyen adoken pou mwen konte

pale
depale
jebede
bejede

twòp mo an vakans
twop rèv dòmi deyò

twòp kò timoun
kwatyoko
k ap fè grimas nan dòmi

twòp silans lari
depatya.

Jean-Claude Martineau (Koralen)

Bourik la

Nan youn ti chemen redonn
Kafe fè laviwonn
Tankou youn sentiwon
Ki lan ren mòn Tapyon

Youn kolonn abitan
Ak bourik yo devan
Ape ri ap pale
Yo pral nan mache

Lè yo rive oun kote
Ki rele Kafou lanmò
Kote si pye ou chape
Moun p ap janm wè ou ankò

Bourik ki pi devan-an
Genlè fè youn sèman
Li di l'ape chita
Li p ap fè youn pa

Pouki l'ap pran baton
Anba youn sak pay chabon
Tout moun konnen bourik
Pa manje manje kwit

Bourik la di non, non, non
Li pape vanse
Li p ap deplase
Li bay demisyon

Bourik la di non, non, non
Li bouke mache
Li bouke pote
Bouke pran baton

Li gen youn baboukèt
K'ape ba li maltèt
Do li tèlman pouri
Sa pa ka janm geri

Koupyè-l tèlman sere
Gen de jou li konnen
La ke-l ape rache
Tonbe nan chemen

Malgre tou sa yo fè
Bourik la ret atè
Yo mete baton pou li
Li fè tankou l'mouri

Lè sa yo oblije
Wete chay la sou li
Bourik la pwofite
Pete youn kous kouri

Pouki l'ap pran baton
Anba youn sak pay chabon
Tout moun konnen bourik
Pa manje manje kwit.

(tire nan rekèy powèm ak istwa kout *Flè Dizè*, Jean-Claude Martineau/Koralen, Boston 1978.)

Kwitoya (Jean-Robert Victoria)

Ayisyen an se bon jòf tande

Nan kozri sanba anba mapou, kay grann Toya,
Mwen fè Ayisyen an yon deklarasyon damou
Sensè, kòryas, mabi, fò jouska lanmò.
Gade depi lè sa nou damou fou, peze lou.

Nou monte desann tout mòn Bèlè, anvan n bat
Mònlasèl, koupe pikan, boule zètòk move bèt,
Tòtòt mango miska, keyi kafe, naje nan Latibonit,
Pale bèl, panse wo, reve, kriye, joure san tyaw.

Jodi a Ayisyen an ofisyèlman ofisyèl ak berè l
Panche sou zòrèy goch li, ak pawolitik li mate
Kon manman tanbou danti, lyann kon brelòk
Kongo, elastik kon bretèl Arada, nanchon ginen.

Ayisyen an liyen dwadenès, pou dizon l jete pon
Sou zepòl yè ak jodi, pou souvni l mache ant jodi
Demen, epi demen sou apredemen. Lang mwen
Sonnen bèl, fonksyon l yo regilye, tanjib, nyanse

Bouke ak touf, m ap tann Akademi Ayisyen pase
«Kreyòlnaval» anrevi, lage chalbari dèyè «kreyorabya»
Pou m bay Akademisyen yo moso afiba. M ap tann
«Ekreyandwa» yo file lang sa, voye l anlè.

Payete l, debraye literati l, mayize atizay li jous
Gouyav la sikdòy, boulay la lobeye epi lakobat kon
Papiyon sou pye lorye. M twonse Ayisyen an long,
Detravè, lide a ret ankè, pisan ak tout prèlyèm li.

Bouki benyen Ayisyen an, Soso penyen l tikouri
Jenerasyon mesyedám sila yo zannoye l ba mwen,
Grave l blefonse kon yon nwit klasik, liyen l wouj san
Sou falanj zile a pouledrapo, poulapatri, mouriyèbo.

Yo zizirit a b c y z li jous lanjelis tire chapo, debraye
Pawolitik li. Franketyèn toupinen l, ponmen dada l.
Sanba yo atize l swa kon koki lanbi, kokade l. Ayayay !
Ayisyen an kuit tande frè m ! Sè m ! Zanmi ! Kamarad !

Donbrèy li kòryas, kalalou l glise, lalo l swente kon
Yon fanm mi, chàman, plen ak pouvwa mèveyèz.
Lang nou louvri sou lasyans san kraze fayans,
Literati l konpa : Nemou ak Vivyàn danse l ploge,

Kole mo dri. Tan ak mòd Ayisyen m lyann; Sentaks
Ak mòfoloji l fè krèy, mate wo nan Toudebabèl.
Kouzen o ! Ayisyen pà nou se bon jòf tande : Soso
Chante l : «Ayiti cheri, bon peyi pase ou nanpwen.»

Nanm Ayiti

Jean-Dany Joachim

Peyi mwen

Solèy la prese leve chak maten.
Gad on peyi m fè sa m pito !

Lannwit pa janm pran pàn zetwal,
Tout rèv peyi m rete tou klere.

Lanmè a fè viwonn peyi a,
Ki pòtre yon ti kannòt an danje.

Nenpòt ti glisad tout pye nan dlo.
Gad on peyi m fè sa m pito !

Jack Hirschman

Egzoterik mond Vodou an

(pou Boadiba)

Sè jou si nou se
baboukèt silans yo,
gran louvri pou kont yo.
Mwen souse sou yon zo
eliptik nan fènwa a.
Ze akajou nan
bouch mwen. Kanta
twou pou tout moun
tranblemanntè sa a
dechikete e jete yo,
mwen nouri wòch sa a
pou fistibal douvanjou,

pou Jeneral Solèy
grèv jeneral la,
lalin nwa anfle
vant timoun
apre yo souke yo,
pou vye rad grangou
ak wout koupe yo.

2.
Lang ayisyen, ou menm
Lamerik fason lakansyèl yo,
pa konnen anyen mouri
nan chè Vodou. Tout tòn
delapidasyon, destriksyon,
deplasman ak pèt,
tout kriye, rele,
lamantasyon avèk bra
nan sipliye dezespwa
yo kòm anyen pou
batman kè
tanbou mond vodou a
ki vin ratrape nanm
sou Lari Dendiferans
epi li te vin tounen
Dinmin Sinp
atravè sèl
li jete nan zye
SS nan Ayiti yo,
epi yo simayen grenn
sèl atravè tout kanpay la
pou li kapab fleri
nan manchèt sèl
lang zonbi yo
swaf la, pou rezireksyon
ensireksyon, epi
yo pral file
lam dan yo e tranche
pwayè bra rèd
nouvo nazi yo
pandan y ap salye.

3.
Konbyen nou ye ?
Otan kantite ke dlo nan je
pou masakre yo.
Nou kontinye pou tout tan,
je nou sèch tankou
materyalism dyalektik
ka sanble pou ou.
Pou nou se dife.
Se pa kalite sa
krematwa yo fè piblisite a,
ni sa solèy la
griye kou gwoup
gonfle tizanfan mawon
kou labapen
nan Rwanda yo.
Pa nou an se yon lòt
flanm pase chalè a,
yon flanm ki boule
atravè manti yo pou
respire yon souf
ki limen nan
sèvo e ki bay
lespri a zèl pou
transpòte dezespwa
ki transfòme nan
opozisyon l : limyè
nan Planetarya a.
Pase li,
pase li bay.

(tradiksyon ann ayisyen pa Tontongi)

Elsie Suréna

Syèl la bite sou nyaj k ap woule

Larivyè louvri tout venn ni nan tè sèk
Lanmè a pa konnen si pou li rete kote li ye,
Osnon si pou li mache pran plaj yo

Ki te kwenta mwen papiyon kapab travèse lòtbòdlo,
Si demen touf cheve w pral fè w sanble marilafòl ?
Rakonte m sa ki di nan fènwa san louvri bouch,
Jwe ti mizik swa pou fè bliye zòbòy nan nanm
Do men ou pi plise chak jou ki pase, afòs dlo je benyen yo
Demen lè ou va sispann chante, pèsonn p ap ka sèten
Kijan bagay yo te pase, alevwa pou ta
konnen si te gen plidetwal

Sèl fason y ap sonje w, se tankou yon dra lèmò ki vlope
Yon sezon koulè, nan kase fèy kouvri
sa enpi men ki pa kontre.

Mwen fin konte tout branch fil ki mare
flè ilan ilan nan très bò tèt lalin

Kisa mwen pa ta bay pou lavi mache san zèl sapat
Pou wosiyòl rekòmanse chante san mande pèmisyon
Pou jou maten twuipe solèy ki pran pòz djèdjè !
Ou kwè moun ta ka fè chagren sèvi dekorasyon ?

Patrick Sylvain

Leson final

Sa fè kèk tan n'ap respire
anndan yon kivèt dlo
pa gen espas pou poumon n'
jwenn bon «air».
Avèk yon dwèt, m'ap eseye
drese yon pisanlit
ki bouke chache direksyon solèy.
Finalman, mwen deside pran leson
nan men chyen m' ki vle montre m'
kòman pou mouri tankou yon chyen :
vant anfle, dan griyen bay letènèl.

Ewald Delva (Konpè Zòf)

Kite mele m !

Mwen pa nan jwèt, ni griyen dan
Pinga pèsòn vin ban m pot chay
Mwen, m pa t mande pou m prezidan
Kite mele m gen briganday.

N ap vin pale m gen kidnapin
Vil Pòtoprens chaje fatra
Site Solèy kou Lasalin
Chaje bandi k gen zam fann fwa.
Kite mele m !

Bon rete la ! Kisa n vle m fè
Nou vle m al fè, fè koupe fè ?
Kraze brize, detwi riyèl
Arete tout gason vanyan
Apre, n a ban m tit kriminèl
Vap men siga n ! Noutout n a yan !

Anpil moun kwè nou an reta
Tout sa pou n fè, nou fè l deja.
Èske nou wè politisyen
Ap kontinye pran fè tenten ?
Sa sa vle di ? Nou trè malen
N achte lang yo ak bouche pen.

Kot etidyan ki konn fè grèv ?
Nouvo kontra pou sosyete ?
Anverite, yo tout nan rèv
Y ap manje, yo pa kab pale.

Sispann trete m medyokrite
Paske m koud bouch majorite
Epi, n ap mande kisa m fè
Mwen, m pa bezwen fè koupe fè.

Gen moun ki di : M pa gen pwojè
Men, m te deja di m pa genyen
Ekri pwojè pou fè moun wè
M pa kwè se sa yon pèp bezwen.

Pou n jwenn fòmil pou Ayiti
M ap repete menm sa m te di
Nou nan dlo, naje pou n soti
Ou pa konn naje, w ap tou mouri.
Ou pa konn naje ? Kite mele m
Se pa mwen k te mete w nan dlo
Si w ap neye, sa pa gade m
Sa ki mouri zafè ayo.

Bon mwen menm tou, m pa konn naje
Men sèl bagay, granmoun pa jwe
Lachanm la pou sekirite
Si yo ranse, y ap degonfle.

Yo di m malad, m ap bwè pi rèd
Kiben yo la, y a ban m remèd
Alò mèfrè konsitwayen
Li lè pou n sispann fè tenten
M pa gen chato nan Pòtoprens
Yon jou pa plis, yon jou pa mwens.

Pi gwo politisyen, se mwen
Mwen konnen tout sa pèp bezwen
Gad kandida Ojechavàn
Ki pa gen dis moun Leyogàn

Li relijye, li moun legliz
Anpil moun pase l nan betiz.

Gade kandida Mannigèt
Ki kite ti mwen k fèk parèt
L ap fè diskou k sot Lasòbòn
Bay yon ti pèp ki sot nan mòn
An nou pran pre, pou n rive lwen
Èske se sa yon pèp bezwen ?

Mezanmi, gen twòp pou m ta di
M kite enpe pou mèkredi
Pa bliye, naje pou n soti
Ou pa konn naje, ou tou mouri.

(Desanm 2006)

Marilène Phipps

Sèv

Sèv monte pye bwa
pou'l anonse fèy yo
sa rasinn te tande
anba latè.
Fèy yo pale ak tout van
ki pale ak lèzòm lib
k'ap viv tankou klòch
kroke anlè gwo dife—
tout istwa mò yo sot anba latè gaye toupatou.

Kòd yo

Kòd yo ap rezonnen nan fon latè
kote anbriyon kouche dòmi.
Lajounen an rale kò'l
pou'l pran sant sa k fèt
epi li ka pare tèt li pou lannuit
ki vanse piti tankou mabouya

Chen nan mònn yo ap soupire.
Mouch yo takte tout zèb koupe ra
ak on bann ti tach nwa.

Yon plim

Toutrèl la tounen
nan papòt mwen,
ti tèt li toutouni tankou on petal flè,
l'a pwomennen nan mitan mant, bazilik
ak jeranyòm wouj nan po ajil.

Yè m'te ranmase on plim
sou bò mach yo
nan chimen tonm ou
pou'm sa mete'l bò foto'w,
li sanble on ti grizay.

Boadiba

Tanbou Mamelad

Lè dòmi pran Mamelad
Anndan bèl mòn li yo
Lawouze koule desann sòt sou tèt kay la
Pou l jwe piyano sou fèy plat jaden an
Pòt la louvri sou on syèl blanchi
K ap desinen fòm gadyen bèbè yo
Mons dou k ap veye an won sou lantouraj Mamelad

Lalin plake kò l sou kò on pye bwa
Pou li fouye nan kè l on tou plen limyè
Sware yo voye son vyolon marye ak on gita
Ki vin pantan sou vwa on twonpèt
Pandan l ap reprann chante ansyen sou on ritm djaz

Zanfan mizisyen fè maji Mamelad
Men tanbou a ki absan
Fè nou poze toujou menm kesyon an
K ap fofile tankou on sèpan
Nan melodi y ap jwe a.

Vwayaj jenetik

Van dezè yo charye apèl pwen dlo
Kote m kontre ti bonanj mwen
Sab lanmè depoze nan je gri-blan Granpè
Chan alyans mistik vwayajè lòt kote
Kwoke sou kòt Lafrik ak sous li ak forè li
Pou yo distile an mizik majik non on fanm po wouj
K ap panche kò li sou on dlo sous
Pou li plen on bòl bwa kajou

Twa ras mele
Pou desinen san fay on souvni
Peyi ki depase m e ki plante m
Nan lespas jenetik.

Coutecheve Lavoie Aupont

Ti peyi gwo lanmou

Lanmè mache kontre kè m
depi m rantre nan rèv ou a

Midi tapan
lanmou tounen ti bato papye nan je ou
pita li fonn alorizon
ou ta kwè yon ti solèy tou zuit

M renmen ou pou yon vil bèbè
ou ta di yon simityè bèl mizik ak bri motè
kote fanm pote zafè yo tankou lofrann
tankou chante chen ki damou

tankou swaf bonbon kite nan kè timoun piti

M renmen ou pou yon vil ki gen non sen
kote tout fanm leve pye yo pou beni kò lèzòm

M renmen tou dousman nan kadans chak nuit
lè m rete m bo lonbraj ou
tout kote ou ye ou nan lespri m

San bri san kont
ou montre m wout lanmou pran
lè l pa nan chanm ou
ou nan kè m
toupatou ou dri nan bouch limanite.

Gary S. Daniel

Kako (4-2-4)

pèp k ap goumen
byen w
p ap pase mal.

Malè malere

politik pa polijwèt
ni mistik fòs inijwèt
dwèt lonje an pyafan
men anlè sou prezan
kle fyèl nanm malè klan
goudougoudou tan
zonbifyaj kwi lan men
nan peyi gonbolyen.

Jan Mapou

Kalinda

Ti moun k ap chante
Chante chante n
Timoun k ap danse
Danse danse n.
Jodi a se fèt
Souke souke n.

Timoun k ap kriye
Kriye kriye n
Gagari lasoufrans
Lave lamizè
Tòdye lespwa
Latè mèg, awi li mèg !
Grese latè
Dlo je se bonè
Tankou lapli pote rekòt.

Timoun k ap priye
Priye priye n
File kolye nevenn pou Notredam
Foule dyakout Sen Djo
Lote… Lote Sen Jid
Sen Jak ak Sen Antwàn
Pou chak ding, deng, dong
Biskèt reponn : «Mea Culpa.»

Timoun k ap dòmi
Ale dòmi
Dòmi dòmi n ;
Kabicha rale singo.
Tonton Nwèl anfouraye
De sak pay boure pay,
Dife nan pye
Pikan kwenna
Kandelab lantouray
Pasi-pala
Laretrèt oflanbo.

Timoun k ap kriye
Adyeee... Pran pasyans
Ti trip, gwo trip, filangèt kasav
Mayi bouyi, ladous-kivyen
Pye krab fè bon bouyon
Zepina, koupye, bonbon kodenn
Remontan lafeblès.

Timoun k ap soupi
Soupi soupi n
Demen pi tris !

Ja

Nan chache pale fouye
M jwenn yon Ja
Wa lou
Wa lou
Wa lou paw !
Nan debwaze fouye
Mete pikwa
Chak kout pikwa se Ja
Pikwa isit pikwa lòtbò
Ayayay ! Ja sou Ja
Adwat agòch
Nan mitan sou kote
Ja sou Ja
Wa lou
Wa lou paw !
Peyi Ayiti, se peyi Ja
Bande ponyèt
Touse kanson
Mete pikwa.

Kwitoya

Gran trezò

Chak fwa zye Mafiz kache dèyè souri l,
Se sèten manzè pral mistè
Kon vijinite kanni yon lalin masif.

Lè moman dedoublay konsa rive, Mafiz
Pale, depale sou lang swa
Kon rafal kavalye van siblim.

Fanm sila keyi bonnanj mwen ; ansanm
Nou replike istwa moun pou latè peple
Fanm ak gason k ap mire maten, midi, swa
Fuidefandi a avèk plis chalè, plis savwa.

Deja, syèl la espannta chak fwa Mafiz
Avèk mwen vini fò
Nan yon lang nou pa t konnen,

Yon solidarite nouvo nou te swaf,
Yon satisfaksyon tètsyèl, inoubliyab,
Yon sèman fran, cho kon solèy.

Pou nou, lalin avwe : bèl lanmou konsa
Se inik rezon limanite genyen, anverite,
Pou li revandike bonè siblim, fòs,
Tandrès chàm ak pouvwa letènite !

Nou noumenm menm

Si m ap bat kò m, frape pye m atè,
Se tansyon m ki moute
    Sou pyebwa nou jete,
    Sou rivyè fatra toufe.

Oumenm avè m nou file dyòk lavi
Nan kolye egzistans,
    Lote bwousay kramwazi,
    Anpile pawòl van, kanntè san,

Jous malè pandye n tètanba,

Idantite n chavire, bave n lakòl,
　　　Bakanal move zè
　　　Frape n bò lari.

Kote pà w, kamarad, malè bwote rèv.
Kote pà m zèklè filange lapli,
　　　Lang nou anvlimen,
　　　Gòjèt nou woujdife.

Si m anvi toujou vye frè, vye sè,
　　　Sèke lanmò mize.

Si noumenm n ap reve toujou,
　　　Sèke latè gen yon bon
　　　Pozisyon nan revolisyon l

Pou zetwal ponmen bèl galaksi,
　　　Pou dlo remoute tou pandye
　　　Opa Lanperè anba galèt.

Mario Malivert

Lajan Petwokaribe

Machwè m dekole
Yon rivyè larim blayi bò fèy dyòl mwen
Yon zikap grandou bloke kè m
Sezi san m
Chak tan m panse ak lajan Petwokaribe

Yon kolòn atoufè ak vizyon wòwòt
Vizyon pòch
Vizyon kwatchòkò
Vizyon lanpadè pou kouran 24 sou 24
Vizyon pak espòtif pou gwo estad
Vizyon dispansè pou lopital referans
Vizyon lekòl pèpè pou ledikasyon poutous
Vizyon teren vag pou ayopò entènasyonal

Kote yo fout soti
Kote yo te ye lè pèp t ap batay pou libète
Yo wè lajan Petwokaribe, yo vide sou nou
Tankou chen k pran sant afiba mache anba

Yo tounen kandida achte vòt, vann vòt
Prezidan, premyeminis, minis, deje pousantaj
Palmantè bwat leta ak ministè
E si n betize, yo menm ankò pral pran pòz lidè pèp
Nan reklame lajan Petwokaribe.

Tan kouri

Nyaj fonn tankou glas nan solèy
Gout dlo soti nan syèl blayi sou fontèn tèt
Zetensèl file nan kabare lannuit
Sa k la jodi gen pou disparèt demen
Souri pandye sou fil elektrik
Pandan mwens ke yon segond
Kè pran latranblad devan bèlte
Pou l ralanti pi ta lè lanmou kaba

Yon jou m t ap konte konbyen zetwal
Ki klere syèl la
Konbyen foumi ki trennen ravèt dèyè gadmanje
Konbyen kachèt lakay genyen nan fè lago
Konbyen tifi k pouse tete nan lekòl primè
Konbyen dan m pèdi gwo lajounen

Jou ale jou tounen, jou menm desounen
Tan kouri tankou tren
Tankou timoun fronte nan lakou plètil
Tankou dlo k ap desann mòn Tapyon
Tankou chofè kamyon ki pran pwen pa dòmi.

Patrick Étienne

Pwomnad nan mònn la

Yon ti klète parèt nan syèl gran maten a
Solèy la apènn ap deplwaye reyon lò li.
Wout nasyonal k ap suiv liy bò lanmè a,
Sanble yon riban nwa, nan ren mònn la k ap kouri.
N ap pwofite frechè li fè bonè maten an
Pou nou dekouvri bèl rakwen kanpay sa a.

Nou travèse asfalt la anfas yon antre.
Sou de bò, bayawonn ki sanble sou goumen,
Ap kouri devan nou kot gravye yon chemen.
Wout la grenpe yon wotè ki ka bay tèt vire.
O komansman, pant la dous pou monte,
Men li ap vin pi rèd pandan n ap avanse.

Men nou ki pati pou nou fè pwomnad la !
Nou kwaze bann kabrit k ap sote nan raje a
Ak yon bèl gazèl bèf ki gade n, li twaze n
Koral zwazo fè konsè mizik pou chame n
Yo plen lè a ak anpil bèl chante diferan
Fèy bwa bat la mezi pa la gras yon ti van.

Ou avè m, a gran pa, kot a kot n ap mache.
Gen moman, m depase w san mwen pa fè eksprè.
Lè sa w raple m a lòd pou w fè mwen ralanti.
N ap kontinye pale tan n ap rale monte
San nou pa rann nou kont wotè n gen tan rive.
Espektak nou wè pi ba a trè bèl, se pa manti.

Gòf Lagonav la ap deplwaye anba a.
Lanmè a vin sanble yon glas ki an ajan.
Syèl la avèk dlo a konfonn pou fè yon sèl.
Bò lanmè a se tankou yon ti liy sab blan.
Yon bato transpò moun ap avanse dousman
Li desinen yon tras kim long blanch dèyè l.

Wout la chanje direksyon, e l pi rèd pou monte.
Nou fè yon ti kanpe bò yon sitèn dlo fre,
Kote chwal, bèf ak bèt kat pye ap bwè.
Tiyo k ap mennen dlo ape kouri a tè,
Ladan l yo tande bwi likid la k ap bouyi
Pandan l ape koule desann pant la ki di.

M dèyè w nan yon ti wout ki gen raje pikan.
Ou kenbe branch yo devan m pou anpeche
Pikan yo frape m pou yo pa grafiyen m.
A la fen nou rive nan yon chemen ki lib
Ki genyen yon kloti an boutèy plastik vid.
Ou pran foto devan l, li pa gen parèy menm.

Zonn la sanble yon rèv, kalite plant yo chanje.
Gen gwo pyebwa ki bay lonbraj sou pasaj la.

Pye palmis ki pwente flèch yo sou nyaj syèl la
Gonfle tankou krapo pou fè l kwè yo pi gwo.
Wout la mennen pi lwen nan yon espas pi wo
Kote gen yon platon plen gazon ki pouse.

La nou fèk rive sou tonb defen d'Adesky
Ki kouche nan lanmò pou letènite. Li ini
Ak madanm li ki sot nan la fanmi Duncombe
Nou fè yon ti poze paske n devan yon tonb
Ki anba yon tonèl won ki gen yon pye rezen
Se yon bèl moniman nan mitan yon teren.

Nan moman an, li fè cho, solèy la ap monte.
Nou deside li lè pou nou tounen anba.
Desann la pi fasil, n ap fè l yon ti moman.
Demen n ap eseye pou pran yon lòt chemen.
Koulye a nou grangou, n ap pwal fè yon manje.
Pita, lanmè a ap tann nou pou n fè yon bon benyen.

Biyografi

Coutechève Lavoie Aupont pibliye *Partances* an 2009 (edisyon Rivarticollections, Etazini) e *Déesse de la première vague du jour suivi de Partances* (Éditions Ruptures an 2013). An 2016 li resevwa Gran Pri Dominique Batraville pou pwezi kreyòl ayisyen ansanm ak Pri René Philoctète pou pwezi pou liv li *Le doute de la main*.

Lavoie Aupont patisipe nan plizyè festival ak manifestasyon literè ann Ayiti, nan Amerik di Nò ak ann Ewop. Powèm li yo parèt nan plizyè antoloji atravè lemond. Li asosye travay ekri piblik li avèk travay pi sekrè li nan penti. L ap viv nan Pòtoprens kote l pataje tan li ant travay benevòl li nan literati ak kilti e edisyon ak fotografi.

Karine Belizar fèt nan lil Sen Maten, li se yon ansyen etidyan Inivèsite Zantiy Matinik. Li te etidye o Zetazini tou pou yon dezyèm Metriz nan Lang ak Literati etranje nan Inivèsite Delawa. Kounye a l ap travay kòm pwofesè angle an Frans. Li enterese nan konprann kijan otè nan basen Karayib la rive kreye yon imajinè kolektif ak lang yo ki nan zòn sa a. Li konsantre l tou sou eritaj Revolisyon Ayisyen an nan literati.

[Tcheke Apendis la pou **Franz Benjamin** ak **Roseny Blanca** biyografi, paj 473]

Boadiba se yon powèt e tradiktè ayisyen ki gen travay ki parèt nan plizyè piblikasyon ak antoloji tankou *Open Gate, yon antoloji bileng pwezi kreyòl ayisyen* (koedite pa Paul Laraque ak Jacques Hirschman), ak volim en e de antoloji *Revolutionary Poets Brigade* yo konpile pa dènye a. Koleksyon pwezi Boadiba a, *Under Burning White Sky* (Ishmael Reed Publishing), te an pati itilize kòm baz pou espektak yon sèl-fanm *(one woman show)* nan Live Oaks Theatre nan Berkeley. Boadiba byen koni pou lyen li fè ant pwezi orijinal ak chan sakre tradisyonèl e kontanporen ayisyen yo, alafwa ann ayisyen e an tradiksyon. Moun ka jwenn senk istwa nan rekèy li *Tales of Lust and Sorcery* nan *Konch Magazin* ak *Left Curve*. Li te pèfòme nan seri lekti nan Bibliyotèk San Francisco, nan achiv pwezi Inivèsite Leta San Francisco, nan mize Dyaspora Afriken, nan klib Yoshi's Jazz Club, nan sant djaz San Francisco, nan fwa liv Miyami, ansanm ak Bibliyotèk Shomberg nan Harlem. Powèm yo ki pibliye isit la soti nan *Under Burning White Sky* ak nouvo rekèy li ki poko pibliye ki rele *The Road to Asylum*.

Jeanie Bogart te fèt ann Ayiti e li abite o Zetazini kote li fè yon karyè kòm entèprèt e ekriven. Li kòmanse ekri powèm nan laj katòz an. Li te fè yon metriz nan lang franse ak literati nan Stony Brook University nan Nouyòk. Powèm Jeanie Bogart a « À la Joli » te genyen premye pri Kalbas Lo Lakarayib 2006, yon konkou pwezi ki te rasanble powèt kreyòl ki soti nan Amerik yo, ann Afrik ak Oseyan Endyen. Li te patisipe an 2007 nan *Plaisir des Mots* e nan ane 2008 nan *Poésie du Monde, Monde de la Poésie,* de antoloji ki te rasanble otè ki soti nan diferan rejyon nan Frankofoni e ki te reyalize pa Les Dossiers d'Aquitaine nan Bòdo an Frans. Bogart te patisipe tou an 2007 nan kolektif *La Poésie Haïtienne Contemporaine* nan Maison de la Poésie (Bèljik). Powèm li yo te pibliye nan *Revue Littéraire Passerelle,* Monreyal 2008, yon antoloji sou pwezi franse. Li se youn nan 73 otè ki kontribye nan *L'Anthologie de poésie haïtienne contemporaine* pibliye pa Éditions Points, sou direksyon James Noël an novanm 2015. Pami piblikasyon manmzèl yo genyen *Un jour, tes pantoufles* (Éditions Paroles, Monreyal 2008), *Dènye Rèl,* yon albòm pwezi ann ayisyen (New York 2009), *Éloge de l'Interlocuteur: Dialogues avec Saint-John Kauss* (Éditions Joseph Ouaknine, Frans 2011), *Paradoxe* (pwezi, Éditions Dédicace, Monreyal 2011), *Sa m pral kite dèyè,* yon koleksyon powèm an kreyòl ayisyen (Éditions JB, New York 2015), *Migrations insulaires* (yon travay powetik ansanm avèk Ernest Pépin, Éditions JB, New York 2017).

Vilvalex Calice : Mwen fèt nan Pòtoprens, Ayiti, e egzile volontèman depi 1978. Mwen ap viv o Zetazini pou pifò nan lavi adilt mwen, kote mwen te fè etid inivèsite mwen tou dabò nan Nouyòk nan Medgar Evers College nan City University of New York, epi answit nan Pratt Institute nan Brooklyn, Nouyòk. Kounye a, mwen vin viv nan Jòji (Georgia), kote m ap chache lapè nan lanati. Lanati pa renmen bri. Zèv mwen yo an franse oswa ann angle parèt nan plizyè magazin ak antoloji : *Censures, Tanbou Magazine, Toward Forgiveness* (antoloji), *Les Voix du soleil* (antholoji), *Paumonok, Interwoven* (antoloji).

Marie-Ange Claude fèt Deschapelles, Ayiti. Li fè etid premye sik inivèsitè li nan de fakilte Inivèsite Leta d Ayiti. Li te twazyèm benefisyè ak premye fi ki te genyen pri pwezi René Philoctète, an desanm 2018 pou maniskri li *Kaskad peyi*. Anplis de sa, li te nomine pou konkou entènasyonal pwezi «La différence» pou edisyon 2020 pri Maurice Koné. Marie-Ange Claude se manm Atelier Jeudi Soir, yon kolektif ekriven ayisyen. Plizyè nan powèm li yo te pibliye nan antoloji ann Ayiti ak aletranje.

Louis-Philippe Dalembert se yon ekriven ekspresyon franse ak ayisyen. Li antre nan literati atravè pwezi, yon jan literè li pa janm abandone depi lè a. Pwofesè vizitè nan inivèsite ameriken, alman ak swis, ekriven nan rezidans a Wòm, Jerizalèm oswa Bèlen, depi 1993 li pibliye woman, esè, istwa kout ak pwezi. Apre li fin viv yon bon tan ann Itali, kounye a li abite ant Pari ak Pòtoprens, vil natif natal li. Yo te fè l Chevalier de l'Ordre des Arts et des lettres an 2010. Li te resevwa anpil distenksyon literè, tankou Pri Casa de las America an 2008 ak Pri lang franse an 2019. Zèv li yo tradui nan dis lang. Powèm li yo ki enkli nan antoloji trileng *Cette terre, mon amour / This Land, My Beloved / Tè mwen renmen an*, pibliye pa pèmisyon Edisyon Bruno Doucey. Vèsyon angle yo fèt pa Nancy Naomi Carlson.

Gary S. Daniel fèt Okap Ayisyen, Ayiti. Li gen yon diplòm SUNY-Plattsburg nan Chimi ak yon Metriz nan Administrasyon nan Phoenix University. Daniel pibliye plis ke sis rekèy pwezi deja epi kotize nan piblikasyon anpil lòt liv pwezi. Li se manm aktif Sosyete Koukouy epi Vis-Prezidan Regwoupman Ekriven Kreyòl (REK). Gary Daniel resevwa plak lonè nan 50 lane anivèsè Sosyete Koukouy pou travay li nan pwomosyon lang kreyòl ayisyen an.

Ewald Delva (nondeplim Konpè Zòf) fèt nan Pòtoprens, Ayiti. Li renmen ekri pwezi, esè, refleksyon ak pyèsteyat. An Ayiti, aprè etid klasik, l al travay nan Administrasyon jeneral Lapòs, kòm ajan Union Postale Universelle (UPU) e, o Zetazini, li etidye teoloji sistematik 1 e 2, e diplome pastè, nan Reynolds Institute New England District of the Nazarene. Anpil zanmi sipòtè rebatize non plim li sou non Zòf, paske nan koze foutbòl, kòm ansyen gadyennbi «Fanatik Foutbòl klib», li pa t vle pran gòl, tankou ansyen gadyennbi Italyen an, Dino Zoff.

Konpè Zòf ap viv ak madanm li Marie Marthe Belhomme, koup la gen de pitit, yon gason Théodat, e yon fi Jennyfer, yo tout ap viv o Zetazini. Antwòt, li se desinatè e fè penti akrilik. Eseyis, powèt e womansye, li ekri e fè soti an 1987 pyès teyat *Jouva jouvyen*. An 1996, li ekri rekèy powèm *Pawòl*, e an 2014 li ekri woman kreyòl ayisyen *Adelina* (ed. Trilingual Press). Zòf plen lòt liv ki gen pou sòti, pami yo *Lanjelis Fènwa, Kè brize, Kachotri, Woz wouj, Grimo nwa, Revenan, Ivanoye, Twakapyas*.

Berthony Dupont se yon powèt, otè, jounalis, editè jounal *Ayiti Libète*. Li pibliye de liv : *Pliye pa kase* (Edisyon Zemès, 1997), yon liv pwezi ann ayisyen, epi an franse : *Jean Jacques Dessalines, Itinéraire d'un révolutionnaire* (Edisyon L'Harmattan, 2006). Depi plizyè dekad rive jodi a, kit nan editoryal, esè ak powèm li yo, Berthony Dupont ap defann vinisman yon Ayiti libere e demokratik.

Patrick Étienne se yon enjenyè sivil e yon planifikatè vil, li fè penti e li ekri powèm nan moman distraksyon l. L ap viv nan Pòtoprens, kapital Ayiti.

Christ Falin-Oralus (Ti Kris) se yon editè, ekriven-powèt ki fèt nan Bonbadopolis, yon vil nan Nò-Wès Ayiti. Li se otè 4 rekèy powèm : *Conspiration de l'âme et du cœur contre l'incertitude*, Edilivre an Frans, 2016 ; *Du zèle à l'amour*, ed. Pen Gonaïves, 2017; *Bonbon Siwo*, Éditions de la Rosée, nan Gonayiv, fevriye 2019. Li se youn nan animatè aktivite literè kouwè Pawoli, Samedi-Poésie, elatriye.

André Fouad fèt nan Pòtoprens, Ayiti. Li te etidye youn apre lòt kontablite, jounalism ak kominikasyon. Li te travay pou jounal *Le Nouvelliste, Récréation Magazin* ak televizyon nasyonal Ayiti kòm prezantatè-editè nan seksyon kiltirèl. Fouad se otè 4 rekèy pwezi *Gerbe d'espérance* (1992), *En quête de lumière* (1992), *Bri lannwit* (2000), *Etensèl mò m yo* (2006). Alliance Française de Miami te chwazi l kòm atis sezon an nan ajanda li pou ane 2005 lan. Li te genyen tou 2èm pri nan yon konkou pwezi ki te òganize pa jounal franse-ayisyen *Haïti Tribune* (Frans) nan mwa janvye ane sa a. Nan mwa me 2007 li te chwazi kòm powèt ane a pou 7èm edisyon mwa eritaj kiltirèl ayisyen nan Miami.

Danielle Legros Georges se yon powèt ak pwofesè literati ak ekriti nan Lesley University nan Cambridge, Massachusetts. Ansyen Powèt Loreya vil Boston, li se otè koleksyon pwezi *Maroon* (Curbstone Press, 2001), *The Dear Remote Nearness of You* (Barrow Street Press, 2016), *Letters from Congo* (Central Square Press, 2017), ansanm ak atik, esè ak antoloji pwezi Boston kontanporen, *City of Notions* (Biwo Atizay ak Kilti Majistra Boston an, 2017). Liv ki pi resan Legros Georges la se *Island Heart,* tradiksyon powèm powèt ayisyèn-fransèz 20èm syèk la Ida Faubert (Subpress Books, 2021). Pri li yo gen ladan yo bous ki soti nan American Antiquarian Society, nan Massachusetts Cultural Council, nan MASS MoCA, nan PEN/Heim Translation Fund ak nan Black Metropolis Research Consortium. Li abite nan Boston.

Lenous Guillaume-Suprice te fèt nan Fondèblan, Ayiti. Li pibliye koleksyon pwezi an kreyòl ayisyen ak franse nan Monreyal, kote l ap viv depi 1976. Li se manm Inyon Ekriven Kebèk. Nan lane 2017, « Conseil des arts du Canada » te envite li fè pati manm jiri pou bay « Prix du Gouverneur général » (sektè pwezi) ane sila a.

Michel-Ange Hyppolite, alyas Kaptennn Koukouwouj, te fèt Ayiti. Li ap viv nan Ottawa, Kanada. Li se pwofesè lekòl, ekriven, powèt. Misye se yon defansè venndegede lang kreyòl ayisyen an. Se Michel-Ange Hyppolite ki te rive konvenk Ministè

Edikasyon nan Ontaryo pou yo rantre lang kreyòl ayisyen an nan pwogram ansèyman lang segonn ministè a. Michel-Ange Hyppolite te etidye nan *New Jersey City University*, kote li gen yon lisans nan byoloji. Li te etidye tou nan *Ottawa University*, kote li gen yon metriz nan branch edikasyon. Li te anseye syans jeneral epi byoloji nan *Gloucester High School in Ottawa*. Li se yon akademisyen nan Akademi Kreyòl Ayisyen. Pami piblikasyon Michel-Ange Hyppolite yo, nou kab nonmen: *Lespwa Lanmou*, pwezi, 2019; *Lèt Ife ak Soul*, 2006; *Istwa pwezi kreyòl Ayiti*, esè, 2000; *Zile Nou*, pwezi, 1995; *Li Konprann Ekri*, materyèl pedagojik, an kolaborasyon,1996; *Atlas leksik zo mounn, leksik nan 4 lang, kreyòl ayisyen, anglè, espayòl, franse* (1989); *Anba lakay*, pwezi, 1984.

[Tcheke Apendis la pou biyografi **Dary Jean-Charles** nan paj 474]

Jean Dany Joachim se, ansyen powèt popilis vil Cambridge, li se powèt an rezidans legliz First Church ki nan Cambridge, ak direkté City Night Readings ki dewoule nan Little Crêpe Café nan vil Cambridge. Jean Dany gen twa liv pwezi ki pibliye: *Crossroads / Chimenkwaze* (2013), *Avec des mots* (2014), plis *Quartier* (2016). An 2017, Joachim te resevwa yon pri nan Massachusetts Cultural Council pou pyès teyat li a *Your Voice Poet / Ta Voix Poète*.

Gary Klang fèt ann Ayiti e li ap vin nan Monreyal depi 1973. Li se yon doktè nan lèt nan Sorbonne ak yon tèz sou Proust (mansyone trè byen). Zèv li trè varye e gen ladann anviwon ven liv: pwezi, woman, istwa kout, esè. Li te prezidan Sosyete Ekriven ki pale franse nan Amerik ak Sosyete Ekriven Kanadyen (seksyon Monreyal); li te tou chita nan konsèy administrasyon Pen Club Québec la epi li se manm l'Union des écrivains québécois (UNEQ). Gary Klang vwayaje nan lemonn, envite nan festival pwezi ak nan divès reyinyon literè nan Lachin, Mali, Benen, Venezyela, Kolonbi, Meksik, Etazini, Ayiti.

Powèm Klang yo te gen onè pou yo te parèt nan tren metro vil Peken an tradiksyon chinwa. An n note pami zèv li yo : *Ex-ile* (pwezi-premye pri Vague à l'âme an Frans), *Il est grand temps de rallumer les étoiles* (pwezi), *L'immigrant* (pyèsteyat, ki te jwe nan televizyon), *Toute terre est prison* (pwezi), *Kafka m'a dit* (istwa kout), *Un homme seul est toujours en mauvaise compagnie* (woman), *L'île aux deux visages* (woman), *Le Massacre de Jérémie, Opération vengeance* (woman, koekri avèk Anthony Phelps), *Monologue pour une scène vide* (woman).

Doumafis Lafontant se yon otè dramatik ki pibliye kay Tri-lingual Press nan Cambridge, MA, *Potomitan, Boston Society of Landscape Architects, New American Writing,* e Pardee School of Global Studies nan Inivèsite Boston. Anplis de sa, li se yon fotograf ak pwopriyetè Ecofugees®, yon inisyativ ekolojik fonde an 2021 pou konbat kont chanjman klimatik, e ki konsantre an patikilye sou pwoteksyon abita natirèl ak espès natif natal ki an danje nan zile Ayiti. Lafontant te fonde an 2012 Galri Basquiat nan Boston's, yon pepinyè biznis ki fèt pou ede « atis ki wè tèt yo kòm yon biznis » ki vle lanse antrepriz piti ak mwayen (SME). Lafontant ankouraje w tcheke paj IG li a, @doumafis1, ki gen echantiyon zèv li yo.

Fred Lafortune fèt Ansavo, Ayiti. Li ap fè yon doktora nan Inivèsite Boston nan Lang ak Literati fransè. Rechèch li baze sou etid poskolonyal, kritik ak teyori literè. Lafortune ekri plizyè liv tankou *En nulle autre, Silex,* ak *An n al Lazil,* yon rekèy powèm an kreyòl ayisyen ki te resevwa Pri Dominique Batraville nan lane 2017. Powèm li yo pibliye nan plizyè antoloji tankou *L'Anthologie de Poésie Haïtienne Contemporaine,* ke James Noël te edite. Anplis, powèm li yo pibliye nan divès magazin ak revi literè.

Alex Laguerre se yon powèt, ekriven istwa kout ak romansye. Kounye a li ap viv, ekri e travay nan Pòtoprens, Ayiti. Powèm li a « Zone d'ombre » fè pati rekèy pwezi li a *Incantations for Full Moon Nights,* ki te pibliye nan mwa avril 2013.

Denizé Lauture, ki te yon soudè, resevwa yon B.A. nan sosyoloji, yon M.S. nan pedagoji bileng, yon M.A. nan literati panyòl. Plis etid adisyonèl nan Inivèsite Fordham e CUNY Graduate Center. Li ekri ann ayisyen, an franse ak ann angle. Powèm li yo parèt nan plizyè douzèn jounal literè, kouwè *Présence Africaine, Cal-*

laloo, *Black American Literature Forum, Artist and Influence, Tanbou* (United States), *Litoral* (Espay), *Litterealite* (Kanada), *The poetry of Everyday Life, Cornell University Press,* ak anpil antoloji. Travay Denizé Lauture pibliye gen ladan yo *Pi bèl son lanbi sanba: Dlo nan Sensè a* (powèm, Trilingual Press 2021) ; *A Kiss to the Land* (powèm, SubPress 2017) ; *Les lunes d'or du cactus* (powèm, Trilingual Press 2017) ; *Les Dards empoisonnés du denizen* (powèm, Trilingual Press 2015) ; *Denizens of Hope* (poèmes, Berkeley, California, 2013) ; *Manman Zanfan,* (récit, Literacy Project, 2013) ; *The Black Warrior and Other Poems* (SubPress, 2006) ; *Father and Son* (récit enfantin, éd. Putnam and Grosset, 1993, 1996, 2005) ; *Running the Road to A B C* (Simon and Schuster 1996, 2000, 2003) ; *When the denizen weeps* (powèm, 1988) ; *Boula pou yon metamòfoz zèklè nan peyi a* (powèm, Bohyo 1986). Denizé Lauture te jwe yon wòl kle nan fouyaj 16 pwi dlo nan Lavale Jakmèl, ann Ayiti. Otè a ap viv nan Bronx, Nouyòk (Etazini).

Charlot Lucien se yon kontè/lodyansè, powèt, e atis vizyèl ki abite nan Etazini, e ki se fondatè Asanble Atis Ayisyen nan Massachusetts. Ekri li nan plizyè antoloji ak piblikasyon, tankou *Regard, Liberation Poetry, Compost Magazine, Revolution, Anthologie des poètes français 2022, Poètes à la Une,* ak *Tanbou Magazine.* Liv pwezi li a La tentation de l'autre rive, te pibliye an 2013 nan Trilingual Press ki nan Cambridge Massachusetts (Etazini). Li te prefase tou yon antoloji penti *Migrating Colors: Haitian Art in New England* ki te pibliye an 2018.

Mario Malivert se yon powèt e yon doktè medikal. Li se otè kat rekèy powèm (*Arène Noire, Vin Aigre, De la mort à la vie,* e *La tête chauve des mornes*) ak de woman (*Jeunes gens de mon pays* e *L'Agonie de ton absence*). Li pibliye tou atik, powèm, ak istwa nan divès jounal ak revi, tankou *Le Nouvelliste, The Cartier Street Review, The Caribbean Writer,* e *Tanbou magazine.*

Jan Mapou se non plim **Jean-Marie Willer Denis** ki fèt Okay, nan sid Ayiti. Li pran yon B.A. nan kontablite apre etid nan Inivèsite Etnoloji ann Ayiti. Ant lane 1965–1969, li anseye nan plizyè lekòl nan Pòtoprens. Li te travay pandan kat ane nan Bank Nasyonal Ayiti. Depi 1965, Jan Mapou ap patisipe nan renesans ak difizyon kreyòl ayisyen an. Li se youn nan fondatè e ansyen prezidan Sosyete Koukouy. Li se administratè prensipal Librairie Jean Mapou nan Little Haiti, Miyami, Etazini.

Michèle Voltaire Marcelin se yon powèt, ekrivèn, aktris e atis vizyèl. Li te viv an Ayiti, o Chili e o Zetazini. Sousi li sou pwoblèm sosyal yo, reziztans, pasyon fizik ak lanmou se tèm prensipal nan liv li yo, nan teyat li jwe e nan èv atistik li. Li ekri nan 4 lang e li pibliye 7 liv pwezi ak pwoz e li patisipe nan anpil antoloji pibliye an Frans, o Kanada, Kiba, Kenya e o Zetazini.

Jean-Claude Martineau (ti non jwèt « Koralen ») te fèt nan Kwadèboukè, Ayiti. Kontak konstan l avèk peyizan yo te ede l akimile yon konesans ak yon baz etnolojik enkonparab k ap vin karakterize zèv fiti li. Martineau kite Ayiti pou Boston, nan Etazini, an 1962. Zèv li yo se yon enstwiman ekleray pou montre chimen pou chanje rapò opresyon, eksplwatasyon ak dominasyon yo. Li se otè rekèy powèm *Flè dizè* (1982), yon zèv an twa lang (ayisyen, franse e angle) ; liv esè an franse *L'histoire d'Haïti en six leçons,* ak yon woman ann angle, *The Arada Pledge* (« Pwomès Arada a », Trilingual Press, 2022), ki retrase envazyon kolonyalis Kristòf Kolon an nan kontèks rezistans Arawak yo rive nan lit liberasyon ayisyen an. Jean-Claude Martineau ap viv nan Monreyal, o Kanada.

Iléus Papillon se yon natif Pò Mago, nan nò Ayiti. Li genyen yon diplòm metriz nan istwa, memwa ak eritaj li pran nan Fakilte Etnoloji Inivèsite d Eta d Ayiti. Powèt, tirè kont e jounalis, powèm ak atik li yo pibliye nan plizyè journal ak magazin entènasyonal tankou *Île en Île, Afrolivresque,* ak anpil lòt. Li se otè rekèy powèm *Dans la prison de ton corps* (2009). Li se powèt loreya premye edisyon konkou pwezi «Ronde des talents» (Inivèsite Pastoral nan Pòtoprens) ak li te 3èm plas nan konkou pwezi ki te òganize nan okazyon 35èm anivèsè Radyo Nasyonal Ayiti, nan mwa avril 2012.

Marilène Phipps fèt e grandi ann Ayiti. Li se manm Akademi Powèt Ameriken, epitou NAACP bay li Pri pou Angajman Remakab nan Avansman Kilti ak Kòz Kominote Moun Koulè yo. Phipps te resevwa bous sòt nan Fondasyon Guggenheim ak twa enstitisyon nan inivèsite Harvard—Enstiti Bunting, Enstiti W.E. B. DuBois pou Rechèch Afro-Ameriken an, ak Sant Etid pou Relijyon mondyal yo.

Maniskri Phipps ki rele a *Konpani ki nan syèl yo : Istwa sot an Ayiti,* te resevwa nan ane 2010 Pri Iowa pou Nouvèl (ki te pibliye nan Près Inivèsite Iowa). Pwezi li te ranpòte Pri Grolier nan ane 1993, epi lòt maniskri li, *Kalfou ak Dlo Malediksyon,* te ranpòte Pri Pwezi Crab Orchard nan ane 2000 (ki te pibliye nan Près Inivèsite Illinois nan Sid).

Lòt liv ak piblikasyon Phipps gen ladan yo liv Memwa *Mond Envizib : Eksperyans nan Kalfou Espri Vodou ak Sen Sot Nan Dènye Jou,* ki te parèt an 2018 ; liv nouvèl *Lakay Fosil yo,* parèt an 2020, elatriye. Phipps te edite liv *Jack Kerouac Collected Poems* pou Library of America, e li te kontribye pwòp zèv li nan yon bann antoloji ak koleksyon ki soti ann Amerik di Nò tankou *The Best American Short Stories ; Harvard Divinity Bulletin ; The Beacon Best ; Haiti Noir,* elatriye. Sit entènèt li nan www.marilenephipps.com

Gahston Saint-Fleur (Bois-de-Laurence) soti ann Ayiti. Ekriven, powèt, tradiktè e pwofesè Relasyon Entènasyonal. Etid nan dwa ak filozofi nan nivo lisans ; lòt etid nan nivo metriz an Konfliktoloji (nan Inivèsite Lib nan Katalòy) ak nan Jesyon Elve de Politik Piblik (nan Inivèsite Lond, ann Angletè), Jesyon nan pwojè koperasyon entènasyonal (Inivèsite Salamanca ann Espay) pami lòt. Envite pou reprezante Ayiti nan festival pwezi entènasyonal nan plis pase kenz peyi sou senk kontinan.

Jean Saint-Vil fèt e etidye ann Ayiti, answit nan Bòdo (an Frans) kote li te pran yon doktora nan jeyografi dekwoche an 1973. Li te pase 25 ane ann Afrik ant Kot d Ivwa ak Gabon. Misye retounen ann Ayiti depi 1996, kote li prete sèvis li bay anpil ajans Leta, kòm manm kabinè nan plizyè ministè ak nan Prezidans Repiblik la.

Anplis plizyè etid sou pwoblematik devlopman ann Ayiti, misye pibliye deja prèske yon douzèn rekèy pwezi e patisipe nan plis pase yon douzèn antoloji pwezi an Frans, o Zetazini ak Kanada.

Elsie Suréna renmen ekri istwa ak powèm kout, leplisouvan an fransè oswa ann ayisyen. Tèks li yo parèt nan plizyè jounal ak antoloji; genyen yo tradui an anglè, pòtigè, panyòl ak japonè. Li pibliye *Amours jaunies suivi de Miscellanées,* yon liv powèm, nan lane 2022. L ap viv nan peyi Kanada depi 2010, nan provens Ontaryo. Li se yon fotograf tou ki ekspoze ann Ayiti, nan Etazini, epi nan Kanada kote li manm Asosyasyon Otè nan Ontaryo (AAOF) ak Biwo Gwoupman Atis Vizyèl Ontaryo (BRAVO).

Patrick Sylvain se yon powèt, ekriven, kritik sosyal ak literè. Pandan de fwa yo te nomine li pou Pri Pushcart. Zèv literè Sylvain yo parèt nan diferan antoloji, jounal, ak magazin. Sylvain lisansye nan Inivèsite Masachousèt, li gen yon metriz pedagojik nan Harvard, ak yon metriz bèl lèt (atizay powetik) nan Boston Inivèsite, epi yon PhD nan Brandeis Inivèsite. Sylvain se yon Asistan Pwofesè nan Simmons Inivèsite, epitou misye se yon konferansye sou Istwa ak Literati nan Harvard Inivèsite.

Janine Tavernier fèt nan Pòtoprens, Ayiti. Li te fè etid primè ak segondè lakay mè Sakre Kè yo nan Turgeau ann Ayiti. Marye trè jèn avèk Gervais Louis, yo gen senk pitit ansanm. Li kite peyi a avèk fanmi l depi kòmansman rejim divalyeris la pou legzil o Zetazini. Li konplete etid inivèsitè li dabò nan San Francisco States nan Kalifòni kote li te resevwa bakaloreya (cum laudes), e nan Inivèsite Leta Nouyòk (NYU) kote li te pran yon metriz nan lang franse ak sivilizasyon franse ; epitou nan Inivèsite Kalifòni nan Davis kote li. fè yon doktora nan literati franse ak yon espesyalite nan frankofoni. Inivèsite Marseille nan Aix-en-Provence te ba li yon diplòm nan sivilizasyon franse ak nan lang franse. Li te fè yon karyè nan ansèyman o Zetanini de 1984 a 2002.

Tavernier te anseye nan Hunter College (NYU), Inivèsite Kalifòni, Inivèsite Florid, nan Tampa. Apre li retrete li te retounen ann Ayiti an 2007 kote li pibliye de dènye zèv li yo. Pami travay li pibliye yo genyen *Sphinx du Laurier Rose* (powèm, Edisyon Khus Khus, 2010), *La gravitante* (woman, ed. Presses Nationales), *Fleurs de muraille* (woman, Edisyon Cedica, 2001), *Naïma, fille des dieux* (powèm, prefas pa Jean Briere ak Roger Dorsinville, Edisyon Naaman, 1982), *Splendor* (powèm, Byscinthe Printing 1965), *Sur mon plus petit doigt* (pwezi, Serge L. Gaston Printing, 1962), *Ombres ensoleillées* (powèm, Gervais A. Louis, 1961), *Causerie paysanne* (powèm, revi *Conjonction*, no. 103, 1966). Pami piblikasyon ki pi resan li yo nan jounal genyen : « Sur Deux Chaises » (magazin *Demambre,* 2014), « La petite robe de soie bleue délavée » (revi *Demanbre* 2011), « Mal comme misère » (revi *Sapriphage*, 1994), « Mon pays » (Collection Étonnants Voyageurs, 2008). Tèz doktora manmzèl se : *Une tentative de morphologie du conte haïtien suivie d'une analyse Psychologique* (University of California, Davis, États-Unis, 2002.

Sou wout pou parèt : *Il y a une fissure dans le soleil* (pwèm ak istwa kout). Ale 1965 rive 2018, Janine Tavernier parèt nan plizyè konpilasyon literè ak antoloji ekriven, tankou Raymond Philotecte, Paul Laraque, Maurice Lubin, Ghislain Gouraige, Roger Dorsainville, Roger Gaillard ; *Une littérature haïtienne* de Pradel Pompilus. Pi resamman *Ayiti cheri, une anthologie de la poésie haïtienne,* pa Yasmina Tippenhauer, 2018. Janine Tavernier mouri jou 27 fevriye 2019 a laj 84 an.

Tontongi se non ekriti Eddy Toussaint ki te fèt nan Pòtoprens, Ayiti. Antanke powèt, kritik literè e eseyis, otè a ekri ann ayisyen, an franse e ann angle. Pami dènye zèv li pibliye genyen *Tyaka Poetica* (2021) ; *La Parole indomptée / Memwa Baboukèt,* pibliye lakay L'Harmattan a Pari, Lafrans (2015) ; *In the Beast's Alley* (2013), yon koleksyon ann anglè « powèm konsyans » li yo. Ekspè yo konsidere liv Tontongi a *Critique de la francophonie haïtienne* (L'Harmattan, 2007), pami yo michan lengwis e akademisyen kanadyen-ayisyen Frénand Leger, kòm yon kritik majistral relasyon pouvwa lengwistik ann Ayiti. Tontongi se tou fondatè e animatè pwogram kiltirèl prime a « Pwezi ayisyen an twa lang » (Français, English & Ayisyen) nan Somerville Media Center ak sou CCTV, Cambridge, Massachusetts, ki difize sou televizyon kable nan rejyon Boston. Tontongi ap travay kounye a sou yon koleksyon esè an franse kote l itilize pèspektiv envestigasyon kritik li rele *antwopoloji revèse* a (yon koutje Zòt, oprime a, voye sou opresè yo). Yon koutje ki soti nan Sid ale sou Nò. Genyen tou an preparasyon yon rekèy powèm ann angle, *I'm Looking At You*. Tontongi se editè an chèf mezon edisyon Trilingual Press ak revi politik e literè an twa lang *Tanbou* (sou entènèt : www.tanbou.com)

Emmanuella «Ella» Turenne te yon edikatè, yon powèt, yon atis pèfòmis ; li jwe nan wòl vedèt nan yon layite fim ak pyèsteyat ki gen pami yo *One-woman show* (pèfòmans yon sèl fanm) ki rele "Love, Locs & Liberation", ki te pran Pri Producers Encore Award at the 2018 Hollywood Fringe Festival. Ella Turenne te fondatè BlackWomyn Beautiful. Ella te yon fanm dinamik ki respekte moun, yon atis ki gen yon entèlèk djanm ak bon kè. Byenke l te leve o Zetazini, Ella Turenne te kenbe Ayiti trè fò nan kè li. An 2004 li dedye pou liberasyon Ayiti yon liv trileng pou l komemore 200 lane endepandans Ayiti : *Revolisyon / Révolution / Revolution : 1804–2004, an Artistic Commemoration of the Haitian Revolution* (yon komemorasyon atistik revolisyon ayisyen an). Apre tranblemanntè 2010 la, Ella Turenne ko-edite *For the Crowns of Your Heads*, yon koleksyon powèm sou Ayiti. Lajan ki te kolekte pa volim lan te itilize pou ede yon bibliyotèk nan Pòtoprens ki te detui nan tranblemanntè a. Ella Turenne mouri, bokou twò bonè, nan fen ane 2021 an.

Emmanuel Védrine te fèt nan L'Asile, Ayiti. Li se yon ekriven, editè, lengwis ak chèchè. Védrine te edike o Zetazini ak an Ewòp kote li te etidye literati, lengwistik, syans sosyal ak edikasyon. Zèv literè l yo parèt nan plizyè antoloji, revi ak jounal. Pami zèv li yo genyen *Œuvres complètes: Trente ans de recherches et de publications portant sur Haïti, la Diaspora Haïtienne et le Créole*, ak *An Annotated Bibliography on Haitian Creole: A Review of Publi-*

cations From Colonial Times to 2000. Li rete ant Nouvèl Anglatè ak Kiraso. Védrine se yon kritik feròs de inegalite lengwistik ann Ayiti yo, li devlope sou yon peryòd de plizyè deseni yon gwo achiv bibliyografik sou kreyòl ayisyen.

Jean-Robert Christian Victoria fèt nan Pòtoprens, Ayiti. Li adopte non **Kwitoya** a pou make angajman l, kòm militan politik, nan batay pèp ayisyen an pou demen miyò : pwogrè san detou. Li se fondatè Tanbou Pwogresis, Cercle d'Études Jacques Stephen Alexis, Solidarite pou Pwogrè Ayiti, e kofondatè *Tanbou-Tambour,* revi ayisyen an twa lang sou keksyon politik e literè. Victoria se ansyen manm Kò Konsilè Ayisyen nan New England.

Isaac Volcy fèt ann Ayiti e li se otè *Ma Drapo Souvnans* ak *L'Arbre oratoire.* Filozòf, powèt ak direktè teyat, li gen diplòm avanse nan Devlopman Kominotè ak Filozofi. Kèk nan tèks li yo te mete nan chante pa atis Shammas Lorrédan e Roseleine Volcy, madanm li. Powèm li yo pibliye nan kolòn journal *Le Nouvelliste.* Isaac ap travay sou tradiksyon an kreyòl ayisyen esè filozofik La Boétie a *Discours de la servitude volontaire.*

Frantz Kiki Wainwright se yon mizisyen/konpozitè, chantè, powèt, ekriven, kontè (*story teller*), womansye, komedyen, aktè teyat, otè pyèsteyat, epitou, e dansè/koregrafè dans fòlklò ayisyen. Li pibliye plizyè liv ann ayisyen, an franse e angle. Zèv mizikal li yo gen ladan yo *23 «Nèg Vanyan», Severin ak Bòs Prevo.*

Kiki Wainwright pase yon bon pati nan vi li ap fè teyat ann Ayiti, o Zetazini ak Kanada. Pami pyèsteyat li jwe yo nou ka site kèk tankou *Antigòn an Kreyòl,* yon pyès Félix Morisseau-Leroy ; *D.P.M Kanntè,* yon pyès Jan Mapou ; *«Reclaiming Choukoun,* yon pyès Bob Lapierre avèk Kiki nan wòl gran powèt ayisyen Oswald Durand. Kiki mare yon Associate Degree nan Business Management an 1980 nan Manhattan Community College, li gen tou yon Baccalauréat an syans sosyal e travay sosyal nan Florida International University en 1988. Li se kounye a Vis-Prezidan *Sosyete Koukouy* nan Miyami, yon mouvman literè ki te fonde ann Ayiti an 1965.

Konpayon powetik ayisyen yo

Indran Amirthanayagam fèt nan Sri Lanka, li ekri ann angle, panyòl, franse, pòtigè e ayisyen. Li pibliye 23 liv pwezi, pami yo *Ten Thousand Steps Against the Tyrant, The Migrant States, Coconuts on Mars, The Elephants of Reckoning* (gayan pri Paterson Poetry Prize 1994), *Uncivil War* ak *The Splintered Face: Tsunami Poems.* Nan mizik, li anrejistre *Rankont Dout.* Amirthanayagam edite *Beltway Poetry Quarterly* (www.beltwaypoetry.com); pibliye liv pwezi ak Beltway Editions (www.beltwayeditions.com); ekri yon powèm chak semèn pou *Haïti en Marche* ak *El Acento;* te resevwa sibvansyon nan Foundation for the Contemporary Arts, New York Foundation for the Arts, The US/Mexico Fund for Culture ak Macdowell Colony. Misye anime chenn televizyon Poetry Channel youtube.com/user/indranam (kontak: https://indranamirthanayagam.blogspot.com

Bernard Block te fèt e grandi nan Bensonhurst, Brooklyn; li te pwodwi seri pwezi "From Whitman to Ginsberg» nan Cornelia Street Café nan New York pandan sèt ane. 38 nan powèm li yo te pibliye nan jounal literè ewopeyen an, *Levure Littéraire* #8, #9 ak #12. Liv pwezi li a *Am I My Brother's Keeper?* te pibliye pa Dark Light Publishing, li disponib sou Amazon ak nan men otè a: disviolin@yahoo.com

Ricardo J. Bogaert-Álvarez se yon enjenyè chimik dominiken-ameriken ak powèt ki gen meday. Li resevwa yon B.S. nan Jeni Chimik nan inivèsite Pontificia Universidad Católica Madre y Maestra de Santiago. Li resevwa yon metriz nan jeni chimik ak doktora nan University of Delaware. L ap viv o Zetazini depi 1981 e li travay alafwa nan endistri ak inivèsite. Li abite kounye a nan Denver ak Laura, madanm byenneme li. Bogaert-Álvarez pibliye kat koleksyon pwezi bileng: 1) *The Samurai Poet,* 2) *The Dance of the Phoenix,* 3) *Romance and Haiku Elixir,* e 4) *Chronicles of a Young Dominican.* Chak grenn powèm yo an panyòl e ann angle. Misye se manm Columbine Poets, Inc, Colorado ak Tanka Society of America. Sit entènèt: www.drbogaert.com

Elizabeth Brunazzi fèt nan New Orleans, Lwizyàn. Li se yon ekriven, powèt, kritik, eseyis, editè ak tradiktè. Powèm ak powèm an pwoz li yo pibliye an Frans nan jounal *Le Nouveau Recueil*, *La Traductière,* et *Recoursaupoeme.fr.* Pami lòt powèt, li te tradui koleksyon powèm Charles Simic ak Maya Herman-Sekulič yo soti nan angle rive nan franse. Koleksyon pwezi bileng li a, *The Beginning Ends Here / Le commencement prend fin ici,* te pibliye pa Lambert Academic Publishing, 2019.

Brunazzi se koeditè ak Jeanine Parisier Plottel yon koleksyon esè, *Culture and Daily Life in Occupied France, Contemporary French Civilization,* 1999. Li se benefisyè yon pri rezidans ak yon viza sejou long pou rechèch e tradiksyon an Frans ki dedye sou repòtaj istorik jounalis fransèz e korespondan entènasyonal, Andrée Viollis, te pyonye yo an, anba parennaj gouvènman franse ak pwogram « Compétences et Talents » an, 2011–2014.

Atik ki pi resan Brunazzi ekri a, « Tourmente sur l'Afghanistan, Grand Reporter Andrée Viollis and Civil War in Afghanistan, 1929 », te pibliye pa jounal *French Cultural Studies,* Wayòm Ini, fevriye 2019. Li te resevwa yon bous rezidansyèl pou de ane nan Atlas-International Center of Literary Translators, nan Arles, an me-jen 2022, an sipò pou travay kolaboratif li konsakre ak antoloji trileng pwezi kontanporen an, *This Land, My Beloved / Tè mwen renmen an / Cette terre, mon amour,* an kolaborasyon ak koeditè, Eddy Toussaint Tontongi e Denizé Lauture (Trilingual Press, Cambridge Massachusetts). Li te prezante an jen 2022 yon papye sou pwojè antoloji a nan yon konferans entènasyonal anba tèm evolisyon pwezi nan Amerik di Nò pandan ven dènye ane yo.

Jack Hirschman mouri nan mwa dawout 2021. Li te powèt loreya emeritus nan vil San Francisco. Li te fòme nan lane 1980 yo Brigad Kiltirèl Jacques Roumain, avèk powèt ayisyèn Boadiba, ki te pibliye bilten *Boumba* ki te ranpli ak tradiksyon powèt ayisyen. Powèm chwazi Hirschman yo, *Selected Poems,* te parèt an chinwa ak grèk, epi 3èm volim chedèv mil paj li a, *The Arcanes,* te pibliye ann Itali. Hirschman vizite Ayiti an desanm 2007 pandan komemorasyon santenè nesans Jacques Roumain, li li nan Enstiti Franse nan Pòtoprens (nan konpayi Tontongi ak Franck Laraque) yon powèm solidarite ak Ayiti ki soti nan michan antoloji l la *Open Gate: An Anthology of Haitian Creole Poetry,* koedite ak powèt lejandè Paul Laraque (tradiksyon pa Boadiba ak Max Manigat). *Open Gate* (ki pibliye pa Curbstone Press ann avril 2007) te premye antoloji bileng ann angle ak ann ayisyen ki te janm pibliye.

Aidan Rooney te fèt nan Monaghan, ann Iland ; li se yon pwofesè nan Thayer Academy nan Massachusetts, Etazini, depi 1988. Pami koleksyon pwezi Rooney yo genyen, *Go There* (Madhat Press, 2020), *Tightrope* (The Gallery Press, 2007), ak *Day Release* (The Gallery Press, 2000). Tradiksyon pwezi ak fiksyon li yo, de lang ayisyen ak franse, disponib nan *Vox Populi, AGNI* ak *Asymptote.* Rooney te genyen prim Sunday Tribune/Hennessy Cognac pou New Irish Poet (Nouvo Powèt Ilandè) ak prim Daniel Varoujan de New England Poets Club.

Tradiktè yo

Samuel Barthélemy se yon atispent e fotograf ki fèt nan Jeremi, Ayiti. Li te yon pwofesè ak administratè lekòl nan New York pandan plizyè ane jiskaske l pran retrèt li. Li pibliye tou de koleksyon powèm, *Sur le parcours des rêves* ak *Sailing away.* L ap viv kounye a nan Florid.

Joseph Bocchicchio se yon ekriven, edikatè e tradiktè. Travay li te pibliye nan jounal, rekèy ak yon antoloji osijè demand emosyonèl founisè swen sante yo. Kontribisyon li te nomine pou yon pri Pushcart. Li se yon travayè retrète Crisis Worker e li aktyèlman ap travay nan edikasyon nan mize. L ap viv nan Boston, Massachusetts.

Nancy Naomi Carlson, otè douz liv, tradiktè e powèt, te resevwa pri Oxford-Weidenfeld 2022 pou tradiksyon liv *Cargo Hold of Stars: Coolitude* (edisyon Seagull Books, 2021). Li te resevwa distenksyon Chevalier de l'ordre des palmes académiques, e li se editè-an-chèf seksyon Tradiksyon pou sit entènèt literè On the Seawall. Dezyèm rekèy powèm li a, *An Infusion of Violets* (Seagull Books, 2019) te mansyone nan seksyon nouvote literè jounal *New York Times.*

Marie-Cécile Corvington Charlier te fèt ann Ayiti, e l ap viv nan Nouyòk depi 1965. Li kenbe yon koneksyon sere ak peyi natal li e pasyone pou istwa li yo, literati li ak atizay li yo. Antanke atis, li te ilistre liv otè ayisyen. Kounye a nan retrèt li, li fè jefò pou kontribye nan kilti ayisyen an nan divès fason. Li tradui twa ti istwa Denizé Lauture an franse : « L'enfant qui apprivoisa une couleuvre rouge », « L'enfant pour qui une couleuvre arc-en-ciel a dansé », e « Le garçon qui chevaucha un ouragan », « L'histoire épique de Toussaint Louverture ».

Monica Hand te fèt nan Newark, New Jersey. Li te yon powèt, otè, elèv e vwayajè. Li te travay pou 30 lane nan lapòs federal ameriken (USPS), finalman li pran pansyon l kòm yon ofisye relasyon piblik. Li te jwenn yon diplòm MFA nan pwezi ak pwezi nan tradiksyon nan Inivèsite Drew epi l kontinye doktora li nan ekri kreyatif nan Inivèsite Missouri-Columbia. Li te fè tou pati plizyè kominote literè, pami yo Poets House et Women Writers in Bloom (powèt fanm an flè). Li te yon manm fondatè Poets for Ayiti, yon kolektif ekriven « devwe pou pouvwa pwezi pou l transfòme e edike », ki gen travay ki benefisye plizyè enstitisyon literè ann Ayiti. *Me and Nina*, premye rekèy powèm Monica, te pibliye an 2012 pa Alice James books. Kèk jou anvan fayisman toudenkou li, Monica Hand te anonse sou Facebook ke dezyèm rekèy powèm li an, *The DaVida Poems,* ta dwe sou wout. Jou 16 desanm 2016, lemond pèdi yon limyè. [Biyografi sa a konpile apati enfòmasyon Lauren K. Alleyne bay sou sit entènèt James Madison Inivèsite.]

Chantal Kénol ap travay depi trant ane nan domèn edikasyon. Li se direktris yon lekòl prive nan Pòtoprens. Li se manm fondatè Asosyasyon Atelier Jeudi Soir, yon kolektif ekriven ak ajan kiltirèl ayisyen. Plizyè nan powèm ak tèks kout li yo pibliye nan joural ak zèv kolektif, ann Ayiti ak aletranje. Nan mwa desanm 2021, li te pibliye premye liv mikwofiksyon li ki rele *Si je contais ma ville.*

Josaphat-Robert Large te yon powèt, womansye e kritik atizay ki mouri an 2017. Li kite Ayiti an 1963 pou rezon politik apre arestasyon l pa tonton-macoutes Papa Doc yo akoz patisipasyon l nan yon grèv etidyan kont rejim lan. Li te yon bon zanmi defen powèt ayisyen Paul Laraque. Woman li a *Les terres entourées de larmes* te genyen an 2003 prim prestijye Prix littéraire des Caraïbes lan an 2003. Li te yon prezans trè admirab nan sèn literè Nouyòk la ak nan dyaspora ayisyen an an jeneral.

Lunine Pierre-Jerôme, Ed.D., se yon edikatè, tradiktè ak aktivis kiltirèl ki abite nan Randolph, Massachusetts. Li tradui ann ayisyen woman Alice Walker a *The Color Purple* (*Koulè mov la*, ed. JEBCA, 2019) ak woman Edwidge Danticat a *Breath, Eyes, Memory* (*Vivans, Vwayans, Souvnans*, ed. JEBCA, 2022). Pierre-Jérôme se kounye a direktris akademik Haitian Language & Culture Center (HLCC) nan Boston, Massachusetts.

Charles Rice-Davis, PhD, te antre nan Lekòl Lang ak Kilti an 2018. Li konplete yon monografi sou istwa medikal ak literè nostalji/sonje peyi depi orijin li rive nan fen 19èm syèk la, anba fon ibanizasyon background, nasyonalism, rasyalism, chanjman teknolojik ak neyo-agrèyism. Li pibliye yon seri atik (premye a te parèt an 2017) ak tradiksyon sou entèraksyon ant powezi franse e pòtigè. Li tradui tou ann angle zèv powèt ayisyen Coutechève Lavoie Aupont. [Nou tire enfòmasyon sa yo sou sit entènèt Victoria University nan Wellington.]

Maggie Vlietstra gen yon diplòm metriz (MFA) nan Tradiksyon Literè Franse nan Boston University. Li espesyalize nan literati kontanporen.

....

Koeditè **Elizabeth Brunazzi** tradui tou (soti nan angle rive an franse e vice versa) jiska venn-kat nan powèt yo ansanm ak plizyè nan biyografi yo ki nan antoloji sa a.

Koeditè **Tontongi** tradui tou (soti nan angle rive ann ayisyen) powèm Ella Turenne ak Jack Hirschman yo, ansanm ak plizyè nan biyografi yo ki nan antoloji sa a.

Kontribitè antoloji a **Danielle Legros Georges** tradui tou (soti nan ayisyen rive ann angle) powèm Jean-Claude Martineau yo.

Kontribitè antoloji a **Patrick Étienne** tradui tou (soti de angle rive an franse) powèm «Une croyance» Danielle Legros Georges la.

Kontribitè antoloji a **Mario Malivert** tradui tou (soti nan angle rive an franse) prefas Edwidge Danticat a.

Kontribitè antoloji a **Karine Belizar** tradui tou (soti de ayisyen rive an franse) powèm Christ-Falin Oralus « Chèmèt Chèmètrès ».

Editè angle pou T.P.

Jill Anna Netchinsky gen diplòm inivèsitè nan lang ak literati (BA, Bennington College, MA ak PhD, Yale University), li espesyalize nan literati ak kilti espayòl, latino-ameriken, karayibeyen e afro-espayòlik. Li te anseye etidyan premye sik ak etidyan sik gradye nan Inivèsite Wisconsin-Madison, Middlebury College, ak Inivèsite Tufts ; li bay konferans nan senpozyòm o Zetazini e aletranje. Pou sipòte travay li, Netchinsky te resevwa yon bous rechèch nan men Mellon Foundation epi yo te chwazi l kòm yon rechèchè nan W.E.B. DuBois pou rechèch Afriken Ameriken nan Harvard. Se nan Inivèsite Tufts li te premye patisipe nan etid ayisyen, e ko-prezide konferans avèk Asosyasyon Etid Ayisyen ak gwoup kominote lokal yo. Apre sa, antanke direktè angajman kominotè (*outreach*) nan David Rockefeller Center for Latin American Studies (DRCLAS) nan Inivèsite Harvard, li te vin kowòdonatè fondatè Inisyativ entèdisiplinè etid ayisyen. Atik li yo ak tradiksyon literè l yo parèt nan joural tankou *Callalloo, Latin American Literary Review* ak *Revista De Estudios Hispánicos*. Netchinsky se yon powèt totalkapital, li te fèt nan vil Nouyòk e li ap viv kounye a nan zòn Boston kote li se yon devlopèz kontni editoryal pou piblikasyon edikasyon bileng, li se tou editè angle pou Trilingual Press.

Flight par Michèle Voltaire Marcelin

Table des matières

Ouverture

Les catastrophes

L'histoire du temps présent

Haïti intime

Ripostes et résistance

L'âme d'Haïti

Avant-propos

C'est avec un grand plaisir que nous présentons au public cette radieuse collection de poésie haïtienne représentant une grande diversité de sensibilités et de styles poétiques. Nous avons fait le choix conscient de publier notre anthologie en trois langues, d'abord par souci d'inclusion et de représentation linguistiques, que nous jugeons importantes dans la problématique haïtienne du moment, mais également pour reconnaître à la langue maternelle de 99% d'Haïtiens et d'Haïtiennes—en l'occurrence l'haïtien, connu sous le nom de créole—la place prépondérante qu'elle mérite dans la littérature haïtienne. Une composante créole haïtienne, en parité avec les composantes anglaise et française, enrichit ce livre pour les lecteurs et étudiants sérieusement intéressés à la littérature haïtienne. Cette valeur ajoutée sert aussi à éduquer le public et l'establishment littéraire.

Contrairement à son pendant du XIX^{è} siècle au temps de Coriolan Ardouin et d'Etzer Vilaire, qui était pour la plupart une mimique de la littérature européenne et française, la poésie haïtienne contemporaine trouve son originalité dans la « créolisation » qu'elle opère—pour parler comme Edouard Glissant—à travers ses multiples sources d'inspiration : la caribéenne, l'africaine, la latino-américaine et l'européenne. Elle est nourrie à la fois par l'expérience du vécu quotidien, qui reste tragique et douloureux, par la hantise d'un passé héroïque dont le pays continue de payer le prix, et par la dynamique vivante d'une diaspora engagée qui fait de l'exil une praxis de reconquête. Comme nous pouvons le voir dans de nombreux poèmes ici, même confrontés aux adversités, les Haïtiens et Haïtiennes continuent d'exhaler la joie de vivre et de rêver.

La poésie d'Haïti, comme la cuisine haïtienne, hérite des saveurs de l'Europe, de l'Afrique et des Amériques ainsi que des esprits indigènes d'Ayiti pré-colombienne. L'âme poétique haïtienne, comme l'âme du vodou, est multiple, et nourrie d'une variété d'éléments à la fois spirituels et existentiels. Cette anthologie n'épouse pas une ligne de sensibilité particulière, et n'est non plus ni un manifeste idéologique spécifique, ni encore moins une école de pensée particulière, mais plutôt l'expression poétique de l'âme multiple haïtienne condensée dans une seule collection, et reflétant le *senti* et le *vécu* des Haïtiens, vivant sur l'île comme en diaspora.

La poésie, en tant qu'expression artistique, n'étant pas conçue ni vécue dans un vide existentiel, hors des préoccupations de la vie, on retrouve dans cette collection un grand nombre de poèmes qui déplorent les rapports sociaux de pouvoir et la problématique de la domination impérialiste et néocoloniale dans le monde. Tandis d'autres poètes mettent l'accent sur les aspects uniques de leur expérience de vivre, leur intuition ou émotion personnelle ; bref, les lecteurs et lectrices trouveront dans cette collection autant de joyaux constitutifs qui, par un effet de complémentarité, augmente la vitalité et la magnificence de l'ensemble.

Évidemment, une anthologie de poésie ne couvre jamais tous les talents poétiques et goûts artistiques qui existent dans une société ; elle est toujours un échantillon temporel et limité, donc loin de nous la prétention d'être exhaustifs*.

Dans un sens plus profond, les voix de cette anthologie constituent un témoignage collectif de la tragédie originelle—l'*expérience* esclavagiste—dont le peuple haïtiens s'est servi pour affirmer un état d'être idéal en opposition au colonialisme, un état d'être basée sur la liberté, sur la solidarité humaine, sur la confiance en un demain meilleur, porteur d'une nouvelle conception de l'être.

Dans un monde où les peuples sont assujétis aux assauts conjoints du militarisme le plus dominateur et aberrant—comme on le voit en Ukraine ou en Palestine occupée, de la normalisation du racisme et de la haine de l'Autre, comme on le voit aux États-Unis, ou encore de la ganstérisation de l'État et de la vie même, comme on le vit actuellement en Haïti—, il est merveilleux que nos poètes continuent de produire, de chanter l'avènement d'une réalité autre, de dévoiler la richesse du pays sur autre ordre de valorisation et de détermination de ce qui est « riche » et « pauvre ». Oui, comment un pays qui accouche d'une telle éclosion de beautés et d'émerveillements poétiques peut-il est qualifié de « pauvre » ?!

L'inclusion d'un grand nombre de contributeurs, y compris les compagnons et compagnes poétiques d'Haïti, pour élargir la gamme de notre anthologie symbolise la culture de solidarité et la tradition très haïtienne du *konbit*, un concept qui se reflète bien dans le travail collectif de nous tous : éditeurs, organisateurs, traducteurs et contributeurs littéraires au volume de cette anthologie trilingue. Un tel esprit collectif de solidarité est fondamental à l'histoire haïtienne (parmi les multiples exemples figurent les soldats haïtiens qui ont combattu les Britanniques lors de la bataille de Savannah durant la guerre d'indépendance américaine de 1779, ou encore les dirigeants haïtiens fournissant des fonds et du matériel pour aider les combattants qui luttaient pour l'indépendance de l'Amérique latine, comme Simón Bolívar). L'esprit et la réalité du *konbit* peuvent bien représenter le meilleur espoir pour un positif et juste avenir haïtien, tant sur le plan politique qu'artistique.

Nous remercions notre coéditrice Elizabeth Brunazzi pour ses nombreuses contributions et sa conceptualisation originale du projet, et notre coéditeur Denizé Lauture pour son dévouement et pour l'invitation à les joindre dans cette grande entreprise. Nous remercions également nos conseillers artistiques et éditoriaux Charlot Lucien et Michèle Marcelin pour leurs précieux avis, Levoy Exil pour la magnifique peinture de la couverture, et David Henry pour son excellent soutien à la composition graphique. Grand merci également aux écrivains et écrivaines qui ont bien voulu y contribuer, tous d'excellents poètes qui promeuvent la richesse de la littérature et de la culture haïtienne—y compris les écrivains et écrivaines des autres pays que nous avions invités/invitées pour y participer pour avoir été des camarades de route infatigables dans la longue lutte haïtienne pour la représentation, la dignité, la justice sociale et la libération.

Nous dédions cette anthologie—*Cette terre, mon amour : Une anthologie trilingue de la poésie haïtienne contemporaine*—à la mémoire de trois des plus illustres de nos contributeurs et contributrices : Janine Tavernier, Emmanuella Turenne et Jack Hirschman, qui nous ont quittés avant sa publication. Deux de nos éminents traducteurs et traductrices, Robert Josaphat-Large et Monica Hand, ont également rejoint les ancêtres. Leur générosité de cœur nous a encouragés à mener le projet à fruition. Puisse leur dévouement à la justice sociale et à l'épanouissement de l'esprit continuer d'inspirer les générations qui viennent. Merci.

Pour le moment, laissons la parole aux poètes et enivrons-nous de leurs splendeurs.

—*Tontongi,* Éditeur-en-chef, Trilingual Press,
—*Jill Netchinsky,* PhD, Éditrice anglaise, Trilingual Press
    (février 2023)

* Cette anthologie inclut uniquement des poètes contemporains vivant à l'heure de sa conception, la majorité en diaspora. La sélection de la présente anthologie n'infère certainement pas que les poètes choisis constituent l'ensemble de la constellation poétique haïtienne. Nous souhaitons qu'il y ait eu dans cet étalage encore plus de poètes contemporains exceptionnels d'Haïti, comme par exemple, Anthony Phelps, Jean Élie Barjon, Edgard Gousse, Duckens Charitable, Dovilas Anderson, Anivince Jean-Baptiste, James Noël, Robert Berrouët-Oriol, Bobby Paul, Loubens Philippe, Mlikadols Mentor, Wilson Thelimo Louis, Serge H. Moise, Yves Marie Jean, Lamos Paul, Daniel Laurent, Guamacice Delice, Natasha Labaze, Valy Grant Henry, Frankétienne, Kettly Mars, Evelyne Trouillot, Lyonel Trouillot, Jean-Robert Léonidas, Ketsia Théodore, Suzy Magloire-Sicard, Karen Melander-Magoon, Marc Arena, Romy Jean-Michel, Melissa Beauvery, Barbara Victomé, Dalla Pierre, Serge Claude Valmé, Jean-André Constant, Cathy Delaleu, Jean Armoce Dugé, Mesmin Charles, Régine Beauplan, Henri-Robert Durandisse, Rodney Saint-Éloi, Jean Mercredy, Renold Laurent, Patrick Louis,

Frantz Dominique Batraville, Yvon Joseph, Henry Saint-Fleur, Martine Milard, Jean-Max Calvin, Frantz Minuty, Mesmin Charles, Jean D'Amérique, Joël des Rosiers, Ernest Pépin, etc. Il faudra bien un second volume pour englober ces poètes et d'autres de leurs trempes.

Nota bene : Quand bien même la plupart des poèmes de cette anthologie sont présentés en format trilingue ou bilingue, certains d'entre eux apparaissent dans une seule langue originale, mais toujours resplendissants dans leur autonomie.

This Land, My Beloved / Cette terre, mon amour / Tè mwen renmen an

Introduction

Les poètes et les poèmes sélectionnés pour figurer dans la présente anthologie trilingue, *Cette terre, mon amour / This Land, My Beloved / Tè mwen renmen an*, invitent les lecteurs, soit au grand public, soit aux spécialistes, à découvrir la réflexion et l'interprétation de l'histoire et de la culture haïtienne telles qu'elles sont vécues et inscrites actuellement par les poètes haïtiens habitant la diaspora des poètes haïtiens aux États-Unis, au Canada, en Haïti, ou en France.

Les résonances culturelles, littéraires et politiques partagées par ces voix haïtiennes convergent dans l'inscription du corps: la figuration du corps comme la terre-mère elle-même d'Haïti ; le corps comme celui du bien-aimé, de la bien-aimée; le corps violé, outragé; le corps en souffrance; le corps en lamentation; le corps comme résistance et site du renouveau; et le corps du langage même suite à vague après vague d'évènements historiques, de catastrophes et de déplacements, et donc tel qu'il s'inscrit dans les mots et les styles adoptés et réinventés par les poètes haïtiens contemporains.

Pourquoi une anthologie trilingue? La majorité de ces poètes sont multilingues écrivant souvent en français, en anglais et en créole haïtien. Ceci dit, les rapports entre les poètes individuels et les trois langues se conforment, en tous les cas, à l'itinéraire existentiel et créateur de chacun des auteurs. En même temps, et dans un sens plus général, leurs rapports aux trois langues, le français, l'anglais et l'haïtien représentent un itinéraire du langage lui-même qui, en passant les frontières à la fois culturelles et géographiques, évoluent selon la situation et les choix qui s'imposent à chacun de ces poètes et donc qui s'incorporent dans leurs textes.

Le français et l'anglais sont, certes, dans un sens politique et culturel, et selon la perspective de l'histoire, les langages des colonisateurs et des oppresseurs de la terre et du peuple d'Haïti. Il s'impose à nous, de ce fait, que l'anthologie idéale soit une collection trilingue affichant les textes de ces poèmes dans la langue nationale du peuple haïtien à côté d'autres textes écrits selon l'inspiration et les choix des poètes en français et/ou en anglais. Nous les éditeurs proposons cette collection telle qu'elle est construite en espérant que l'anthologie fournira une ouverture et une introduction à cette assemblée de voix, de textes et de langages.

Les sections de l'anthologie sont organisées autour de thèmes et d'évènements collectifs plutôt que selon une succession de poètes individuels et leurs poèmes: Ouverture / Les catastrophes / L'histoire du temps présent / Haïti intime / Riposte et résistance / L'âme d'Haïti. Alors, et par exemple, les poèmes de Denizé Lauture (New York), de Boadiba (Oakland, Californie), de Tontongi (Cambridge, Massachusetts), de Charlot Lucien (Northwood, Massachusetts) ou de Gary Klang (Montréal), Louis-Philippe Dalembert (Paris) pourraient figurer dans plusieurs sections à côté de poèmes écrits plus ou moins sur le même thème par d'autres auteurs. Chaque poème ajoute une tonalité différente, une teinte différente à la présentation à la fois collective et collaborative.

Il faudrait signaler que l'un des aspects les plus marquants de la poésie haïtienne est sa base musicale et performative, le sens de la vibration même transférée à la page écrite. Les poèmes de Denizé Lauture et le poème « Blues Post Séisme » de Boadiba figurent parmi les meilleurs exemples d'une veine qui puise à la fois dans le traditionnel mais qui est aussi signe d'innovation actuelle, et de toute façon définit la poésie haïtienne.

Cette anthologie pose la question du rôle de la traduction de la poésie dans un contexte international; précisément, la façon dont les traductions peuvent favoriser le passage de la poésie à travers les frontières géographiques, culturelles, linguistiques et sociopolitiques. Certaines versions trilingues des poèmes figurant dans cette anthologie sont l'œuvre des poètes eux-mêmes; d'autres sont l'œuvre d'autres poètes avec qui les auteurs ont collaboré en vue de l'élaboration de leurs textes originaux dans d'autres langues. Toute collaboration de ce genre est bien signalée.

Mon rôle en initiant ce projet d'anthologie est celui d'organisatrice, aussi de coéditrice et de traductrice en collaboration avec les poètes qui se sont rassemblés autour de sa création. Ma formation universitaire en littérature comparée et histoire de la culture, et surtout mes compétences en traduction de textes du français en anglais, comme de l'anglais au français, m'ont amenée à entreprendre ce projet.

Je suis née à la Nouvelle Orléans en Louisiane où les influences prégnantes des cultures francophones et antillaises ont marqué mon enfance. C'est un privilège de travailler aux côtés des poètes haïtiens représentant une diaspora qui s'étend à travers bien des régions des États-Unis, du Canada, d'Haïti et de la France. J'aime à croire que les voix de ces poètes qui se sont rassemblés autour de cette anthologie trilingue de la poésie haïtienne contemporaine seront lues et entendues dans la rue aussi bien que dans les salles de classes. J'ai confiance aussi que la poésie, cette distillation la plus complexe de la culture, peut résonner comme la voix même de la justice en faveur des ceux qui sont opprimés sur cette terre.

—*Elizabeth Brunazzi,* PhD ; à Paris, le 14 février 2023

Préface

L'art comme une défiance contre le désespoir, l'oppression et la douleur

—par Edwidge Danticat

Le sentier du marron, tel qu'exprimé dans le poème de Charlot Lucien, qui ouvre cette collection, serpente des champs de canne à sucre jusqu'aux nuages. C'est aussi ce qu'on ressent en lisant *Cette terre, mon amour : Une anthologie trilingue de la poésie haïtienne contemporaine*. Haïti a toujours eu une tradition poétique vibrante, intégrant folklore, spiritualité et résistance. Les poètes participant dans cette collection sont des fiers héritiers de cette tradition, explorant, comme l'ont fait leurs ancêtres, histoire, résistance, protestation, amour, nature et migration, parmi d'autres thèmes.

Dans « Middle Passage »[1], feue Ella Turenne honore nos ancêtres qui ont mené une révolution longue d'une dizaine d'années pour créer la première république noire du monde. Elle écrit d'eux : *Those same Spirits cannot be forgotten and / Their energy cannot be broken* (« Ces mêmes Esprits ne peuvent pas être oubliés et / Leur énergie ne peut pas être brisée »), des mots que nous pouvons employer pour l'honorer puisqu'elle est devenue, elle aussi, notre ancêtre. Nonobstant la description d'adversités, le poème indique la guérison, signalée par la colombe planant au-dessus de l'horizon, bénissant les esprits qui sont *anba dlo* ou au fond des eaux.

Tout comme plusieurs textes dans cette collection,[2] « Poem for the Poorest Country in the Western Hemisphere » de Danielle Legros Georges conteste l'idée de définir Haïti par une métrique. Les héros haïtiens peuvent ressembler à Marcel Numa et Louis Drouin, décrits dans le poème « The Assassins of November »[3] de Michèle Voltaire Marcelin, ou à ceux qui prenaient soin des survivants du séisme du 12 janvier 2010, présentés dans plusieurs poèmes, dont « Post Quake Blues »[4] de Boadiba. Le calembour—blue/blues—dans « Post Quake Blues » souligne le bleu brillant des bâches qu'on voyait partout après le séisme, servant de métaphore pour notre terroir dévasté, qui, comme Patrick Sylvain décrit dans « Fragmented »,[5] conduit beaucoup d'Haïtiens à s'éparpiller comme des feuilles mortes, comme explique Berthony Dupont dans « Where have the trees gone ? »[6] : *au Chili, Brésil / En Dominicanie, Paris, Canada/Aux États-Unis/Dans le monde entier.* Heureusement, nos mots, histoires, chants et poèmes continuent de voyager avec nous.

Cette terre, mon amour : Une anthologie trilingue de la poésie haïtienne contemporaine connecte notre passé, présent et futur dans les trois langues que nous avons l'opportunité de parler. Boadida introduit l'espagnol, de nos jours l'une des langues primaires, à côté du portugais, parlées par les enfants nés de parents haïtiens vivant au Chili et au Brésil. Ces poèmes, en quel que soit la langue qu'ils sont lus, récités ou médités, traduisent les histoires, rêves et aspirations d'un peuple qui, à la fois en dedans ou en dehors d'Haïti, continue d'utiliser l'art comme une défiance contre le désespoir, l'oppression et la douleur. À travers ces poèmes, nous expérimentons d'une façon dont seulement l'art peut signifier les triomphes et tribulations, les luttes, les injustices, la beauté et la force, et l'amour tenace de ces poètes pour Haïti. Malgré les sombres nouvelles provenant du pays—en particulier de Port-au-Prince—, ces poèmes nous offrent du répit, *yon ti souf,* pour traverser ces montagnes sacrées et magnifiques menant aux nuages. Comme Doumafis Lafontant écrit dans « Dear Haiti »[7], prenons en main notre beauté et laissons-nous guider par ces poètes talentueux dans leur périple respectif. Quand nous l'avons besoin le plus, les poètes et éditeurs de ce livre excellent nous rappellent qu'être Haïtien est un cadeau.

—*Edwidge Danticat* est l'auteure de plus d'une vingtaine de romans, d'essais, de mémoires et de livres collectifs dont l'acclamé *La Récolte douce des larmes* (roman, 1998), et plus récemment *Everything Inside* (nouvelles, 2019). Elle vit avec sa famille à Miami, en Floride.

(Traduit de l'anglais par Mario Malivert, poète et romancier, ses ouvrages incluent *La tête chauve des mornes*)

———————————

1. « Passage du milieu »
2. « Poème pour le pays le plus pauvre de l'hémisphère occidental »
3 « Les assassins de novembre »
4. « Le blues post-séisme »
5. « Fragmenté »
6. « Où sont passés les arbres ? »
7. « Chère Haïti »

This Land, My Beloved / Cette terre, mon amour / Tè mwen renmen an

Ouverture

Charlot Lucien

Le sentier du marron

(au Rev. Martin Luther King)

Je connais un sentier qui serpente la montagne
Des vastes champs de canne à ses sommets réputés
inaccessibles
Tous près de nuages

Il est marqué d'empreintes profondes
Des pieds d'un nombre incalculable
D'hommes, de femmes et d'enfants
Qui ont voulu fuir la peur,
Les chaînes rouillées autour de leurs chevilles ensanglantées
La honte du fouet sur leurs dos nus bronzés,
Pour atteindre ces sommets invisibles ;

Là, où le moelleux de l'herbe tendre
Accueille leurs corps endoloris,
Où la brise fraîche chantante, calme
Les écorchures rouges de leurs chairs noires,
Et où la liberté les attend dans ses bras accueillants…

Le même sentier existe toujours m'a-t-on dit
Avec les mêmes empreintes indélébiles
Qui invitent à les emprunter
À marcher de nos pied nus et calleux,
dans leurs profondeurs…

Au risque d'être rattrapé
Comme par le passé,
Mais avec la certitude
Qu'il mène bel et bien
Aux sommets d'où l'on peut voir
La terre promise

Coutecheve Lavoie Aupont

Je t'aime face au soleil couchant

—à bon entendeur salut—

les yeux grands ouverts sur le monde
comme si tu pouvais voir
par cet amour les voyelles à l'épreuve du quotidien

au blanc de l'obscurité
la beauté se reconstruit
comme une fille à son treizième printemps

les doigts entrebâillés
nous courons après les palpitations des autres

que peut-on avouer sur un paysage étranger
si son cœur est d'ici

ta saveur est dans la terre
la rame aussi pure qu'un parchemin durci par le sel marin
le soir tu es dans la rumeur
la rosée sur tes paupières d'aubes fragilisées

le vent
le tamtam des jupes solaires

oui l'odeur noire du grand large

à plus forte raison d'aimer
l'amour est dans les yeux
ou dans l'ombre touffue des passants

j'aime cette rue
cette ville
ce pays
comme on lit l'inquiétude
sur une carte postale.

Gary Klang

Il est grand temps de rallumer les étoiles

Je prends ce vers à celui qui
Sans rime
Et sans façon
Chanta le pont de Seine
Et le nouveau
Pour dire
Ce qu'au tréfonds
Gît par ces temps
De mort
Et de déconfiture

Ces heures de haine
Et d'amertume
Où l'on ne sait à quel saint se vouer
Quel Dieu prier
Puisque tout paraît vide
Et que les êtres
Ont perdu sens
Et l'équilibre

Les petits hommes éteignent les flambeaux
Et font de l'ombre sur la terre

Il est grand temps
Grand temps
Vous dis-je
De rallumer les étoiles

Boadiba

Jérémie ma mie

Après sept jours de pluie entourée d'une serviette
Tenant un parapluie
Jérémie jambes nues émerge du cœur vierge d'Haïti
La boue jusqu'aux genoux

Dans les rues soudainement pavées de pierres éboulées
Jérémie en chapeau pieds dans l'eau

Agenouillée aux tombes riantes du cimetière en craies de
couleur
Jérémie en loques roses sur jupons d'écume blanche
Jérémie culbutée dans la glaise colorée de ses abords
dangereux
Jérémie accrochée à la dure dentelle de ses côtes de fer
Jérémie retranchée sur la seule beauté du camaïeu mouillé
de ses murs délavés
Aux portes et fenêtres ajourées gardant comme unique
élégance
La pureté éternelle de ses arcades centenaires

Jérémie ponts percés brodés de cours d'eau
Dont l'argile changeante portée par la Grande Anse
Vient trancher sur le bleu émouvant
de ses bancs de sable pâle

Jérémie resserrée entre les cuisses fauves de deux rivières en crue
Abandonnée au bord d'une mer en rut
Défigurée par la noire fumée du charbon de bois
Flottant sur l'eau claire de ses marais verts
Jérémie sinistrée
Mais jetant dans le vent son inoubliable
odeur de vétiver séché

Lenous Guillaume-Suprice

À l'instant même*

Yeux mûrs
dans les couleurs du blé sur la rive
bras ouverts dans la lumière
pour dissiper les ombres des moindres doutes
sur tout l'espace de la fraternité
à la grandeur de l'existence
nous préparons l'agencement de l'autre en nous
en vue de la consolidation des luttes
et des conquêtes de la collectivité.

Yeux ouverts
mûrs en gerbes de blé
dans la lumière des bras
nous chérissons la naissance
de notre mystère en l'autre
nous faisons des pas en direction
des balbutiements de l'autre en nous
pour préserver nos territoires
d'un certain contact avec la haine et l'exclusion.

À la grandeur d'une patience
nous espérons la plénitude
de nous en l'autre
yeux mûrs dans la germination
sans servitude sans hypocrisie
et bras ouverts en cueillette de l'être-beauté
pour effacer les balafres d'aujourd'hui
sur l'eau de nos éclats
au cours des millénaires à venir
afin que nulle rancœur ne projette mine basse
sur le sourire d'autrui.

* Une adaptation de l'auteur de son texte écrit
en haïtien « Kou n ap pale a menm ».

Mikaïma

Tu es mon vœu le plus ardent dans une flamme
d'anniversaire, entre chœur
d'enfants, virtuosité d'arbres qui font du blues en saison
belle, dans une
embrasure de l'heure et sa lumière
des débuts nous réunissant.

Tu es cette mélodie dont jamais je n'oublierai la texture et le
parfum, même si
tempête, même si ouragan ou que même
apparence d'une trahison…

Même assoiffées, même affamées, mes voyageuses ne
voudront pas l'essentiel
sans toi, n'accepteront que le ruissellement qui a déjà verdi

ta sécheresse, ne
goûteront qu'aux dattes par ta plénitude offertes, toi leur
consolatrice, leur
fabricante de campements aux heures
anciennes d'une disette en largeur.

Jeanie Bogart

Pays mien

Sur la chaussée de ma vie
je te retrouve
l'air pensif
Ô mon pays aux mille et une voix

j'ai appris à compter
chaque bourrasque du vent
te coiffant
te décoiffant
à volonté

tes enfants
étalés dans leur nudité
l'innocence à bout portant
s'attendaient
à voir surgir un monstre

ils ne l'ont pourtant pas vu venir
sous forme de marée haute
s'engouffrant
dans l'antre de tes côtes

eaux et larmes confondues
cris étouffés
ventres remplis
non pas de ce pain quotidien
tant attendu
mais du raz-de-marée
qu'accompagne l'ouragan

cette image me poursuit

il m'arrive parfois
de marcher la tête baissée
par peur d'intimider le soleil
il m'arrive de mordre
dans le bleu éclatant du ciel
sans souci de sa douleur

il m'arrive parfois la nuit
de dormir
sur une paillasse d'étoiles
et rêver de t'offrir
une gerbe lumineuse
au petit matin

il m'arrive aussi
souvent
de danser
interminablement
au rythme endiablé d'un *gede ibo*
histoire de rentrer au bercail
maquiller d'un sourire
ta désolation

l'image m'obsède

regard ravagé
larmes séchées
pensées boueuses
mon pays me dévisage

Karine Belizar

Somnium caelum

Corps céleste de prédilection
Vers toi je me tourne
Pour prendre d'importantes décisions
Depuis la chambre où je séjourne
Je te contemple jour et nuit
Près de toi, un astre luit

Dans l'espace sublunaire
J'écris des vers lagunaires
Tel un poète laminaire
Qui attend le nouveau millénaire

Haïti
Dont les chaînes peu à peu se délient
Afin que ses enfants puissent
À leur tour jouer avec le Soleil

Tontongi

Harvard Square, un après-midi d'été

La mélodie envoûtante
du saxe et de l'ensemble
ajustée à l'improviste
sur le square sous le vent
en gaîté du charme estival.

Les spectateurs et les passants
et les danseurs improvisateurs
s'échangent de place tout en souriant
de temps en temps—c'est la poésie
de la muse un jour d'été
les gens dansant en souriant.

Même les touristes et leurs caméras,
l'air ébahis sous l'extase nouvelle
des grandes merveilles de Harvard Square
se foutent bien de l'ironie de la perversion
du lieu impur sur l'idéal d'être ; pourtant
les *transcient homeless,* c'est une autre histoire,
comme la conscience faite autre et indésirable
dans le laboratoire de la rééducation.

(Déc. 2019)

Louis-Philippe Dalembert

on my mind haiti

« ooh georgia, no peace I find
just an old sweet song
keeps georgia on my mind »
—stuart gorrell

pour edwige danticat
racinée dans la même mémoire

on ne quitte pas ce pays
on ne le quitte pas

un jour on croit partir loin très loin
s'en aller à jamais
laissant les nuages derrière soi
ivres de transhumance
lourds de fragilité
laissant les nuages
nouer et dénouer haut perchés
leurs arabesques dans le ciel

un jour on croit s'en aller
laissant la ville s'éteindre
puis se raviver
phénix aux mille songes de désespoir repu
la pluie déraciner l'ultime dialogue
des arbres avec la terre

un jour on croit partir
laissant la mer
se rétrécir
de tant de deuils et de déchets
se taire les rivières
jusqu'à se consumer
telle l'ultime note d'un blues

on ne quitte pas ce pays
on ne le quitte pas

un jour les odeurs reviennent
dans le lointain du monde

reviennent du lointain du monde
un jour les odeurs détournées
les odeurs un jour renaissent
de l'éloigné du temps
celles de l'enfance les odeurs et celles fortes d'aujourd'hui
mêlées à n'en plus pouvoir
mêlées jusqu'au désespoir

un jour le port d'une femme
dans le lointain du monde
longeant lasse la poussière de ses rêves
qui un à un se noient
natifs de basses eaux
un jour sa démarche
épuisant la vanité de la vie
et majestueux ses effluves retissent
cette chanson d'un temps
pareille à un sanglot perdu

on ne quitte pas ce pays
on ne le quitte pas
ni même ne s'en va

un jour l'espoir et le désespoir fondus
comme hier et demain à n'en plus savoir
comme ces échos du jour dans le sommeil
perpétués à n'en plus pouvoir
ces lambeaux de mémoire
ritournelles de l'enfance au soir de l'étoile

on ne laisse pas ce pays
ni même ne s'en va
de cette terre
de cette femme

sortir peut-être
et encore

(Liège, 6 octobre 2007)

Alex Laguerre

Zone d'ombre

Mon désespoir va partouzer
Au milieu des magnolias

Et mon poème
Bravant le couvre-feu

Erre,
Taciturne et pieds nus

Arpentant toutes les rues
De la ville.

Marie-Ange Claude

Haïti mon amour

Haïti mon amour
Un long fil bleu te lie à moi comme le sel, la mer et les poissons
Les saisons de flamboyants et de papayes
Déroulent et glissent leurs fleurs sous mes pieds
Et embaument l'air en des nœuds mous
Comme des œufs d'anolis

Toi et moi avons des souvenirs plantés en commun
Tels des clous dans la chair
Au boulevard de nos désespoirs heurtés
Puis blessés aux phalanges pour avoir trop longtemps
Marché vers nos miettes

Haïti mon amour le ciel s'est fait brise
Et renverse sur nos têtes des gouttelettes brisées de chagrin
Nous gardons dans les yeux des caillots de nuage
Des franges de soucis jaunis comme les murs de l'attente
Et des flaques de douleurs précoces qui apprennent
À peine à parler, et à marcher, l'âme égorgée

Mon amour
Ton peuple en a marre de se laisser dodiner
De se faire broyer comme des sardines
Dans ton corps l'écho des silences et des sanglots ne voulant
plus être étouffés
Meurtris comme les blessures qui nagent dans ton âme
Reprends ta danse petite toupie
Tourne, tourbillonne et puis danse
Au rythme du vent aussi dense que ton cœur
Qui séjourne au seuil de ta porte

Amour mien
Il est bruit que demain tu recouvreras ta verdure
Et que tes enfants boiront à ta source sans risque d'attraper
le choléra
Qu'à la place de la tuberculose et de la malaria
Des roses pousseront sur nos terres
Et qu'à nouveau le sourire et la vie rentreront
chez nous et y séjourneront à jamais.

Patrick Sylvain

Fragments

Les rêves d'automne qui se sont envolés,
Les tresses rasta toutes nues jusqu'aux racines,
Je suis comme les feuilles dont le ciel est parsemé.

Orteils

Les orteils déshabillés éclatent de rire
Devant le spectacle de chaussures françaises en cuir
torsadées
Elles sont chimériques.

Danielle Legros Georges

Poème pour le pays le plus pauvre de l'Hémisphère occidental

Ô pays le plus pauvre, ce n'est pas ton nom.
Tu devrais être appelé phare et flamme,

amande et bougainvilliers, jardin
et verte montagne, villa et hutte,

fillette avec des rubans rouges dans les cheveux,
des livres sous le bras, charmée par la lumière du matin,

marchande de charbon en jupe noire,
entourée d'arbres morts.

Toi, pays, tu es la femme marchande
et la vendeuse enthousiaste, le grand-père

au portail, au carrefour
portant la lampe de poche, portant la lumière,
portant la lumière.

Emmanuella «Ella» Turenne

Passage du milieu

À l'horizon une colombe s'envole
En surveillant les eaux s'étendant à perte de vue
En bénissant les âmes qui gisent dessous
Ils ont supporté des souffrances indicibles
Ce peuple déplace et égaré
L'esprit divin les a capturées au moment où elles sont
tombées
Des bateaux branlants
Pendant que ceux qui restaient de leurs familles
Ont survécu et sont arrivés
À Saint Domingue.
Bienvenue ! Voici le Nouveau Monde.

Riche, Convoitée, surveillée, exploitée
Saint Domingue
Cycle tragique
Travailler, crever, importer
Crever, importer, travailler
La misère de l'esclavage
Mise au monde par le passage du milieu.

Passés les temps où nous avons vogué pour le plaisir
En longeant nos côtes sans âge
Leurs vagues couleur du sucre doré
Ces vaisseaux nous emportent aux côtes lointaines
maintenant
Loin de la vie que nous connaissons
Loin de la garde de nos ancêtres
Leurs bras nous atteignent de la distance des kilomètres
Mais parfois ils ne sont pas suffisamment longs
Pour reprendre ceux qui tombent
Tout ce que nous avons maintenant est ce que nous tenons
dans nos mains
Charge précieuse de la vie et
Brouillons sur papier
Tickets à une liberté
Que nous avions pensée déjà la nôtre
Maintenant perdue
Et que nous cherchons ailleurs.

Nous ne voguons plus au-dessus des arcs-en-ciel
Mais il y a un pot d'or à la fin de ce voyage
Si nous pouvons tenir suffisamment longtemps.

Nous n'avions pas pu choisir le lieu de notre naissance
Les eaux qui entouraient les terres où nous vivions
Devraient être saturées du rouge de la fluide vitale de nos
ancêtres
L'eau qui était censée protéger notre peuple
Les nourrir
Les laver
A fini par devenir l'ennemi
Les empêchant d'atteindre
Les rives où règne la liberté et
Un rêve qui peut devenir la réalité.

Qu'est-ce que cela fait que nous soyons arrivés en bateaux ?
Qui nous a amenés ici tout d'abord ?
Mon peuple n'était jamais un peuple riverain
Habitant les terrains montagneux
Au milieu de l'océan.
Ils n'étaient jamais préparés à surmonter les courants et les vagues
Mais ils ont pu traverser les mêmes eaux
Que l'on a forcé leurs ancêtres à subir
En s'accrochant à un bord d'un déchet de bois, leur seul espoir,
Ils apercevaient la gueule vorace de l'océan
Et ils ont regardé droit devant eux dans l'œil, l'âme, l'esprit
Des Lwa
Il y a longtemps qu'ils se sont engouffrés sous ces eaux sans pardon
L'on ne peut pas oublier ces mêmes esprits
L'on ne peut pas briser leur énergie et
La matrice qui est le passage du milieu
Ne s'est pas encore guérie
Gémissent encore des voix
Des milliers de cordes vocales
Unies en criant pour la liberté
Une énergie qui plane au-dessus
Quand bien même les plus calmes des eaux
Cette énergie qui fait rage sous ma peau
Préservant ma connexion
Me rappelant qu'il y avait un avant-moi-même
Et qu'il y a un avec-moi
Quand bien même à une distance de milliers de kilomètres.

(traduction française par Elizabeth Brunazzi)

This Land, My Beloved / Cette terre, mon amour / Tè mwen renmen an

Les catastrophes

Boadiba

Blues Post Séisme

(à Gregory Vorbe, peintre et musicien haïtien)

Le bleu bleu bleu des bâches bleu vif
Qu'on appelle puelas
Rapièce nos paysages fracturés, nous-mêmes fragmentés
Puela puela blues recolle les débris de nos vies avec des
tessons de ciel
Incrustés dans les canyons de choses tombées
Où des cadavres desséchés sont encore attrapés

Puela puela blues puela bleu bleu bleu
Toile de fond des armées en silhouette venues pour la bonne
paye
Issue de notre pauvreté qui remédie à la banqueroute de
leurs pays déraillés
Puela puela blues puela l'infanterie dont les armes les plus
meurtrières ne sont pas les fusils
Qui ne défendent personne
Mais le choléra importé qu'ils propagent en jettant leur
merde dans le lit de nos rivières
Bleus bleus éclats de l'eau bleue brisant les couleurs camo
de ces soldats puelas
Qui nous brandissent en pleine figure
leurs chapelets de viols

Puela puela blues puela bleu bleu bleu des bâches bleu vif
Voilant les lieux où les enfants puelas sont traînés
Pour perdre leur âme vendue au-delà des frontières
Les missionnaires continuent d'indiquer les sites où se
cachent les métaux stratégiques
Bleu bleu des barrières bleues encerclant les enclaves
Où les noirs trébuchent sous le poids des
sacs remplis de nos trésors volés

Puela puela blues chefs locaux conduisant dans le noir

Sur une route tracée grâce aux fonds de la reconstruction
Et destinée à durer juste le temps des excavations
Vendent notre pays tout entier à très bon marché
Puela puela blues successions sans fin d'administrations
destructrices
Présidents déchus par avidité au pouvoir
Généraux de retour pour réclamer leur tour
Fantoches orchestrés par des maîtres étrangers
Qui les placent sur cet échiquier de désastre
Posé sur l'incroyable enjeu du secret bien
gardé de nos richesses immenses

Puela puela bleu bleu bleu des casques bleus envoyés par les
gros chats proverbiaux
Sortis du sac fendu d'une fêlure séismique
Pour révéler le sous-ventre de l'escroquerie internationale
Passé et présent marchandant les fusils qu'ils embauchent
Pour pouvoir rouler dans l'argent de notre économie puela

L'été nous brûle l'hiver nous réduit en lambeaux
Recousus dans la géométrie bleue bleue bleue de nos
risibles abris
Debout jusqu'aux chevilles dans l'eau boueuse
nous passons une autre saison sous ce temps.

(version française en collaboration avec Elizabeth Brunazzi)

Charlot Lucien

Une main s'élevant dans les décombres

(pour les victimes du tremblement de terre du 12 janvier 2010)

Hier, un superbe bâtiment,
Un monument à la vanité humaine
En plein milieu de la ville
Et quelque chose bouge au milieu des débris
De ce qui en reste aujourd'hui.

Une main
Une main porteuse de ses cinq doigts—
Une grâce à laquelle nous nous sommes habitués.
Une main ? C'est tout ?

Dis-moi plus, raconte,
Est-elle lisse ? Manucurée ? Calleuse ?
Est-elle noire ? Est-elle blanche ?

Est-ce la main du maître de la maison ?
Du touriste bienveillant qui le visitait ?
Ou celle de la vieille servante ?

Personne ne peut dire
C'est tout juste une main, une main sanglante
Grisâtre et couverte de poussière
Et survolée par une chorale d'insectes
Sifflotant leur anticipation abjecte.

Mais c'est qu'elle bouge ! Elle bouge !
Et l'un des doigts, quoique faiblement,
Semble me dire et dire au monde
«Approchez, plus près, plus près…»

Oui, une main bouge au milieu des décombres
Couverte de sang, de poussière et de cendres,
Et nul ne peut dire si elle est noire, blanche
Lisse ou calleuse…
Mais elle bouge !

Et il me semble maintenant,
Qu'elle a tout simplement besoin d'être lavée
D'être réchauffée,
D'être tenue entre d'autres mains
Et pendant que je la tiens

Et la lave, et la réchauffe
Te joindras-tu à moi
Avec tes mains nues—si tu n'as pas d'outils
Pour creuser autour d'elle
Pour aider à dégager un bras
À dégager une tête,
Une poitrine oppressée,
Un corps meurtri,
Pantelant mais vivant !

Nous pourrons tous ensemble alors
Nous rassembler
Pour aider à rebâtir
Une vie,
Pour aider à rebâtir l'Espoir.

Marie-Ange Claude

Mutilés

Les rues sont tristes
Elles ont la langue coupée
Trop de sang inonde le quotidien

Haïti mon amour
Sous nos langues dort un goût amer
L'odeur du sang colle à nos narines

Du matin au soir, nous habitons l'angoisse

Nous ne savons plus quelle rue emprunter
Pour fuir la mort qui rôde nue dans la ville
L'amertume imprimée sur nos cheveux et dans nos âmes
Nos pas ne savent plus sur quel pied danser

Demain sera-t-il fait de bruit de balles
De fumée de caoutchouc, de graffiti de sang
Sur les murs et sur les trottoirs

Dans ma gorge une grosse pierre roule sa tristesse

Demain nous élèverons nos voix pour dire
Qu'ici la mort doit arrêter de circuler libre
Que nous ne voulons plus de cadavres frais
Comme des gerbes de roses à chaque coin de rue.

Michel-Ange Hyppolite

Nos îles Caraïbes

(à Daniel Boukmann et à Max Rippon—
« À ban entendeur, bonne entente »)

Dans nos îles Caraïbes
l'aurore a des doigts souillés de cendre.
Au printemps nos quénepiers fleurissent
mais leurs fruits sont amers
et leur ombre efface à mesure
la trace de nos pas.

Dans nos îles Caraïbes
notre sang est un mélange
d'explosifs et de patience.
Nous attendons septembre
pour enfiler le Nordé
dans le collier d'espoir
de nos enfants orphelins.

Michèle Voltaire Marcelin

Le goût des larmes

(in memoriam pour Port-au-Prince)

L'été se faufile entre deux jours
Deux jours à vivre
Ici, on les vit à peine ou mal
Dans la faim l'ordure la blessure.

Dans cette ville d'échec et de désastre
Cette ville d'ombre et de barbarie
Il y a ceux qui crient et ceux qui appellent
Ceux qui mendient et ceux qui prient.

La vie est à la pluie
La vie est à la détresse
Le jour est sans promesse
Tout a le goût des larmes.

(2009, précédemment publié dans *Amours et
Bagatelles*, Éditions CIDIHCA et l'*Anthologie de la Poésie
Haïtienne Contemporaine*, Éditions Points)

Patrick Sylvain

Indignation

Quand s'arrête la musique du cœur,
Meurt l'illumination des yeux des mères,
Leurs lamentations se nichent
Dans les plis de la peau.
Les larmes se transforment en huile
Quand les cierges du deuil
Consument entièrement leurs mèches,
Dans une terre de peuples noirs moribonds
Marchant, leurs âmes indignées
Ils sont incapables de regarder
Leur propre mort corporelle
Comme des trolls bien pourris.

Jeanie Bogart

Déshabiller l'écriture

Déshabillée de pudeur
je me suis offerte à l'écriture.
esclave de la plume qui vomit et crache

synonymes traqués
adjectifs blessés
les mots en tous points bâtards
se font rebelles

visage à découvert
fesses à nu
l'écriture est en moi
sens dessus-dessous
voyelles enchevêtrées de consonnes
testicules brûlants l'absolu de mes lettres
l'imagination est un monde de ciel
où ma main cherche son absolu.

Aidan Rooney

Tristes Pâques

(pour Frantz Duval)

Nul cerf-volant danse dans les cieux de Port-au-Prince ;
les jeunes s'ennuient sur smartphones dans la rue ;
les vendeurs de poisson sec ressentent les pinces ;
pour observations pascales, pourquoi faire du bruit ?
Personne n'insistera que tu jeûnes une semaine
de morue et d'œufs durs, et conserves de sardines,
avant la fête du dimanche de dinde dodue jeune ;
spaghetti, riz et haricots fument sous nos narines.
La pharmacie qui donnait sur le Champs de Mars
ne nous offre plus ses œufs au chocolat peu chers.
Plus de question de pouvoir faire toutes les messes ;
les montées et les descentes pèsent sur le corps.
Mieux vaut rester là, disent les vieux : lavi a chè ;
lari pa bon ; rete trankil. Jezi ap leve.

(précédemment publié dans la revue *Tanbou,*
édition hiver–printemps 2019–2020)

Doumafis Lafontant

Haïti chérie

Toi aussi, tu peux rêver
C'est ce potentiel que je veux réveiller,
Ton âme,
Pour prendre ta beauté à deux mains,
L'afficher sur les grands écrans pour qu'on puisse voir,
Que tu as du talent.
En tant qu'Haïtien, ce n'est pas de la magie mais un don
Même s'ils disent autrement
Franchement, leurs opinions ne comptent pas
En fait, ils ont mal calculé
L'essentiel, c'est qui tu es.

Le plus important dans le monde,
Face à cette grande crise,
C'est l'histoire que tu racontes.
Tout ce que l'on raconte sur les Haïtiens,
Et les mensonges proférés à leurs égard n'existent plus.

Jouis-toi.
Garde ton équilibre même sur l'existence de ta misère
Exprime ta souffrance,
Sans rien retenir pour personne
Sans souci,
Marche sur les flots
Ce n'est pas un miracle
C'est ta façon de vivre.
La frontière qui existe entre la naissance et la mort, c'est la
liberté
Là où elle est en toi, personne
Aucun animal
Rien ne peut gâcher ton essence,
Ni ton âme.
Même s'ils continuent d'essayer,
Leur effort est en vain
Car tu es ce qu'Haïti est pour toi.

(2021)

La prière Boukman

(une reproduction d'une chanson d'Azor)

Boukman au Bois-Caïman
Nous citons ton nom
Nous ne te dérangeons pas
Nous en avons assez
Papa Boukman
Nous sommes allés trop loin
Notre pays est divisé
Ainsi que la famille
Tu n'avais pas conduit la révolte générale
Au bénéfice de l'étranger.

(2021)

Mario Malivert

La nuit du séisme

briques
murs
dalles de béton
sur nos dos nus
multitude
pendue au triangle
des étoiles
un étalage de bave
acide
une nuit au clair de lune
sur la bitume
en-dehors des cubes
un chez-nous déserté
dégouliné enlisé
dans le lit des ravines.

Trop plein

Port-au-Prince
qui penche et balance sous le poids des pieds
que de pieds trop de pieds
des gens qui viennent d'ailleurs
des fils de Jean-Rabel et du Mole Saint Nicolas
qui délaissent la terre
en quête du jet rapide de la ville
les maisons se dressent dans le lit des ravines
murs effondrés dans les grandes pluies
jus de béton dans les eaux
les cercueils sous les nuages gris
les canaux quels canaux
les égouts quels égouts
mais la marche continue dans les rues poussiéreuses
De la cité des princes
en quête de l'or enterré sous le sable des trottoirs
que de temps perdu
la masse grise du cerveau

s'engloutit dans l'attente des gratte-ciels
les mêmes silhouettes se déhanchent
du matin au soir
les mêmes demoiselles à la démarche lascive
exigent le regard
les idées mort-nées des intellectuels de fortune
des savants sans tonnelle
assis sur des capots de voitures
des jeunes gens qui ne trouvent rien
à faire
mais de poursuivre l'extase des jeux insolites
mais de succomber à l'attrait de la chair
panacée des jours d'ennui
exutoire des longues heures monotones des nuits chaudes

le repas des temps creux se sert
en vague
carnaval de mauve et gris
marée de chauve-souris
zigzague
des secondes-cendres
fouillis des sachets de plastique
papiers noircis de boue
tendons de poulets au cou tordu
pour le repas du dimanche
le fatras qui nous hante
la fumée qui danse dans sa robe violette
senteur nauséabonde de la chair gâtée
l'enfant qui tourne son cercle autour du tas
ceux qui ont vécu toutes leurs vies
dans cette vie de rues défoncées
iront tout droit au paradis
ceux qui ont bu la coupe amère
des jours sans but
Lazare des temps modernes
reposeront à coup sûr
sur le sein d'Abraham.

Denizé Lauture

Coups de pilon dans la moelle épinière

C'était un après-midi
Un après-midi à l'heure de l'Angélus
S'approchant glissant donc
Vers la nuit
Un maudit après-midi
C'était un mardi un
Mardi après-midi
Le premier mardi suivant la
Sortie du mardi gras
Un mardi de malheur cordé
Un mardi d'enfer

Il paraît que la terre avait faim
Une faim de mangeurs d'hommes
De buveurs de sang
Il paraît que les entrailles de la terre
Voulaient se nourrir de ses propres entrailles
Il paraît que les tripes de la terre
S'étaient entremêlées
Sa gorge altérée sèche
Il paraît que la terre avait cet urgent
Besoin de se nourrir d'humains
De se désaltérer avec leur sang

Elle s'est donc entortillée
Comme une couleuvre de l'enfer
Se remuait en faisant trembler le sol
Se faufilait en faisant vaciller les rues
Traçant des cercles sur le sol
Comme une bourrique lépreuse
Comme un diable ayant mille mains
Mille pieds comme un
Monstre tentaculaire
Un mulet devenu fou

Ô le maître des eaux Agoué
Avait pourtant protesté
Criant Non !

Mais la terre n'écoutait pas
Elle était devenue muette
Même qu'Ayida Wèdo la belle déesse
Avait à son tour objecté
La terre n'écoutait pas
Elle était devenue muette la terre
Qui avait mis toute pitié de côté

Même quand la belle Simbi des eaux
Orchestra un immense Non !
La terre n'écoutait pas
N'écoutait même pas papa Legpa
Le grand chef des barrières
Sa voix unie à celle de Papa Dambala
Les deux firent exploser un Non !
Comme un tonnerre de voix
La terre n'écoutait pas
La terre les méprisait
Elle s'en moquait la terre
Et elle se mit à ronfler
D'un ronflement retentissant
Plus fort que des coups de canon
Éclatant au-dessus des vagues de
La mer de Jacmel

Un ronflement rappelant
Les mitrailles des orages du ciel
Et ceux qui étaient sur leurs pieds
Ceux qui marchaient
Même ceux qui dormaient
Titubèrent à droite
Et à gauche ensuite
Furent projetés au sol
Ils rampèrent de Port-au-Prince à
Jérémie

Le ciment des terrasses se fendait
En mille morceaux
Facilitant par leurs interstices
Le coulage du sang des femmes
Le passage goulu du sang
Coulant vers les entrailles de la terre
En passant par les entonnoirs de la gorge

Vorace de la terre
Et une avalanche de nuages blancs
Une poudre blanchâtre
Une poudre mortifère blanche
Aspergea toutes les villes
Où enfants et vieux confondus
Vivants comme morts
Devinrent tous des zombis
Criant Au secours !!!
Les gens tombaient tombaient tombaient
Le sang coulait coulait coulait
C'était la saison du mardi gras
La saison du Rara
De notre Rara oui de notre Rara à nous
De notre Rara plongé dans un vide
Un vide fouillé sous un sablier

On n'entendait même pas les
Notes ronflantes des vaccines
Ni les sons des tambours
Non ! On ne les entendait pas
Qui avaient cédé la place
Aux tristes sons des lambis de la mort
Et les yeux demeurés ouverts
Virent partout l'abécédaire de la mort
Virent partout les livres de la mort
Partout les bibliothèques de la mort
Les voiles blanches de la mort
Voguant sur l'étang de poussière
Blanche de la mort
Le sang des Haïtiens s'édifia
En pyramide
Traçant sur le ciel
Des chemins à deux voies
Alignés en zigzag
Traçant des croix dans l'air
Haïtiens pauvres
Haïtiens riches
Leur âme volant
Comme des feuilles de papier
S'infiltrant entre les décombres
Entre les murs effondrés

Entre les meurtrières
Nos pieds comme nos biceps
Nos pieds comme nos jambes
Les muscles comme l'esprit
Enfouraillés enfouis enterrés
Les membres broyés
Broyés par ces machines
Broyeuses de cadavres
Crématistes pulvérisant
Nos corps à travers
Ces machines broyeuses de cannes
De cannes à sucre amer
Nos cadavres alignés sur
Mille trottoirs
Y pourrissant
Alignés aux carrefours de la mort
Aux beaux milieux des rues
Grillés sous les cendres

D'un feu invisible invincible
Nos cadavres réduits petits lézards
Et ceux coiffés par la chance
Enjambèrent nos corps
Nos corps alignés
Jambes ouvertes comme la lettre A
Ou rangées en Y
Ou en I en T en I
Même Haïti
Mon pays comme un cadavre
Étendu
La plante des pieds devenue rouge
Baignée de sang
Les gens allant les mains sur la tête
Les mains suspendues en croix
Bâillonnant nos mâchoires
Le ventre serré
On Tombait des fois
Sur un ami mort un proche
Un parent un enfant mort
Un grand-père une grand-mère
Vous vous imaginez un époux une épouse
Immobiles corps étendus par terre

Les bras en croix
Ô pauvre enfant mon enfant

Les bras en croix
Vous vous imaginez
C'est le christ renversé
Par terre
Nous laissant sa croix où mourir
Croix croix croix
Ici croix là-bas croix
Croix au-delà des frontières
De l'autre côté de la mer
Ah ! Que de croix à porter !
Et nous les portons
Jusqu'à devenir croix nous autres
Suant du sang en les portant
Sur nos épaules
Vomissant du sang
Pissant du sang sous nos croix
Chiant sous nos croix
Ces croix d'avant-hier
Ces croix d'hier
Ces croix d'aujourd'hui
Ces croix de la journée
Ah ! Hautement à haute voix
Disons aux croix du lendemain
Non ! Non ! Non !

Car nous les placerons nos croix
Sur les épaules du Grand Dieu
Sur les épaules de Papa Legba
Sur les épaules de Damballa
Sur les épaules d'Erzulie Freda
De Maître Agoué des eaux
De Ayida Wèdo
Sur les épaules des têtes sans corps
Des esprits sans corps

Nous allons ramasser nos maux
Pour les baigner les plonger
Dans un bain d'odeurs
Et pour les enterrer
Dans une fosse commune

Avec les forces de la vie
Nous planterons un baobab d'amour
Et l'amour aimera la vie
Et la vie aimera l'amour

Et nos enfants grandiront
Avec l'amour de la vie
Et ils aimeront tous l'amour
Ils aimeront le monde dans la vie
Et les vautours cesseront d'attaquer
Les vivants par surprise
Cesseront d'attaquer les faibles
Un coup de pilon nous atteindra
Au beau milieu de la tête
Pour percer en nous la grande
Route de l'amour
Et de la vie en même temps
L'espoir jouant à la marelle
Autour de nous
Nous trouverons notre chemin
Le bon

Car le chemin actuel
C'est celui vers l'enfer
Or étant fils et petit-fils d'une
Grand-mère de la Guinée
De ce pays de l'origine de
Ce pays mangeur de feu
De ce pays dansant au milieu

Des laves d'un volcan
La Guinée volant avec les feux du soleil
Avec elle nous arriverons à port
Oui nous arriverons !

(traduit en français par Josaphat-Robert Large)

L'histoire du temps présent

Ricardo Bogaert-Alvarez

Ombres

*(pour les victimes haïtiennes du génocide
de 1937 en République Dominicaine)*

Un matin au coucher de la lune
Nous nous tiendrons les mains dans les mains
Noirs et métissés
Et des roses blanches surgiront ;
Nous ferons le tour de ces champs
Où habitent ces âmes, celles qui errent par-là
Depuis le 1937,
Celles qui avant terme ont appris
La lame de la machette et
La solidité de la matraque

N'importe la distance de kilomètres
Que nous aurons à marcher
Ni les coups de soleil sur nos fronts :
Dieu nous accordera des milliers de roses
Pour apaiser ces ombres
Qui n'ont pas trouvé de repos
Dans cet horizon brutal
De huttes, de sang et de canne à sucre

Pendant que ces pétales donnent un baiser
au pavé le long de notre route,
Ces âmes maintenant libres partiront au ciel,
Rassembleront les nuages
Pour nous arroser de l'eau du pardon
Alors nous nous détiendrons les mains
Et nous prendrons le chemin de la hutte ;

Pendant notre sieste,
Frères haïtiens,
Un ange rafraîchira nos fronts en transpiration.

(traduction française par Elizabeth Brunazzi)

Charlot Lucien

Répliques

On a tiré quelque part
Une mère,
—Une mère—puisqu'il ne saurait en être autrement.
Une mère dont l'enfant était au dehors
S'est mise à hurler à la mort
Sans pause,
La chose,
Le cri
Est parti
Quelque part du fond de ses entrailles
Et dans un roulement tumultueux,
Dans un grondement sourd,
S'est engouffré dans sa poitrine dilatée
Avant de jaillir de sa gorge
Avec la force de l'orage
Qui éclate brutalement après d'interminables minutes.

On a tiré quelque part
Un militaire de l'époque,
Puisqu'il ne saurait en être autrement,
Un militaire de l'époque donc,
S'est mis à ricaner,
Et à son tour a tiré
Quelque part,
Quelque part sur la foule.

Gary Klang

Toute terre est prison

(à Isaac Bashevis Singer)

Fuir le long tunnel
La terre où les oiseaux sont ivres

Toute terre est prison

Je replonge par les mots dans les années ténèbres
Pensant trouver réponse
Alors que me remonte le goût acide de la terreur

Ces hommes en noir avec des lunettes noires

Je replonge par les mots dans ce monde que j'essaie
d'oublier
Qu'est-ce qui m'a pris d'y revenir
Je ne sais où j'en suis
Et quand j'y pense
J'ignore ce que je sens tout au fond de moi-même
Voulant fuir ce passé
Qui toujours me rattrape et me prend à la gorge

Toute terre est prison

Mais loué sois-tu Isaac
Tu m'apportes la joie
Le plaisir d'un haut lieu qui pourtant n'est pas mien
Et peut-être est-ce pour ça que j'y prends tellement goût

Ta ville est pur récit
Sans rancœur ni tristesse
Malgré l'autre terreur qui déjà se profile
Avec ses camps et cette odeur de gaz à faire vomir

Quel est donc ton secret

Dis-moi comment changer la terre en or
Comment sortir d'un long passé défait
Car moi aussi
J'ai plus de souvenirs que si j'avais mille ans
Même si les miens ne sont pas de Pologne

Mais d'une île que je nommerais Maison du Diable

Je viens d'un lieu où vécut Lucifer
Il me faut maintenant m'en délivrer

Et me reviennent ces images d'un autre monde
Celui d'avant la nuit où tout était si vrai
Ces images d'innocence lorsqu'avec elle j'allais sur la
montagne
Chaque porte devenant un havre où l'amitié m'était offerte

C'était comme un monde irréel
Un rêve ramené au sol rugueux du Mal
Mais à l'époque le mal n'existait pas pour l'enfant que j'étais
Je ne comprenais pas encore que l'homme pouvait
Tout simplement
Faire le mal pour le mal

J'ignorais que cette terre de soleil
Deviendrait une terre d'ombre
Par la faute d'un plus fou que ceux qu'on enfermait
Entraînant avec lui d'autres fous
Vêtus de noir avec des lunettes noires

J'ai vécu la folie Isaac
Et j'essaie depuis lors de trouver l'équilibre
Comme tous ceux
Qui jamais ne connurent les camps de la mort
Mais une île transformée en un grand camp de mort

Me répugnent ceux qui feignent l'oubli
Ceux qui pourtant avaient souffert
Et qui tiennent aujourd'hui un discours
Que personne ne comprend

Le mal fait par ces hommes en noir avec des lunettes noires
N'a pas d'équivalent sur cette île d'où je viens

Je cherche à m'en sortir
Mais toujours me reviennent ces images
Que je ne puis défaire

Ma terre est une prison
Où les oiseaux sont ivres

Toute terre est prison

Je te salue
O Isaac Bashevis Singer
Mon ami
Mon frère.

Tontongi

L'altérité de la contingence

La déchirure de l'instant
l'heure du dernier réveil
le souffle final en un certain matin
on l'a vu et ça se répète à l'envi
c'est le prix du moment d'allégresse
la rançon de la jouissance de vivre
mais aussi la révélation de la destinée
le prix à payer pour survivre.

La déchirure de l'instant
c'est aussi une épiphanie
la découverte de l'absolution
de l'absurde et de l'orwellisme
la perversion de la réalité.
Pourtant elle peut être réinventée
avec l'impertinence et l'audace
cri de revanche du désespoir
la demande de la justice pour l'Exis.

Après le temps alloué
souvent par un hasard capricieux
ne restera que la mémoire des survivants
le moment fugitif évanoui dans le temps.
Cette rencontre autour de la table à manger
un matin du Jour de l'An, c'est notre 14 juillet,
c'est le moment de gloire de la commune,
la symbiose entre le temps et l'Être
leur unité et aussi leur rupture
le tout englouti dans l'évanescence,
victoire de l'instant sur le temps,
la nudité de la contingence.

Gahston Saint-Fleur

Bref récit de l'histoire et du destin du nègre

Et les dieux asservis se rebellèrent
Marduk a créé les hommes
pour les réconcilier, pour le repos des dieux.
Et les hommes à leur tour, se révoltèrent,
surgît donc de la terre… l'Indien
quand celui-ci s'est rendu indomptable
aspergeant la terre par son propre sang
livrant sa chair brunâtre, ces mets précieux
aux hommes et aux dieux ; ce fût là quand
apparût le Nègre sous les eaux mouvantes
comme des poissons pris dans le trémail.
Le Nègre, pour être utilisé par les dieux
aux hommes faits maîtres, pour les servir,
et pour honorer par sa présence de nègre
la mémoire de l'Indien disparu.

Mais quand le Nègre s'est révolté
en choisissant de charpenter lui-même
son destin, comme l'eau et sa cabane,
en exigeant aux dieux et aux hommes
son existence à lui en plénitude.
En exigeant, oui ; car la liberté et le droit
en aucune époque et ce, pour personne
étaient ni seront des objets à donner en cadeaux.
Il était clair le Nègre ne décidait pas suivre l'Indien
dans le sentier tracé de la soumission, de la disparition.
Dans leur colère, les Nègres ont tous empoisonné
sources d'eau, les fruits, l'amour, la mort, la nuit…
c'était à ce niveau là quand le Nègre fût invité
par les dieux et les hommes pour trouver la route vers
l'aurore.
L'alliance conjoncturelle des trois a provoqué
la copulation de la nouvelle mécanique et la cybernétique :
surgie la robotique pour faire les efforts des hommes et des
Nègres
et pérenniser l'état saoul de dieux fêtards.

Et les robots se sont rendu compte…
et les dieux, les hommes et les nègres
ils n'étaient tous que des résidents de la mémoire
de l'usb, de cloud…
s'étonner, s'émerveiller, l'empathie, le pardon, l'amour…
comme beaucoup d'autres en d'autres temps
s'étaient gâchés à force d'être mangés par la rouille.
Et là donc s'est terminé, pardon,
s'est commencé le récit de l'histoire
et du destin du Nègre.

Jean-Dany Joachim

Un autre discours

Avant la fin de la journée, j'écrirai un long texte pour le pays,

Un texte aussi long que tous les arbres réunis,
Un texte fait de mots nouveaux, comme des
gouttes de pluie sur des feuilles de mazonbèl.

Je vais écrire des mots urgents dont le pays a besoin maintenant
Des mots qui avant toute chose nous uniront à nouveau :
Nous de la ville, de la campagne et nous tous de l'étranger.

Ce texte sera pour la terre qui est une partie de nous tous,
Notre cordon ombilical :
Gens très riches, gens riches, gens de peu de
moyens et ceux qui n'ont rien du tout.

J'écrirai dans ce texte, comme nous sommes beaux, quand
nous sommes en paix,
Comme nous sommes un peuple joyeux qui aime rire et
faire des blagues,
Un peuple solidaire, même si nous ne le montrons pas.

J'écrirai dans le texte des mots qui ressemblent à un rêve.
Un vieux rêve que nous rêvons encore tous les jours :
Rêve d'union et de libération.

Je ne vais pas perdre de temps à parler de l'histoire du pays,
Nous le savons déjà tous.
Je vais parler de ce que nous devons
faire pour aller de l'avant.

Je ne parlerai pas du soleil cette fois,
Et je ne parlerai même pas de l'océan qui nous entoure.
Je ne dirai rien du ciel et de sa colonie d'étoiles.

Je parlerai brièvement des rivières et des arbres,
Des sources d'eau des collines se précipitant à la hâte
Pour remplir des cruches et kanari pour ne jamais avoir soif.

Le texte parlera de toutes les volailles : oiseaux libres,
oiseaux en cage,
Il parlera des bonnes brises qui viennent calmer la chaleur,
Il parlera des rendez-vous de la lune et du soleil
derrière les sommets des montagnes.

Je vais écrire ce texte sans difficulté, sans beaucoup de réflexions
À la recherche de mots spéciaux et de métaphores.
Le texte sera fait avec le souffle du pays.

Si le sommeil m'emportait,
Le texte continuerait tout seul
Pour offrir un discours urgent dont
le pays a besoin maintenant.

Emmanuel W. Védrine

Bavardage des candidats patrie-poches

Ah, oui ! Ils bavardent
Ils savent bavarder
et savent quand bavarder
pour nous tromper.
Jamais, au grand jamais,
ils ne mentionnent dans leur
plan de gouvernement
la destruction des latrines
au moins dans la capitale,
ce lieu qui porte le nom
de « Port-au-Prince ».

En aucun temps,
la destruction des bidonvilles
habitat urbain de la population
la plus misérable.
À aucun moment,

la création des écoles gratuites
à travers le pays pour mettre fin
à l'épidémie de « l'analphabétisme » qui sévit
et contribue au sous-développement
de la Première République Noire.

Voila ! Des chenapans
qui ont le cerveau dérangé.
Ils sont le cerveau de bande de mardi gras
des candidats qui, une fois briguant le
poste du fauteuil bourré,
ne peuvent pas solutionner
même un simple problème d'électricité
datant depuis Cumberland.
Ah, oui ! Des candidats konbèlann ou rusés
qui vont continuer à tendre leurs couis
devant Saint Washington,
demandant de l'aumône et faveur accordée
par ce Saint en langue shakespearienne.

Enfin, des Candidats Mendiants
en majuscule qui rêvent d'encaisser
assez de grinbak* dans les banques étrangères
dans un peu de temps,
bâtir des châteaux un peu partout
pour leurs concubines,
puis voler assez d'argent
pour la suite des générations.

* grinbak / greenback : dollar U.S.

Ewald Delva (Konpè Zòf)

La simplicité

Pourquoi tant de revers
Enregistrés sur la terre
Et moi de mon côté,
j'aime la simplicité.
Je regarde l'avenir
Et j'oublie les souvenirs
Dans le parage des temps surannés
Dans le parage des temps évolués

La simplicité, j'aime sa vertu
La simplicité, c'est un attribut
Je prendrai le soin
De regarder loin
La simplicité
C'est mon attribut.

Souvent dans les actions
On fait trop de complications
Toujours de mon côté
J'aime la simplicité
On voulait se noyer
Quand on se sent ennuyé
Dans le parage des temps avancés
Dans le parage des temps éloignés.

Je trouve que c'est trop beau
De repartir de zéro
Car moi de mon côté
J'aime la simplicité
Quiconque se lèvera
L'Éternel l'abaissera
Dans le parage des temps trop vicieux
Dans le parage des temps trop envieux.

(traduction française par Elizabeth Brunazzi)

Kiki Wainwright

Siloyiz

Je t'appelle Siloyiz
C'est ce surnom que je te donne
Ma douce et belle beauté de la Caraïbe
Qu'importe la façon
Qu'importe le lieu
Ton soleil se lève dans mon cœur
Et se couche dans mes pensées

En vérité je te vois là devant moi
Un va-et-vient dans ma tête
Jouant à cache-cache dans mon esprit
Tu me bouleverses à longueur de journée

Mes souvenirs de toi
Suspendus dans le temps et l'espace
Tu détiens mes nuits en otage
Toujours présente
Entortillée dans mes rêves

Tu tiens fort malgré les mauvais coups
Tremble mon cœur à chaque fois que la tornade te secoue
Et je pense que le fil qui te retient à la vie
Est sur le point de céder

Õ Siloyiz !
Tu joues avec mes sentiments
Comme les notes de la guitare s'égrènent à la pleine lune
Tu me fais entendre ce que toi tu refuses d'entendre
L'orage qui frappe emportant un peu de toi
Tu me fais voir ce que toi tu refuses de voir
Ton arc-en-ciel qui s'assombrit

Tu m'as gâté avec ce que je chéris, Silo
Mon sucre candi au lait de coco
Mon *fresco* à la glace
Verse dessus la douceur de ma jeunesse
Mon sucre candi à la noix
Ma soupe *joumou*
Crabe à l'aubergine
Mon *akasan* au sirop de canne
Mon *rara*
Mon carnaval
Tu connais mon goût
Comme la mère connaît celui de son enfant
Õ Siloyiz ! Tu me fais pleurer
Tu étais une jolie fleur dans le jardin de mon rêve
Ont disparu feuilles et bourgeons
Seules les épines s'attachent encore
Dans les branches qui balancent
Prêtes à céder dans l'adversité

Sur le chantier du progrès
Malhonnêteté et corruption
Sont des empêchements à la réussite
Les mauvais politiciens complotent toujours
Pour perturber la marche à suivre à la construction
De ta nouvelle silhouette Siloyiz
Mais certains progressistes

Façonnés dans un béton de conviction
Sont toujours prêts à donner un coup de main
Pour que la maison soit achevée afin qu'elle soit
Plus propre
Plus belle
Plus solide

Õ Siloyiz !
Ton jardin fleurira de nouveau
Pollens et pétales éparpillés dans la tornade
Retourneront pour former des bourgeons
Qui pousseront dans toutes les branches
Afin que la magnifique fleur de la Liberté
Puisse se développer
Répandre parfum d'amour
Et progrès pour tous.

Berthony Dupont

Où sont passés les arbres ?

Où sont-ils les arbres ?
Les cocotiers
Les caféiers
Les palmiers
Les citronniers
Les bananiers
Les arbres véritables
Où sont-ils passés ?

Où sont passés les arbres ?
Certains disent
Ils sont déboisés
Mais où sont-ils allés ?
Certains disent
Qu'ils sont au Chili, au Brésil
En Dominicanie,
Paris, Canada,
Aux États-Unis
Partout dans le monde

La déforestation a mis fin aux arbres
Toutes les feuilles de nos arbres
Ont fini par déboiser
Où sont les feuilles des avocatiers ?
Les feuilles des cachimans
Regarder les arbres abattus
Les branches des arbres
Tout au long de la journée
Sont cassées, empilées
Au milieu de la rue.

Où trouvent-t-ils des fleurs ?
Ces fleurs qui ornent l'autel
De la cathédrale du peuple qui souffre
Ces fleurs qu'ils propagent
Qu'ils sèment partout
Faisant des ordures dans le pays.
Où trouvent-t-ils des fleurs
Pour faire de la bêtise
De telle bêtise dans le pays ?

Un pays
Les arbres sont tombés
Les branches sont coupées
Tous les arbres s'épuisent
Mais où trouvent-ils ces feuilles ?
Pour cacher leurs malversations
Au sein de l'État
Où sont les arbres ?

Un pays
Ou la terre est abandonnée
La terre se noie
En mer.
Un pays
Où la terre envahit la mer
En nageant.
Un pays
Sans réforme agraire.

Où trouvent-ils des fleurs
Pour exposer
Ces belles fleurs de carnaval

Ces belles fleurs sans parfums
Au-dessus d'un pays, qu'ils ont pillé
Au-dessus d'un pays, qu'ils ont coupé les pieds
Au-dessus d'un pays, qu'ils abattent des arbres.

Le pays est en béquilles
Le pays n'a pas de pieds
Le pays n'a pas d'arbres

Où trouvent-ils des fleurs ?
Pour cacher ainsi
Toutes leurs malversations
Dans les bureaux de l'État.

Un pays déboisé
Sans oiseaux
Les arbres sont tombés
Les branches sont coupées
Tous les arbres s'épuisent
Mais où trouvent-ils ces feuilles ?
Qu'ils utilisent
Pour maquiller, décorer, cacher
Leurs exactions malhonnêtes
Dans les finances de l'État ?
Où sont-ils les arbres ?

Elsie Suréna

Le temps

C'est l'odeur des mangues tout au long de l'été
C'est la cloche de l'angélus deux fois par jour
C'est la robe noire de grand deuil portée dix-huit mois sous
le soleil
C'est la gestation de la vache du voisin
C'est la rouille des outils délaissés
C'est la graine qui se fait arbre
C'est la chanson qui nous revient en faisant le ménage
C'est la photo jaunie retrouvée dans une vieille enveloppe
C'est le journal classé aux archives
C'est le souvenir du premier baiser un peu raté

C'est les jeans qui ne ferment plus
C'est le même anniversaire oublié deux fois de suite
C'est la chrysalide devenue papillon
C'est la calvitie poivre et sel
C'est le goût recherché de la soupe au giraumon de grand-
mère
C'est la chaleur de ses mains sur mon
corps au mitan de la nuit.

Janine Tavernier

Mariage

Vite, réveillez-vous amis
nous sommes tous conviés
aujourd'hui
le soleil se marie
il prend pour femme
une étoile
tu sais
la petite qui vit
cachée sous son voile vert
dans mon jardin.

Elizabeth Brunazzi

La patience des chiens

Ils nous arrivent à l'aube
les cris flûtés, argentés de petits oiseaux noirs
comme des millions d'étincelles
des gouttes de sons diamantées
surgissant des vignes qui tapissent
les murailles peintes en ocre, en rouge sang de bœuf,
Ils nous arrivent à l'aube
les longs aboiements des chiens de la rue
qui s'allongent sur la place centrale
près de la cathédrale

salutations du lever du jour
annonces de la fin de l'attente dans le noir
du retour espéré du soleil, de la lumière, des vivres.

Ils nous arrivent à l'aube
les sons des grandes cloches de fer
de la cathédrale rose
en forme de gâteau de mariage
célébration de l'alliance de la nuit avec le jour
de l'ombre avec la lumière
tissage de sons s'effaçant peu à peu,
vibrations momentanées
enregistrées à l'intérieur du corps même
se dissipant, s'évanouissant
avec la pleine arrivée du jour.

Ils accompagnent la fuite de mes rêves
de scènes répétées où je continue à chercher
un ami de longue date, un camarade bien cher
un exilé comme moi-même, lui
parti il y a longtemps d'Argentine
pour se retrouver enfin en France, à Paris
où je l'ai rencontré, et je le cherche
dans les rues de Paris, à l'endroit fixé
pour notre prochain rendez-vous
au point de rencontre
et je le vois
conduisant une voiture qui passe
sur un grand boulevard
où il me cherche aussi, il cherche le point de notre
rencontre
et je le vois chercher, le voit me chercher

mais il ne me voit pas, et je cours plus vite
j'essaie de l'appeler, d'attirer son attention
et je cours de plus en plus vite
mais il passe toujours en me cherchant
il ne me voit toujours pas
je cours, il passe toujours, me cherche
mais il ne me voit pas
je crie ce cri silencieux de rêve
qui ne s'entend pas
qui est le silence même

je cours toujours, il passe, il me cherche, je le cherche
toujours je cours, il passe.

Je continue à courir sur le même boulevard
où je cherche ma fille
le point de notre rencontre
où je l'ai invitée à venir me voir, me retrouver
où elle semble paraître devant moi ici et là
plusieurs fois, chaque fois apparaissant
à un âge différent
une enfant toute jeune, une adolescente
une femme mariée avec deux fils
mais la rencontre est toujours remise
sera toujours pour une autre fois
qui n'arrive jamais
mais je cours toujours à cette rencontre
l'attendant, la cherchant toujours
comme si cette rencontre allait
toujours se passer quelque part
à quelque moment.

Tout à coup je vois ma propre voiture
et je me rends compte que je suis de retour
que je suis revenue au point de départ
où je vois ma grande chienne rousse
qui m'attend toujours près de la voiture
et j'ai peur de l'avoir laissée comme cela
dans la rue près de la voiture sans laisse
à m'attendre depuis quand, depuis toujours
et qu'est-ce qui lui serait arrivé
si je n'avais pas pu revenir
la retrouver à temps
si elle était laissée à l'abandon
seulement par mauvaise chance
s'il m'était arrivé quelque chose
un accident
et je ne pourrais pas revenir, la retrouver
si l'attente était devenue trop longue
mais elle est toujours là à m'attendre
toujours, à tout jamais
nous avons encore une chance.

Ils nous arrivent ce matin
les cris
des centaines de petits oiseaux
dont les cris flûtés, argentés
nous viennent des vignes
tapissant les murailles peintes
en ocre, en rouge sang de bœuf.

Ils nous arrivent
les longs aboiements
des chiens de la rue s'allongeant
sur la place près de la cathédrale
saluant le retour du soleil
de la lumière, des vivres
un jour de plus, et encore
le son des cloches
nous invitant à nous lever
à venir partager ce jour
la messe du jour
parmi les âmes
des alentours
dans la ville ancienne.

(Mexique, mars 2018)

Haïti intime

Jeanie Bogart

Incohérence

Ta langue baignait mes amours
se noyait dans la coulée de leur certitude
j'ai vu tes yeux à tue-tête
chanter l'incohérence de mon poème

plus aucun Dieu ne réinventera des griffes de chat
accrochées au passé simple d'un arbre
que la foudre a décimé.

pas une goutte ne coulera au frémissement de ton sexe
pleureur
le temps a séché le cadavre de ton unique spermatozoïde.

et la mer a oublié les notes de notre chant d'absolu.

Janine Tavernier

Nue

Elle est si jolie
ma jeune petite fille
habillée de costumes adorables
hauts talons couvre-chef de paille aux rubans
redecorés d'un bouquet multicolore
bien sûr je reconnais mon chapeau de dimanche
Eh ! Elle a du chien cette jeune dame
Faut pas se laisser tromper d'ailleurs
par son sourire d'ange

Croyez-moi celle-ci est une fille qui comprend
très bien son pouvoir de séduction

son pouvoir d'attraction sur son entourage qui l'adore.
Mama, papa, frère aîné K and grand maman
elle se pavane tout autour de nous mettant
en valeur son chic costume.
Cela ne fait rien à l'effet qu'elle n'aie rien
encore spécialement chic entre
la beauté du chapeau et les hauts talons
rien qu'un petit ventre potelé un tout petit
rondeur de derrière
rondeurs partout
pas encore arrangés aux meilleurs endroits d'ailleurs
mais qu'est-ce qu'on veut elle est la douceur même
ma petite dame aguichante.

Je chante

Il y a quelque part en moi en quête de demeure
un refrain susurré sans lèvres sans yeux et sans
mémoire il s'est infiltré dans mon cœur en catimini
à petites notes coupées timides prenant mon
silence familier pour une entente complice
je l'écoute muette retenant mon haleine
s'élever de mon cœur en spirale craintif
cherchant péniblement sa trouée au dehors.
Son bruissement comme un doux remous
pose des ailes légères sur mon souffle de
misère puis s'envole vers la vie vers le soleil
faisant mousser les nuages
frémir les bosquets
revenir le beau temps
alliant la béquée des oiselets dorés
au velouté d'un papillon multicolore.

D'ailleurs et de toute part m'est revenu
un refrain turgescent gonflé de verdure
d'arc en ciel de sourires d'enfants
d'amoureux heureux de baisers aériens
je le regarde ravi mon refrain réconciliateur
tour à tour toucher légèrement chaque chose
peindre de rose un monde un univers
à travers mes lèvres consentantes.

Coutecheve Lavoie Aupont

j'écris mon mal-être dans ta garde-robe

ainsi tu es nue dans tous les poèmes du monde
ce samedi matin que tu es un petit poème à voix basse

un petit poème croquis marin qu'on arrime à la terre
un léger signe d'amour débris de whisky et de cendre
un petit poème ardent que j'ai composé de mot-source
de mégots et fortes espérances

ce pays matin que tu es
alors est comme un arbre de bonheur à la mer
un secret de première instance enfuit dans ma chair

je veux te voir marcher
librement dans le feuillage de mon poème
naviguer dans son courant claire
et briser l'intensité du jour prétextant par amour absolu
que ton sexe est un oiseau de mousse à la cannelle

un cœur de sauvetage que la mer offre
aux tombes des naufragés.

(tiré de *Le doute de la main,* Atelier Jeudi Soir, mars 2016)

Roseny Blanca

Reste-là

La vie est une succession de questions :
Accepte le moment où commence ta mission
Laisse cette eau-là
Qui t'a jeté ici-bas
Détache-toi
Elle s'en va par-là
Tu reposes ici-bas
Et voilà, elle s'en va

Viens près de moi
Viens. Caresse-moi
Viens. Touche-moi
Viens t'asseoir sur moi
Viens te poser sur moi
Viens te prélasser sur moi
Viens t'allonger sur moi
Viens au creux de moi
Viens. Ouvre ton corps à moi
Viens à moi et mélange-toi
Viens t'envelopper avec moi
Viens t'unir à moi
Viens composer avec moi
Maintenant, est-ce que tu sais
Pour moi ce que tu es ?

André Fouad

J'ai longtemps erré dans les bras du vent

ma vie se dessine allègrement
entre parenthèses

je rêve d'oiseaux fous
d'étoiles filantes, bénies
de corps d'étoiles endimanchées

je rêve de toi
Reine Tamara
quand l'aube enfile sa robe de velours
quand mes rêves sont cloués à la porte de mon ciel fissuré

Tes matins de feu
m'emprisonnent encore

je m'accroche à toi
comme une prière quotidienne
comme les ailes des papillons de la Saint-Jean.

Isaac Volcy

J'ai bu l'absinthe de ton absence

J'ai bu l'absinthe de ton absence
dans une flûte de champagne
en plein air
sur le sein gauche de manmzelle*
qui aurait dit que ce goût d'âcre
à l'odeur du laurier tin
m'aurait trahi aux saisons pluvieuses

au vent d'ailleurs
tout n'est qu'illusion
sauf les souvenirs de mon île

de l'humour à l'amour
je porte en moi le poids de ma patrie
ma partie intime

* Ce terme réfère à la maîtresse, femme dehors.

Elsie Suréna

Moi, nomade

J'habite le nord des souvenirs qui se tissent les uns
aux autres. Le savon d'amande de l'enfance, le
tritri, les rancheras et les livres séchant au soleil.

J'habite l'orient des joies subtiles et les souffrances
tues des saharas parcourus, des bèl-ochan, des
boléros doux-amers savourés ; des mots inventés
pour un enfant et des partages entre âmes sœurs.

J'habite le sud de la fragrance vétiver d'un
homme aux baisers urgents. Des yeux où parfois
je fais escale pour des aveux offerts paupières
mi-closes, les nuits d'heureux naufrages.

J'habite l'ouest des rencontres, au hasard des lieux
apprivoisés autour d'un thé cannelle et tafia, sous
des lopins de ciel indécis quand s'échappent

d'agrestes effluves ou des soupirs de brise marine.

Et quand le jour se meurt, je renais à moi ombre et lumière
en un perpétuel devenir. Je suis mon propre territoire,
au centre de l'intangible carrefour des possibles.

Patrick Sylvain

Ruines

Nous avons dormi comme deux planches de bois côte à côte
Une face chaude et une face froide chargées de particules.

Une pluie nouvelle plane dans l'espace de l'air,
Refusant de laver les ruines conjugales.

Le ciel se renfrogne tristement en désapprobation à
entendre les cris,
Qui roulaient à travers les chambres comme des orages.

Les bagarres accueillaient le temps des dents mordantes,
Je regardais mon ombre trempée de désaccord.

Un enfant s'assoit à part en pleurnichant. Ses ailes de colombe
Rognées. Son cœur tremblant devant
une croisée des chemins.

Il n'y a rien à sauver. Nous nous battions
Dans l'œil de la tempête. L'espoir s'évapore en illusions.

Marilène Phipps

Le balayeur

(à mon frère)

I
Le mouvement des balais ici
    commence la journée au lieu de la finir.
        Les déchets oubliés s'accumulent, petits
            monticules bourgeonnants à la suite du balayeur.

Le cri du coq est dérisoire,
   l'air étant déjà trop chaud.
      De vives fleurs s'ouvrent au ciel
         et dévoilent leur extase.

Les collines tropicales de mon enfance étouffent.
   Enfance, mon amour, n'étais-tu que ce peu de choses ?
      Sanglée de douleurs, la misère y multiplie ses taudis,
         et de grands pans de murs s'effritent.

Tout au loin de là où je me tiens
   les êtres humains se meuvent en fourmis,
      s'affairant dans la bouche transpercée
         d'une fourmilière qui se maudit elle-même.
            Les corbeaux annoncent une pluie qui ne vient pas.

En face de la baie, l'île de La Gonâve
   semble être l'enfant de garde d'Haïti.
      Ces deux terres se fixent dans un silence hors-temps.
      Les mots ne servent à rien aux muets.

Des navires aux voiles tachées de vents
   passent et repassent entre les deux îles.
      Un jour, la petite suivra peut-être l'un d'eux,
         abandonnant cette baie qui s'agrippe au bleu.

Mon logis change de peau
   à la manière des serpents.
      Le dôme du ciel n'est pas vert
         comme je l'ai cru jadis.

II

Sa mort avançait par degrés.
   Au début, il y avait la révolte.
      Lors des trois derniers jours, une mouche noire
         virevoltait dans la chambre pour revenir se poser.
            C'est long et lent de mourir.

On voudrait plutôt que la mort passe
   comme une pluie tropicale—tombant d'un jet
      à grands coups de tonnerre dans un ciel jaune,
         là où sont blottis deux enfants aux yeux ravis.

La voûte céleste est le seul vrai plafond.
   Le tronc d'un arbre pousse droit
      malgré les détritus jetés à ses pieds,
         alors que le feuillage murmure à chaque souffle de brise.
            Le sourire de mon frère m'éblouit chaque fois.

La pénombre est subtile le matin de ma promenade
  alors que l'air moite me colle.
    Une pluie tombée en trombes éparpille
      les cils trempés des aiguilles de pins dispersées.

Ma terre se cherche parmi les pleurs des tourterelles.
  Le charme des bananiers est celui d'une explosion.
    Les oiseaux jacassent et s'esclaffent.
      J'observe l'ahurissement soutenu
        des lézards bruns toujours en fuite.

Les flamants roses marchent comme mon frère—jamais pressé.
  Au jour de l'adieu, l'aube est douce.
    Des poules inconsolables griffonnent le sol
      pour démêler les rêves des aïeux,
        becs grand-ouverts en silence.

Lumière soudaine

Le gardien du puit
déverrouille le cadenas,
relâche la chaine noueuse—
les enfants des bidonvilles arrivent par grappes,
seaux vides en mains
assoiffés d'eau.
Ils se poussent comme des agneaux
qui surgissent de l'ombre
avec des cris joyeux,
leurs yeux frémissants
sous la lumière qui les envahit soudainement.

Marie-Ange Claude

Envies

À l'envers de mes folies
L'amour est une cascade
Où je mouille mes envies
Quand la nuit tombe
Au coin de tes yeux.

Épines

Des douleurs un peu trop mûres
Pour ma peau molle et perméable
Des fœtus de souvenirs frêles

La solitude qui craque en grappe
Toi que ma peau aime
Un poème fait de blé et de bleues

Tu es et demeureras ma plus belle solitude.

Éventail

Les regrets
Toujours embarqués trop tard
Ne me tendent plus leur main froide

Les nuits courent
Et sèment en moi des doutes de marbres
Qui ne tarderont pas à fleurir l'angoisse

Tes yeux phare et les dés
Se font fauteuil pour asseoir ma solitude blessée.

Jean-Dany Joachim

Mon pays

Le soleil se hâte de se lever chaque matin,
Quel pays, je fais ce qui me plaît !

Les étoiles ne manquent jamais la nuit,
Les rêves de mon pays demeurent bien éclairés.

La mer enserre mon pays,
Qui ressemble à un petit bateau en danger,

Au moindre faux pas, tous les pieds sont à l'eau,
Quel pays, je fais ce qui me plaît !

Fred Edson Lafortune

Pari nul

Je fais tout mon possible
Pour t'aimer
Pour être avec toi

Nous habitons dans la même maison
Mais nous ne pouvons pas nous rencontrer
Je fais tout mon possible

Mon cœur se serre
Comme la serrure rouillée d'une porte
Pour être avec toi

Nous nous couchons du même côté
Nos corps ne peuvent pas se toucher
Je fais tout mon possible

Ma vie devient un coq sans éperon
Un pari nul
Pour être avec toi

Nous nous embrassons avec la même langue
Nous ne comprenons pas les mêmes mots
Je fais tout mon possible
Pour être avec toi.

(traduit en français par Maggie Vlietstra, candidate au MFA
en traduction littéraire française à l'Université de Boston.
Elle est spécialisée dans la littérature contemporaine.)

Michèle Voltaire Marcelin

La lisière du monde

Deux fois j'ai fait mes adieux à la vie
Deux fois j'ai vu des esprits
À la lisière du monde
Où seule, mi-femme, mi-poisson
J'ai noyé mes millions de nuits

Dans les sons de la mer profonde
Et des eaux les plus folles
Qui grand ouvertes
À tout jamais
Glissaient en moi
Vague après vague après vague
Une infinitude de sel
Était-ce ta voix
Qui m'a ramenée
Comme un filet
Et déposée sur la rive
Nue et brunie par le soleil
Inversant son déclin
Dans le ciel
Était-ce ta voix
Qui m'a ramenée à moi-même ?

(traduit en français par Elizabeth Brunazzi)

Indran Amirthanayagam

Le pays à côté

Viens avec moi. La porte est ouverte,
la citerne pleine, et il y a toute une île
pour explorer, un univers dans la mer
et sur la terre. Mais en même temps
rebondit la question, pour combien
de temps ? Un mois, un an, une vie ?
Et si le chat peut vivre neuf fois,
pourquoi pas l'homme, à l'étranger,
de pays en pays jusqu'à l'arrivée
au pays sans chapeau, la Rue
de l'Enterrement dans le cœur
du nœud, en centre-ville ?

Un monde pareil

Dans la toile j'ai trouvé un monde d'insectes :
de mouches, de moucherons, de moustiques,
de fourmis partout, noires, rouges, blanches,

et la réalisation dans la scène que chaque bête
a une tête, des bras, des pieds, des lèvres.
Ils ne sont pas éloignés de nous, les araignées.

Les mots libres

Donne-moi une boite de pinceaux,
quelques toiles, un écheveau
de couleurs, et ton corps
pour que je puisse peindre
sa longueur et sa largeur,
ce que les jambes fassent des étincelles
quand elles bougent, et les seins
brillent comme des poissons volants
dans la nuit qui nous unit. Peu importe
que nos vies habitent des chambres
comme des pays figés dans
leurs identités, à l'homme
sa solitude, à la femme la sienne.
Les mots, les desseins déroutent
les frontières, insistent que ces mots
et leurs tableaux appartiennent
à la langue migrante qui va
de mer à outre-mer sans besoin
de laissez-passer.

Kwitoya (Jean-Robert Victoria)

Merveilleuse Nature

Les cillements espiègles du soleil font
Des nœuds satinés aux tresses
Touffues des saisons : l'une dans le halo
Du printemps imprime ses flocons d'eau
Sur le village bruni. Une autre estampillant
Ses lisières sur l'échiquier des verdures
Transcrit le verbe du ciel.
Dans son épilogue chétif, une autre
Appréhende le réveil des champs.

La dernière libère ses flèches, transfigure
L'ombre de l'arbre.

Mais la poésie, panache de vocables nacrés,
Venant à tout moment palper au
Point distant la vie, demeure dans l'annuaire
Humain la saison ensorcelante, comme
Les seins fermes et mûrs d'une femme aux
Pouvoirs doux et charmes sincères.

Mariage sublime

Beau le jour, tendre la nuit.
Élégant l'amour, sincère la passion.
Lente et légère la fumée montant
Du cosmétique flambant du rêve.

Quel couple heureux : Beau et Vérité !
Comme Enfance et Sommeil sont
D'heureux amants.

Soleil et Lune appartiennent à l'éternité
Inaltérable, pure ; ils y sont
Comme ça pour être chacun à son tour
Le temps des temps,
Le moment des moments.

Tout ravissants, ils se sont aimés par
Enchantement dans un décor intelligent,
Dynamique, cyclique et haut de gamme :
L'un avec le cœur sans artifice,
L'autre avec les yeux sans fard.

Et leur amour, tenant rangée insondable,
Se rassure, s'approfondit et donne
Sublimité à l'union agissante de
L'Art avec la Beauté.

Aidan Rooney

À Diquini

Dans un élan long arc vers la route de Saint Rock
où des gosses accroupis devant les églises
Baptiste et Adventiste réduisent
des décombres à leurs agrégats, devant
les nombres de Miami, craie sur ardoise,
devant casse-croûte de cochons et de coqs,
devant le tam-tam des marteaux sur barilles
de pétrole à vide à Fair Trade Art, le bêlement
des cabris à Pay-l-Forward Goats, en face
du Père Éternel *Auto Body Parts Works*, au-dessus
du mur autour de l'hôpital, dressé dessus de mi-
bouteilles cassées, visant désespérément
à s'en aller, indemne de barbelés à lame, accrochés
sur piquets, rouillés, tordus, de barres d'armature,
cherchant greffer de toi à moi,
le bougainvillier, à Diquini.

Elizabeth Brunazzi

Automne

Éblouissante dorée
De feuilles s'envolant
Passage vagabond
Dans l'air violet
Des pics de montagnes colossales,
Qu'est-ce qu'elles cherchent ?
Ce qui est du passé, ce qui est à venir ?
Les ombres s'accumulent,
Il fait tard, de plus en plus tard,
Partons, partons au plus vite.

(Taos, 9 octobre 2022)

Jean Saint-Vil

Mourir d'un mou rire

Si je ris le premier, ne riez pas après moi, en vertu du proverbe qui dit : «Rira bien qui rira le dernier.» Certes, vous pourrez rétorquer que le rire est contagieux et que, tout compte fait, tous les rires se ressemblent.

Si vous riez après moi, ce sera pour votre malheur. Je peux même vous poursuivre à titre de plagiat.

Mon rire m'appartient. J'ai tous mes droits d'auteur, vidéo à l'appui. D'être le seul à rire quand je ris le premier. D'être le seul à rire, quitte à pleurer tout de suite.

Mon rire m'appartient avec toutes mes larmes. Mon rire m'appartient avec mon droit de rire et avec mon droit de pleurer.

Et si à la limite, vous pleurez après moi, j'aurai plus de raison de me fâcher contre vous, jusqu'au superlatif.

Si vous riez et que vous pleurez après que moi-même j'ai ri le premier, après que j'ai pleuré, le plagiat sera double. Et n'auriez-vous pas honte d'écoper de dommages et intérêts pour imiter mon rire sur la base du principe que je veux imposer et qui dit que le droit de rire, même dans une salle de théâtre, appartient à celui qui a ri le premier.

Malheur à ceux qui surfent sur les rires des autres et qui ne savent pas qu'ils risquent de mourir d'un mou rire.

Ne perdez pas la tête

Chaque tête a son nom
D'aucuns disent le nom propre à la tête
Mais un nom sur la tête
Est-ce le nom de la tête
Ce que je sais
C'est qu'un nom sur la tête
Ne s'efface jamais
Même au-delà de la mort

Ce que je sais
C'est qu'un nom sur la tête
Colle au corps de sa tête à ses pieds
C'est la tête qui compte
Et qui compte avant tout
Quand quelqu'un perd la tête
Il ne perd pas son nom pour autant
Ne perdez pas la tête
Même si vous êtes sûr et certain
Qu'elle restera sur vos épaules
Ne perdez pas la tête
Même si vous êtes sûr et certain
Que votre nom restera
Pour des siècles et des siècles
Ne perdez pas la tête
C'est précieux tout le temps de la vie
Vive la tête
Vive la vie !

Ripostes et résistance

Tontongi

Haïti n'est pas ce que vous dites, Mr Tèt Mato

Haïti est l'île-nation née
du sang de la traversée
au grand large de l'Atlantique
par le peuple vendu à la Traite.

Haïti actualise la signification
à la fois de l'être et du vécu
et a inventé une nouvelle voie
vers le sentier de la liberté
et un nouveau moyen
pour détecter sa perversion
même dans le tréfonds de la nuit.

Les Haïtiens ont payé de leur sang
sur le champ de bataille de Savannah
les valeureux combattants maintenant
la défense contre les assauts anglais
pour sauver la naissance de la République
et pour aider cette nation à prendre vie.

Haïti est le pays qui se lève
à ses propres périls et malheurs
contre les toutes-puissantes France,
Espagne et Angleterre pour défendre
l'inaliénabilité de l'Être.

Haïti est la fondation de notre modernité,
Haïti est la non-adulée mère de l'Amérique latine ;
Haïti est là où se rendaient Francisco de Miranda
et Simón Bolívar pour acquérir la ferveur fraternelle
et les ressources pour libérer leurs terres.

Haïti a fait siennes d'innombrables causes
d'autres pays luttant pour la liberté humaine

et pour l'indépendance, telle la Grèce
la plus hellénique des nations s'il en fut.

Haïti n'est pas ce que vous dites, Mr Tèt-Mato ;
Haïti est le pays des ci-devant *enslavés*
qui ont osé résister l'oppression,
ceux-là dont la bravoure dans la défaite
des forces de Napoléon l'a forcé
à vendre les territoires de la Louisiane,
ainsi doublant la superficie des États-Unis de l'époque,
un service gratifié aujourd'hui avec des insultes.

Haïti est la terre des arts,
là où les écrivains, poètes, conteurs,
musiciens, peintres, sculpteurs construisent
le *nanm* infinitésimal de notre Univers.

Haïti est parmi les nations les plus riches du monde
mesurée à l'aune des accomplissements
du génie intellectuel et philosophique de son peuple
et de cette terre montagneuse qui reste belle
malgré la pollution humainement créée,
aidée et incitée par le support étatsunien
aux dictateurs corrompus qui s'en foutent.

Haïti n'est pas ce que vous dites, Mr Tèt-Mato ;
Haïti a envoyé sur les rives de l'Amérique du nord
des milliers de docteurs, chercheurs, intellectuels,
et enseignants qui infusent de la fortitude aux enfants
quelques uns de ses migrants fourbissent vos planchers
et prennent soin de vos malades et de vos faibles,
Haïti est très bonne pour les États-Unis.

Haïti est le pays forcé à payer
en milliards de francs d'or
et de dollars à la National City Bank
pour avoir gagné sa liberté ;
la sueur du peuple mise en usage
pour adoucir la belle vie de l'Occident
tandis que la République nègre
languisse dans l'appauvrissante dette.

Cette descente dans l'abîme des ténèbres,
les remarques dégradantes qui rabaissent

blessent comme une épée qui pénètre le cœur ;
nous ne devons pas avoir peur des mots,
nous devons mettre les choses au grand jour,
nues dans leur nature scandaleuse,
sans doute signes d'une maladie profonde
et d'un sentiment plus largement partagé.

La menace de la haine venant de la voix
du symbole le plus élevé du pouvoir des États-Unis
cible aujourd'hui les Haïtiens
cible aujourd'hui les Africains
cible aujourd'hui les Musulmans
cible aujourd'hui les Mexicains
cible aujourd'hui les Salvadoriens
cible aujourd'hui les Iraniens
cible aujourd'hui les Palestiniens
c'est la même qui ciblait les Juifs,
les Socialistes, les Communistes,
les Gitans, les Homosexuels.
les Témoins de Jéhovah,
les personnes mentalement
et physiquement handicapées,
et nous savons ce qui est arrivé alors.
Demain, la menace vous ciblera
et tous ceux qui n'ont pas l'air Norvégiens…**

Ô Afrique ! Berceau de la civilisation
d'hommes et de femmes qui inventent l'humanité !
Ô Afrique ! La terre de la Charte du Mandé
où les droits de l'homme sont pour la première fois
faits sacrés un jour au Mali du XIIIe siècle,
aujourd'hui rabaissé par une tête creuse !

Les immigrants viennent au pays des immigrants,
le pays où pèlerins, chrétiens, vagabonds, ex-cons,
persécutés de toutes sortes
viennent pour trouver refuge ;
la terre où les sujets ottomans vaincus,
et les ressortissants allemands pré-nazis
sont venus pour devenir riches,
certains laissant derrière eux les valeurs
des liens humains communs tissés ;
la terre où les Juifs, Chrétiens, Musulmans,

Bouddhistes, Taoïstes, Vodouistes,
Irlandais, Japonais, Somaliens,
et toutes sortes de défavorisés
viennent pour trouver leur paix
même si pas toujours reçus avec des lauriers.

Vous n'avez pas le droit de nier aux autres
ce qui a bien servi votre famille
et vous a fait un homme à succès,
un arrogant nouveau riche ;
vous n'avez pas le droit, aussi grande
que soit votre fortune mal acquise,
d'avilir des continents de diverses nations ;
vous êtes une disgrâce pour l'humanité.

Ce que nous voyons aujourd'hui
et expérimentons en temps réel
n'est plus une innocente blague
quand de vrais hommes, femmes et enfants
en paient le prix le plus fort.
Nous devons descendre dans la rue
pour claironner à haute voix
la nécessité de la lutte pour l'intégrité humaine,
si nous voulons garder nos rêves ;
la tragique comédie a déjà trop duré.

Un seul suprématiste blanc à la Maison Blanche,
je n'en ferais pas un grand cas, mais un système
qui permet à un lunatique de détruire ses idéaux, mon ami,
c'est un problème que nous devrions tous condamner.

Je tiens tout le système de gouvernement,
confié pour favoriser l'harmonie et le bien-être
et pour guider nos enfants vers une noble poursuite,
responsable pour avoir permis ce barbare à la porte.
Il est temps d'arrêter le pouvoir de la cupidité
et la corruption de nos institutions !

Le monde n'oubliera jamais
cet affront à la décence humaine,
pas plus que les masses des États-Unis
ne pardonneront l'endurance d'une telle honte.

Haïti n'est pas ce que vous dites, Mr Tèt-Mato ;
Votre Haïti est une réflexion
de vos fantasmes tordus ;
notre Haïti est la gardienne de notre lumière
ce qui nous rend tous humains ;
votre Haïti est un trou noir
la nôtre est une structure deleuzienne
un endroit où de nombreuses dimensions
se rejoignent pour la poursuite de l'élévation,
un lieu où de nombreuses splendeurs coalescent.

(Boston, le 13 janvier 2018)

* Ce poème a été écrit en réponse aux insultes de
Donald Trump appelant Haïti et tout le continent
de l'Afrique des « trous de merde ». Le terme « Tèt-
Mato » signifie « tête de marteau » en haïtien et se
réfère généralement à un incompétent, un maladroit.

** En faisant allusion à la remarque de Donald Trump
selon laquelle seules les personnes venant de pays comme la
Norvège devraient être autorisées à immigrer aux États-Unis.

Karine Belizar

Stèles poétiques

Douze coups
Douze frappes
Douze funérailles
Douze morts
Douze verts
Douze cortèges verbaux
Six garçons
Six filles
Douze hibiscus
Six rouges
Six noirs
Douze janvier.

Gary S. Daniel

Tri du Sorgo de la vie

(*pour François Eddy Philippe*)

Grand-père me punissait toujours
Quand je mentis.
Les politiciens portaient les masques du menteur ;
Ensuite, l'honneur était la boussole.

La mer porte les ordures putrides
Cela gifle la fraîcheur de la brise.
Le pôle Nord en train de se sécher
provoque des esprits pour tordre des grimaces laides.

Quelque chose ne va pas
Quelque chose ne colle pas
Quelque chose ne fonctionne pas
Quelque chose est anormale.
La répugnace du peuple
À l'ignorance en nœud papillon rouge,
Réveille leur résolution contre
Les voleurs qui étouffent leur valeur.

Impossible !

Non, ce ne sera jamais possible
que les pauvres puissent zigzaguer quand,
les voleurs, architèques d'une misère flagrantes,
trafiqueurs de poudre blanche,
portant un maquillage coloré,
ne laissent que quelques sous pour la lutte des survivants.

Impossible!

Non, ce ne sera jamais possible.
Le brouillard cache le ciel bleu indigo,
ne pouvant pas arrêter les rayons brûlants du soleil,
la chaleur du feu,
et l'eau qui renouvelle la terre.

Non ce ne sera jamais possible.
Laver le visage des mamans et des papas
avec les larmes versées, ça maudit
les taies d'oreiller nauséabondes.

Le lavage de cerveau n'est pas le savoir ;
On ne repasse pas la dignité
dans un cerveau grillé sur le feu
de trois rocs
pour en espérer un meilleur lendemain.

Haïtiens, pour nettoyer nos dégâts,
nous ne pouvons pas être une police couchée,
nous ne pouvons pas nous tenir doucement,
nous ne pouvons pas non plus rester calmement.

Honneur à nos ancêtres !

Gary Klang

Les fantômes de Goya

N'aimant pas l'école
Il rêvait aux étoiles
Et lisait
Autant en emporte le vent
Faulkner et le vieux Sud
Toutes ces maisons à colonnades qu'il aimait tant
Malgré les ombres d'infortune
Comme celles qu'il avait sous les yeux
Esclaves libres de leur temps
Pas différents de ceux que l'on pendait
Sous une grande croix en flammes

Tous les chemins mènent à la croix
Il se perdait dans le Sud qui brûlait
Ayant joué au malade imaginaire
Afin de fuir l'école qu'il haïssait
Comme ces croix que l'on incendiait
Par haine de la couleur
L'éternelle haine de l'homme pour l'homme

Mais quand l'esclave se libère
Il devient oppresseur
Il fait comme ceux du Sud profond
Et brûle toutes les croix qu'il rencontre

Amour de l'homme pour le feu
Goya l'Inquisition
Les fantômes de Goya
Torquemada et Bernard Gui
Toujours présents
Car l'homme désire le mal
Et quand il oublie la couleur
Tout prétexte lui est bon pour refaire l'Inquisition

La haine n'est jamais morte dans un cœur d'homme

Amour de l'homme pour le bûcher
Son cœur est une flamme qui brûle
Et que la haine alimente

Ne me dites surtout pas que l'Histoire a une fin
L'Histoire est une quête sans fin du Mal
Et de l'humiliation

Le Sud profond avec ses croix qui brûlent
Symbole de ce que l'homme a fait de la croix du Crucifié
Devenue croix de haine

Les petits hommes éteignent les flambeaux
Et font de l'ombre sur la terre

Toujours l'esclave d'hier
Deviendra l'oppresseur de demain.

Charlot Lucien

Voici venir la Paix

Voici venir la Paix,
La Paix des cimetières.
Murailles calcinées, arbres déracinés,
Fleuves ensanglantés, ossements blanchis,
Lapés par les chiens dressés,

Et sucés par la vermine ambiante.
Espace rouge et irrespirable,
De ces émanations puantes dont seules les narines
Des vautours et des chacals apprécient l'exécrable senteur.

Voici donc la Paix venue.
Les loups, leurs gueules encore chaudes et fumantes,
Leurs crocs encombrés de quelques lambeaux de chairs,
Contemplent l'œil avide,
L'enfer de feu, de fumée, de sang et de ruines,
Qu'ils ont peint sur la nature…
Et voici, ils se jettent aux alentours, battant la campagne.
Ce qui reste de bois et de mornes,
Est écartelé, fouillé, haché, violé.
Mais les bois, les mornes n'ont plus de victimes,
Ni à cacher, ni à livrer.
Les victimes anticipées,
Ont longtemps pris la mer,
Préférant exposer leur chair, jadis chair à canons
Au tranchant des mâchoires de requins,
Qu'à celui des loups enragés.

Les loups ont couru en vain, excités et furieux.
Alors, haletants de haine et de dépit,
Ils laissent glisser leurs regards jaunes et glauques,
Les uns sur les autres, se soupesant discrètement…
Le spectacle final fut soudain et brutal,
Vacillant entre l'horreur et le grotesque.

Les loups dans une formidable mêlée,
De chairs sanglantes, de crocs baveux, et de halètements,
Les loups se jetèrent les uns contre les autres.
Cela ne prit que le temps
D'un cillement,
De quelques grognements,
Mais voici,
Voici,
La Paix est venue…

Patrick Sylvain

Décision finale

À la fin d'une phrase il y aurait du silence.
À la fin d'une phase il y aurait une trahison.
Au bord d'un placard les assiettes pourraient tomber.
À la fin d'un stage, la confiance pourrait être violée.
En fin de compte il y aurait un ami fidèle qui reste.
Dans une phase de déplacement, les jaseurs pourraient
préférer le silence.
Selon un ascétisme désuet, tout lien social est coupé.
Ceux qui furent amis deviennent amis-ennemis
Jusqu'à ce que les couteaux aiguisés comme les dents
montrent à quelle profondeur ils peuvent couper,
Hachant plus cruellement que le couteau-scie d'un ennemi.
Je suis entré dans une phase où tout ami-ennemi est un
point final.
Pas de virgules violant la confiance,
Ni point-virgule de trahison.
Dans la littérature de ma vie,
Toutes phrases doivent être correctement dégraissées.
Toutes phases, entièrement nettoyées
Pour que l'histoire se déroule sans fragmentation,
Et sans la mordure d'un caïman.

Franz Benjamin

Le retour au pays

À chacun ses rêves
À chacun sa chanson
À chacun ses rêves
À chacun sa raison

Je reviens à ce pays mien
Je reviens comme dans un refrain
Tissé dans le chant de la liberté
Une musique que je ne peux oublier

Avec ma guitare et mes désaccords
Avec mon espoir et mes remords
Loin de toi la mélodie est légendes et mémoires
L'été serré au fond d'un vieux tiroir

À chacun ses rêves
À chacun sa chanson
À chacun ses rêves
À chacun sa raison

Tu as voyagé dans mes doigts
Tu as rencontré par ma voix d'autres voix
Visité tant de maisons dans mes nuits
Tu es la charpente de ma mélodie

À chacun de tes pas et de tes bruissements
Au plus profond de mes errements
Mon souffle court s'étale dans les notes
Car tu es le rêve que je porte

À chacun ses rêves
À chacun sa chanson
À chacun ses rêves
À chacun sa raison.

J'ai passé trop de temps assis

J'ai passé trop de temps assis
j'ai fini par avoir mal aux fesses
  mal à la tête
et tant de rêves anéantis

Alors je me suis mis debout
  debout pour chaque enfant qu'on agresse
  debout pour chaque femme qu'on assassine
  debout pour un vieillard maltraité
  debout pour Haïti piétinée

J'ai passé trop de temps endormi
  dans les souvenirs de mon pays
j'ai fini par avoir mal au dos
  mal au ventre
et tant de douleurs

J'ai passé trop de temps à faire semblant
de m'asseoir ou de m'endormir
alors je suis resté debout.

Gahston Saint-Fleur
(De Bois-De-Laurence)

Danse macabre

De la violence vêtue de tendresse des geôliers
des spiritueux et des hallucinogènes pour la fête des aliénés,
célébration du bas-ventre et perpétuation de l'absence,
fin dernière de toutes ces cruautés ravies. Ci et là,
des carnavals de douleurs et de puanteurs.

De la terrible réalité de soi devant soi
s'évader même pour un lapse de temps,
les aliénés se convainquent de leur état
ils le fêtent, action de grâce aux bons geôliers
qui sont suppliés de prolonger le carnaval
pour la persistance béate du conscient absent.

Les rues surpeuplées de la petite cité
combien de mal pour une géographie si réduite !
Mais le clocheton a commis la belle erreur de sonner.
Des prisonniers viennent de s'en fuir de leur geôle,
survient la conscience et avec elle, ses collatéraux de rebelles.

Libérés de leurs prisons, de leurs geôliers
les gens refusent toute sorte de dons perfides
et le ciel bleu devient gris par la montée des cris
faits de bouées de fumées noires ; les rues piégées,
même la maison du président est scellée
par la colère des pierres.

Les jeunes viennent de savoir le secret des ancêtres : le droit
à l'avenir,
on ne le demande pas en suppliant à genoux aux sentinelles
du mal,
on l'exige débout avec les poings en l'air et les cris libérés.
De soi-même et de son propre avenir, à l'assaut à l'assaut…

De ma mazmorre

Seul
dans la cabine de ma cellule,
une épingle dans une boîte en carton.

Nu
dans les bras de la Reine de la Nuit,
un oiseau déshabillé qui attend…

Murs
l'autre bord n'a point d'oreille
donc ça sert vaguement de crier au secours.

Trop de bruit déjà dans le milieu
qu'une voix frappe aux oreilles !
encore plus de bruit, comme toujours.

Donc se verrouiller dedans de soi et attendre
tenter le soutien des bourreaux
afin que cela se termine en paix ?

Non ! Dites-les de venir ! Pour eux
pour n'importe qui de leur couche,

traîtres qui écrouent le corps
pour couper les ailes des rêves,

face à eux, je n'ai que
mon cœur pour cuirasse
et mon âme pour armature.

Michèle Voltaire Marcelin

Nous n'irons plus à l'abattoir

Ils nous ont bâillonnés pour nous empêcher de protester
Ils nous ont enfermés, affamés, épuisés
Ils nous ont écorchés jusqu'au sang
Ils pensaient que nous allions rester tranquilles
Ils voulaient nous faire perdre l'espoir
Mais nous n'irons plus à l'abattoir

L'inquiétude est quotidienne

L'épouvante est notre voisine
La misère qui nous confine est une rigoise
Un martinet
Dans la pénombre
Nous vivons à dix dans une chambre
Quand aux repas, n'en parlons pas
Nos enfants ne vont pas à l'école
Nous nous habillons de *pèpè*
Et nous allons par-çi, par-là
Chercher la vie dans tous les coins

Et parce qu'ils sont sans besoins
Ils nous appellent irresponsables
Les fonds de l'État sont leurs biens
Ils passent dans leurs voitures blindées
Cachés derrière leurs vitres teintées
Leurs chiens n'ont pas de muselières
Tous leurs murs ont des barbelés

Ils nous ont bâillonnés pour nous empêcher de protester
Ils nous ont humiliés, exténués, opprimés
Ils nous ont achetés à bon marché, vendus cher
Ils pensaient que nous allions nous taire
Ils voulaient nous faire oublier notre histoire
Mais nous n'irons plus à l'abattoir

Ils nous ont bâillonnés pour nous empêcher de protester
Mais nous gardons les yeux ouverts
Mon frère
Un jour, nous arracherons nos bâillons
Nous briserons ces murs qui nous séparent
Un jour, par la force militante des mots
Nous saurons transformer le monde
Pour que nous puissions vivre ensemble
Car nous n'irons plus jamais à l'abattoir.

(2020)

Berthony Dupont

Réveillons-nous !

Au pays des zenglendos
Pays où il fait plus noir que la nuit
Même quand le soleil se couche
Ce n'est pas le moment de dormir

Même si la fatigue et le corps abattu
D'une politique qui nous assouplit
Nous couvrirait d'un drap blanc
Ne laissons pas le sommeil nous emporter
Réveillons-nous !
Réveillons-nous du lit de déception !

Patrick Étienne

Soleil cannibale

Soleil qui dévore tout, embrase tout.
Soleil qui happe et fait peur,
Soleil qui s'incruste partout,
Fouillant de ses dards inquisiteurs,
Incandescents et perquisiteurs.

Soleil indiscret,
Mettant au grand jour les secrets,
Violant toute intimité, dévoilant toute nudité.
Soleil indécent, omniprésent, omnipotent,
Consumant, desséchant, brûlant,
Réduisant tout à néant.

Soleil trônant, régnant sans partage,
Sur les ombrages, sur les feuillages
Sans le moindre souffle de vent.
Soleil roi, insurpassable,
Soleil brutal,
Imposant sa loi, Soleil cannibale.

Un chien, langue pendante,

Respiration haletante,
En proie à des hallucinations
Lape un mirage qu'il confond
Avec de l'eau potable,
Puis cherche l'ombre improbable
D'un amandier aux feuilles roussies
Aux branches séchées, aux fruits noircis.

Midi, moment impie, heure maudite,
Instant mystique et maléfique.
Heure tragique !
L'astre brûlant est au zénith,
Baignant tout d'une flamme orange,
Incendiant toute la plaine,
Faisant un contraste étrange
Entre le site surexposé
Et les noires formes humaines,
Et les arbres noirs brûlés.

Les gens errent désorientés,
Comme des pantins désarticulés,
Face hagarde, regards hébétés,
Moites et dégoulinants de sueur,
Les yeux exprimant la stupeur.
Midi, heure finale, heure fatale,
Sous le soleil cannibale.

Lenous Guillaume-Suprice

En attendant

(à Deny, Clemente et Ibrahim, en riant aux éclats)

Une belle, un beau jour, devant l'avancée de la cavalerie
d'heures froides sur ton avenue d'apparence, avec un
sourire à double tranchant, a étendu son ensorceleuse de
flamme tout autour de toi, le temps d'un clin d'œil, les pieds
bien pris dans les filets de ta folle et hilare imagination.

Elle a des yeux à faire frémir un aveugle,
tu as dit à tes amis cette fois-là.
Elle passait du créole haïtien au français sans hésitation…

et, sans transition, du kabyle à l'espagnol, tout en versant
un fleuve de promesses dans ton entendement de marin
assoiffé d'eaux douces, par un dimanche d'avril, en amicale
et festive compagnie de chevaliers, nomades d'Afrique
et d'Amérique, venus expressément pour entendre les
mille et un refrains du printemps dans ses faits et gestes.

***

En attendant… sans te rendre jusqu'à l'abrutissement,
donne-toi un peu l'élan encore de chatouiller ton vœu
le meilleur en cherchant, de l'aube au coucher de la
chaleureuse, dans la tête seulement
son envoûtant parfum d'horizon.
Ne lui dis pas sur quel air danser, car, rien qu'à la voir aller
au loin, elle paraît d'un genre à choisir tout le contraire de
ton diktat. Alors, n'insiste en rien.
Mince consolation, même si tu ne sauras jamais comment
attiser la capitale sympathie de sa svelte sculpture, tu peux
te figurer en train de la façonner pain-prêt-à-manger, te
concentrer sur sa soûlerie de croûte à présent que tu
dégustes, dans le cours de ta respiration, en cette immensité
qu'est la création, en attendant…
Et si, pour elle, tu peins un oiseau, n'attends rien de son
chant. Mais tout, de toi-même, exige jusqu'au bout, et, tu
verras, tu donneras corps et vivacité à de la sérénité en ton
sein hors du sien. Car moins tu as d'attentes, moins tu auras
des plaines et des plaines d'une floraison à traverser, en
quête de nectar, beaucoup plus tu auras de l'emprise sur
les désordonnés et les frustrés de tes intimes faubourgs.

(Montréal, le 2 mai 2019)

Doumafis Lafontant

Une meilleure Haïti

Dis-moi un mot, une phrase
Raconte-moi un conte, une histoire
Récite-moi une poésie, fais-moi une lecture
Parle-moi de toi, avec franchise

Chante-moi une belle musique
Ne laisse personne entendre ta voix
Montre-moi danser le rara
Ne laisse pas les jaloux nous voir danser ensemble
Tiens-moi très fort, ne me laisse pas
Garde-moi au fond de ton cœur
Pense avec moi, une meilleure Haïti.

(2021)

Denizé Lauture

L'histoire épique de Toussaint Louverture

(extraits)

Au milieu du dix-huitième siècle
Au temps où l'esclavage
Arrivait à son apogée
Dans le monde,
Un temps où
Les Africains, hommes
Femmes et enfants
Étaient chassés
Et vendus comme du bétail
Comme bêtes de somme
Un bébé mâle vit le jour.
Il naquit sur l'île
Aujourd'hui partagée par Haïti
Et la République Dominicaine.

Son père fut capturé en Afrique
Lié, mis en chaînes, jeté
Dans la cale
D'un des nombreux navires négriers
Qui labouraient les profondeurs voraces
Du passage du milieu
Et amené à l'île
Comme esclave
Parmi des milliers d'esclaves.

Il endura toutes les privations
Et les souffrances
D'enfants d'esclaves.
Ils étaient proies faciles
Pour les mâchoires de la Mort
Seuls les plus chanceux comme lui survécurent
Ses parents habitaient une case misérable
Pareille à celle de chaque famille d'esclaves.

....

Ses rêves nocturnes :
Le sifflement des fouets des commandeurs
Flagellant ses proches
Et les cadavres d'amis morts
Allant à leurs tombeaux
Après tout, les cauchemars nocturnes
Sont souvent les ailes déployées
Des tourments des jours précédents.

....

D'autres enfants
Enfants des maîtres
Enfants d'esclaves
Le harcelaient
Le tourmentaient
Et pour sa taille
Et pour son apparence
Mais il avait un cerveau doué
Pour résister et combattre le malheur
Et dans son jeune cœur
Le sang d'un vrai héros
Coulait.
L'enfant fragile et maladif
Opéra un miracle sur son corps
Il devint un garçon vif et fort
Qui attirait les regards
Des compagnons esclaves et aussi des maîtres.
Il reçut un cadeau précieux
De son sage parrain
Le cadeau de la lecture et de l'écriture

Il fut un apprenti avide
Et comme un arbre rare et vigoureux
Au milieu d'une forêt infestée
Il grandit avec plus de force
Il grandit avec plus d'intelligence
Il grandit avec plus de sagesse.

....

Parmi les centaines d'esclaves
Allant et venant
Aux champs de tabac et de canne à sucre
Aux champs de café et d'indigo
Il y avait une femme plus âgée
Une femme plus âgée qui avait un fils
Suzanne était son nom
Toussaint Bréda et Suzanne unirent
Leur vie
Et ils eurent deux autres fils

....

Sur les rives du Fleuve Artibonite
La Grande Rivière du Nord
La Ravine à Couleuvres
La Plaine du Nord
Et Le Plateau Central.
Les combats pour la liberté faisaient rage
Sur les plaines des terres de l'Est et du Sud
Sur les pentes raides
De la Montagne Noire
De la Chaîne des Matheux
Des Massifs de la Selle
Et de La Hotte.

L'une après l'autre
Les troupes françaises furent vaincues
Les troupes espagnoles furent vaincues
Les troupes anglaises furent vaincues
Des bandes de gros vautours
Survolaient en cercle chaque jour
Le ciel torride des Caraïbes.

....

Alors sur l'ordre de Dessalines
Ces demi-dieux indigènes vengeurs
Dansèrent leur danse Pétro
Dansèrent leur Yanvalou
Autour de leurs adversaires.

Toussaint Louverture était l'éclair fulgurant
Sillonnant l'île
Sur son cheval *Bel-Argent*
Chacun de ses pas audacieux
Sonnait de plus en plus fort
Le glas de la mort de la servitude humaine
Et un matin le soleil tropical
Rayonna solennellement
Et étendit ses rayons d'or
Sur ses bras libérateurs
Embrassant l'île entière
Et les échos des chants de liberté
Résonnèrent aux hauts des montagnes et des collines
Sur les collines et les prairies
Dans les prairies et au fond des vallées
Au fond des vallées et à travers les plaines
À travers les plaines et au-delà des mers

....

Et quand un jour funeste
Les fourmis rouges dévorantes de la nuit
Se glissèrent dans son lit
Pour sucer son sang noble
Il eût ces mots prophétiques :
«En me renversant vous avez abattu
Seulement le tronc de l'arbre de la liberté.
Il grandira encore.
Ses racines sont profondes et nombreuses.»

(Extraits du poème «L'histoire épique de Toussaint
Louverture», traduit de l'anglais par Marie-
Cécile Corvington-Charlier; copyright © 2022
Corvington-Charlier / Denizé Lauture.)

Jean-Claude Martineau (Koralen)

Viva El Toro

Les poètes on tant chanté
Le combat de l'homme et du taureau
Qu'un jour je me suis retrouvé
Dans une arène à Mexico

Mais dans la foule qui criait
Applaudissant le torero
Larmes aux yeux je murmurais
Viva El Toro !

Dans l'après-midi enflammée
Le soleil et de passion nue
Le taureau jaillit sur le sable
En colère mal contenue
N'ayant pour lui que son courage
Et son simple droit d'exister
Il s'élance, pauvre taureau

Et le toréador l'attend
Drapé de lumière et de sang
Cape rouge tourbillonnant
Tout comme un bouclier flottant
Qu'il éparpille sa colère
Et l'envoie charger dans le vent
Il s'énerve, pauvre taureau

C'est alors que je compris
Que j'étais un taureau moi aussi
Un taureau dont le combat se mène
Dans une autre arène

Aveuglé, de préjugés
De vérités comprises à demi
Que de fois je me suis épuisé
Contre un faux ennemi

Tête baissée cornes devant
Le taureau enforce le vent
Sans voir dans son aveuglement

Qu'il marche dans son propre sang
Il atteint la cape parfois
Mais elle cède sur son poids
Il s'étonne pauvre taureau

Mais dans sa tête opprimée
Une idée se mit à germer
Que la cape qui vole au vent
N'était au fond qu'un instrument
D'un dernier effort de ces yeux
Voilés de poussière et de sang
Il découvre le torero

Alors le combat changea
Sous les yeux de la foule en émoi
Le taureau dirigeait ses assauts
Contre son vrai bourreau
Et la « muletta » tomba sur le sable
La cape rouge tomba sur le sable
Viva El Toro !

(Extrait du recueil de poèmes et d'histoires courtes *Flè Dizè*, Jean-Claude Martineau/Koralen, Boston 1978.)

This Land, My Beloved / Cette terre, mon amour / Tè mwen renmen an

L'âme d'Haïti

Denizé Lauture

Je saisis le zombie d'un grand poème

Je suis enterré
Debout
Dans un cimetière
Des gens aux âmes les plus belles

Le zombie d'un grand poème
Qui a perdu son chemin
Erre dans le cimetière
Comme un papillon sous l'enchantement.

Il avance de
Crâne en crâne
Jusqu'à ce qu'il entre
La mienne.

Je saisis le zombie du poème
Et je l'enferme dans le reliquaire sacré de mon cœur
C'est pourquoi mon âme
Flâne à tout jamais
Dans le jardin le plus beau de la poésie.

(traduction française par Elizabeth Brunazzi)

Un fils du pays et un arbre monben

Au carrefour en bas de la maison de la sage-femme
Qui a présidé les douleurs de la mère du sanba
La sage femme qui a tranché le cordon ombilical du sanba
Avec une faucille chauffée sous les cendres
En haut du ruisseau nommé La Source
Où de belles filles se disputaient
De beaux jeunes hommes
Jusqu'à ce que leurs cheveux flottaient dans l'eau

Comme les crinières des chevaux se baignant dans les marais
Un puissant rêve qui a ramené le sanba
À son lieu de naissance.

Le grand arbre monben au centre du carrefour
Entre dans le crâne du sanba
En insérant ses grandes vieilles racines tordues
Son grand vieux tronc à l'écorce remplie de sève
Ses grandes vieilles branches s'étendant à travers le ravin
Comme les éclairs tranchant les cieux
Le grand vieil arbre monben a fêlé le crâne du sanba
Avec tous ses nœuds de serpents à la chasse
Avec tous ses nids d'araignées aux longues jambes arquées
Avec toutes ses colonies de vers luisants.

Au carrefour en bas de la Maison de la sœur Timiya
En haut du ruisseau nommé La Source
Le grand arbre ancien des dieux
A poussé le corps tout dressé du sanba
Aux profondeurs de la terre brune et sèche
Le sanba est devenu la puissante racine d'un totem
S'étendant dans le ventre de la terre
Suçant l'essence de la vie
Et la pompant jusqu'au sommet du corps massif
De l'arbre monben
Jusqu'à atteindre la dernière petite feuille.
Un chœur d'enfants qui chantaient
Ont ramassé les baies sucrées de l'arbre monben
Et leurs dents innocentes n'ont mordu aucun ver des fruits.

(traduction française par Elizabeth Brunazzi)

Gary Klang

Ex-île

Me manquent
Les bruits du soir et les senteurs
Le coq qui chante à la mi-nuit
Les chiens en rut sous la fenêtre

Me hantent
Le bruit sourd
Du tambour
Au creux du soir

Et cet homme
Qui fait rire les petits
En portant sur la tête un amas de bouteilles

Il y avait aussi
Tous ces bruits de tropiques
Les lucioles ou que sais-je
Aux cris ponctuant la nuit
Comme en un concert d'ombres

Il y avait
Mais faudra-t-il que j'énumère
Tout ce qu'il y avait
C'était
À n'y pas croire
C'était
L'âme de l'île
Qui vit et bouge
Avec
L'odeur pour moi unique
D'ilang-ilang

Il y avait des soirs et des matins de rêve
Il y avait il y avait il y avait

Mais il n'y a plus
Que le souvenir.

Une porte s'ouvre

Une porte s'ouvre
Et c'est l'enfance qui renaît
Cette odeur si tenace
Des chambres de vacances
Avec la toile de la jeune fille anglaise
Les yeux tournés vers un ailleurs
Ou l'arbre fatigué qui regardait par la fenêtre

Les lézards emplissaient le jardin

On avait une colline pour nous seuls
Malgré la peur de l'araignée
Cachée sous la pierre où l'on s'était assis
Et qui toujours venait en couple
Sans se presser
Si bien qu'un jour
Le père en trouva une sur sa poitrine

Les mots sont tout ce qui nous reste
Comme si ces gens
Ces arbres
Ces jeux d'enfant
N'avaient jamais été.

Madrid

Au pays du grand maître qui défit les visages
Et de l'ours blanc plus grand que tous les autres
Dans ce pays des jeux de mort
Où nous voyions l'homme à la cape défier la bête mythique
Nous avions des nuits fauves et des joies
Où l'amitié seule avait son mot à dire

C'était le temps d'avant

Celui où la fissure ne perçait pas
Cachée par l'enthousiasme d'une jeunesse
faite de rire et de poèmes

Nous écoutions alors Garcia Lorca et Machado

Son las cinco de la tarde

C'était l'heure où le toréador rendait l'âme dans l'arène de
Madrid
L'heure des bars et des flamencos

Je me souviens d'une fille rencontrée par hasard
Avec qui nous marchâmes dans Madrid jusqu'à l'aube
Malgré celui qui citait Cervantès du haut de son balcon
Et les *serenos* qui répondaient très vite à l'appel de nos mains

C'était l'heure des soupers sans fin
Et des promenades sur la *Gran Via* jusqu'au petit matin
Nous relisions Hemingway et Lorca

Son las cinco de la tarde.

Louis-Philippe Dalembert

stagioni

quelquefois
mes sens pistent l'enfance
derrière les mots
l'enfance d'orages et de séismes brûlants
derrière l'invivable
des chambres de
brume de quelle pluie écrire
les bruits heurtant mon
corps à l'approche de l'invisible
de quel nuage éteint dire l'être
arrimé à ses souvenirs

c'era una volta
c'était il y a longtemps
il fut un enfant éternel de l'été
qui eut aimé connaître
l'homme de crachins et de
séismes tus mais cet élan de l'être
dans l'au-delà de moi-même
dans l'au-delà de nous-mêmes
imperceptible coulée
confondant les saisons du dire

quel mot l'écartèlement
quel mot cet homme de
l'hiver inconnu à l'enfance
quel mot un seul
pour rassembler cyclones et brouillards
dire montagnes pelées et neiges
éternelles comme une même rivière
froide et abondante hier
encore aujourd'hui blanche et sèche

quelquefois
installée au-dessus des
balles valsant l'inusable
déraison une petite chaise de paille
au pied d'un acajou parasol.

(paris, 7 novembre 1993)

Isaac Volcy

Sur le lit de ta colline

Sur le lit de ta colline
je découvre le soleil de minuit
torse nu
gazouillant sa pulsion de vie
aux quatre saisons du monde

Sur le lit de ta colline
les nuages dessinent un chapeau d'ombre
sur ma tête
le vent berce mes cheveux d'ébène
sans baisser le bras

Sur le lit de ta colline
mes yeux perdent leurs paupières
en été
comme les arbres qui changent de costume
en automne

Sur le lit de ta colline
l'horizon se prosterne à mes pieds
telle Marie à Jésus
pour vivifier les ossements de mes rêves
déchus

(ce poème a été publié pour la première fois dans
Le Nouvelliste, Haïti, en date du 4 avril 2019.)

Ma femme, ma terre natale

Ô femme mère épouse amante
trinité de bonté d'amour et de beauté
avant de t'avoir rencontrée
j'étais un apatride
errant comme un astre égaré
dans la sphère du néant

Tu es tous les « Tu es » qui tuent
à petit feu
les séquelles indélébiles de mon enfance

le triste sort du passé
les sentiments suicidaires de mon être
pour faire de ma vie
le chef-d'œuvre du « Je suis »

Ô femme mère épouse amante
trinité de bonté d'amour et de beauté
tu es ce seul Loa qui danse
dans le péristyle de mon subconscient
quand je suis pris de transes
je ne connais ni feu ni grêle
pas même les tessons de bouteilles
les yeux fermés
je trace le Vèvè de la révolution
avec l'âme ancestrale
pour te soigner quand tu es écorchée vivante
par les aventuriers du Nouveau Monde.

(extrait du recueil *L'Arbre Oratoire*)

Franz Benjamin

Qui fera de la source un cours d'eau

Menant vers les rizières
qui tracera la route
à la jetée des faisans et autres oiseaux migrateurs

Je lance mes mots de remords
charriant le chagrin de la terre
depuis la saison des avalanches

La sécheresse s'étend sur toute la vallée
le rythme des chants
mêlés au bruit des machettes se heurte aux cailloux

Et ma terre ensommeillée
reposoir des oiseaux de papier
se désagrège dans le souffle du vent.

Artibonite

Tu as fait de mes yeux le nouveau lit de ton fleuve
et chaque fresque raturée par tes bras
est une déclaration de parjure

Artibonite
toi partie chercher le soleil de grand matin
au midi de ma vie
je dis la chanson du touareg
dans le désert sans fin du Niger

Je continue de lancer des mots de remords
de regrets atrophiés
à la sorcière qui dans ses gestes de serpent
a jeté son venin dans mon sarcophage

Habile abri sans fortune
il nous reste encore quelques branches de cocotier
et un vieux tambour pour nos jours de mutants

Tu longeras la vallée jusqu'à la femme de gué
et la rivière au confluent du fleuve
chantera nos partitions retrouvées.

Dary Jean-Charles

Délit d'identité

ma main droite comme un champ de blé sous le soleil levant
fait le point sur la table tournante à la constellation de l'Ourse
où les appâts lâchent prise à lire mon
grand chagrin d'oiseau

sur l'air champêtre du bord-marché entre les saules et l'ouïe
le bruit café qui court en spirales dans les odeurs d'épices
la-douce-qui-vient marchait brodait de pluie le devant-jour
comme si elle égrenait d'instinct l'horloge en ma mémoire

de ses hanches accordées à longueur d'elle allait venait
juste-au-corps la rivière impromptue de sa robe à franges
soulevant les mélèzes du matin par hautes vagues inaltérables
entre fil-harmonie d'aiguilles à perdre
l'importance du temps

sur mon papier-musique un ciel-terroir sans trop savoir pourquoi
fait un scandale d'étoiles à bâbord d'anse de tes yeux
cathédrales
grands voiliers chavirés dans la nuit
millésime d'un poème de retour

charbon de feu de bois sauvage fumant à bout portant
d'une lèvre
ses pas pressés de vivre passaient le temps dans les ramures
des dattes
tel un dimanche de ville après la messe un hymne de grand
boulevard
qui danse collé-collé sous les paupières
ouvertes de la voix des Gonaïves

le teint caillé de ses yeux racoleurs atteint l'apogée nord du
mot-médian
où l'encre et le papier musique au pied courant font l'école
buissonnière
émerveillement premier au feuilleton d'amures de mille
autres merveilles
je parle de toi ô ville aimée comme
jamais je n'aimerais une femme

coulée franche de mon ombre sur archipel de mangues
mûres
un rose air du temps passé folâtre à mi-soleil de l'arbre
originel
prenant au lasso du vent le mortier des tours de ma vie érigée
en flagrant délit d'identité de ces cités-oasis de haute voltige
vestiges des erres du silence bruit de
fond de seuil de ta porte

tintant pièce à la pièce le mot naît le long de la rivière d'argent
qui coule en bourdons de clocher dans tes mains menuisières
parlant la langue de feu de tous les grains de bois venus mourir
dans mes sillages en mimosas de suie posés sur l'établi du soir
avant que l'étincelle échappée belle n'en ait plus de souvenir

à haute voix de tonnerre le gré du vent souffle averse neuve
torse bombé plus haut que l'interdit sur le bout de mes lèvres
une pluie d'étoiles égo blessé de tant de glaive saigne à blanc
chante et pleure d'agonie d'oiseau dans les gouttières du vide
où je mets tant de soif à boire l'eau vive des papillons de nuit

monarque d'été indien à lire en haut et bas des pages vierges
de tes yeux grand papier d'idées proches de ma ligne de faille
en jambées de chien je traverse les vertèbres de mes ombres
dans un louvoiement de miroir en sommeil inodore dans la nuit
tel un silence gourmand ruminant
les victuailles des carrefours.

Iléus Papillon

La première brise

La nuit imprime des silences censurés dans la géométrie des
regards indomptables
La mer, une blessure bleue déviée sept fois pour le plaisir
des villes édentées
Je dessine l'absence de toutes les douleurs en double croches
Mille phrases pendues à gauche de l'ombre
Mille lunes clouées dans la stérilité d'un temps teinté de
temples entrouverts
La fenêtre comme des jours pendus passe dans la sensibilité
des horloges anonymes
J'ouvre mon âme pour défaire la solitude de la solitude
Peu importe la folie du soleil
Dieu meurt de faim quand la terre déchire la volonté des
voyelles
Comment dévisser un ciel en pleurs
sans l'alphabet des souvenirs.

Le dernier songe de l'Ange noir

Dans la stérilité d'une nuit coupée en éclats de sens
Je déchire indubitablement la folie des oiseaux
Pour l'expérimentation de l'urgence L'Ange noir porte des
mots mouillés
Tel un sentier accroché à la rigidité du temple
Et quelquefois
Sans supplier le soleil
Le songe ronge l'orage dans mon ventre Toute lune est
blessure d'un ciel dévissé

Si je dis silence anonyme
L'aube dessine la dernière musique de la mer Demain sera
gris ou oblique
Aux échos des souvenirs crachés hier
Je dévore les illusions de mon enfance pour le bonheur des
templiers
Les horloges inventent des marges sans égratignures
Et je redeviens le devant des pluies impures Dans la fragilité
des jours aphones
La nudité des guillemets suspend dans l'envers de l'absence
Le ciel oublie dans ma main un million de cœurs décousus
Quel est donc ce pays de mille images qui
tombe dans ces phrases desséchées ?

Michel-Ange Hyppolite

Femme

Tu portes la vie
Et lui fais enjamber le soleil
Grâce à toi,
Les pierres s'escaladent l'une l'autre
L'eau dévale les pentes de bon gré
Et le vent est une voile que tu tisses
Pour la pavoiser à tour de vue

En terre de malheur
Femme, tu es porteuse d'aurore,
Par monts et par vaux,
Travailleuse de mon pays,
Tu t'échines
Sans même l'espoir d'un merci.

Quand tu luttes
À nos côtés,
L'éclair de tes yeux
Rivalise avec le feu de nos armes.
Tu ne cries jamais miséricorde !
Avant ton dernier souffle.
Nul ne sait
Quels abîmes tu as franchis,

Ni quelles flammes tu as bravées
Sans un tremblement de cil.

Tu mènes la vie par la main
Comme un enfant à son berceau
Tu fais fuir la misère,
Et rends muettes les mauvaises langues
Ton doigt vengeur
N'épargne ni pape ni seigneur
Femme, ta force
A le visage de la vie.

Tes mains déchirées d'avoir trop lessivé
Entre malheur et détresse
Tu te faufiles
Pour arracher l'essentiel.

Tu bats la campagne
Les yeux emplis de poussière
Et vas deci-delà
Échangeant le boulet pour le fardeau

Ô Femme,
Notre admiration
N'arrive pas à rattraper
Ton courage !

(tiré de *Zile Nou / Notre Ile / Our Island*, 1995)

Elsie Suréna

Le ciel trébuche sur de houleux nuages

La rivière s'ouvre les veines dans des terres brûlantes
La mer ne sait plus si tenir sa place ou conquérir les rivages
qui la limitent
Qu'importe la transhumance des monarques,
Si demain tes cheveux sont gerbes folles ?
De la musique des mots nostalgiques pour blessures secrètes
Tes mains se rident chaque jour au contact des larmes
traçant leurs sillons
Demain, quand ton chant s'arrêtera, nul ne pourra faire la

part des choses,
Encore moins celle du feu des allumettes bengales
Ton souvenir est un linceul où succombe le temps,
Lourd de non-dits et de rendez-vous ratés
J'ai compté les fils reliant les fleurs d'ylang-ylang aux
longues nattes des nuits en allées
Que ne donnerais-je pour un nouveau matin aux pieds nus
Un matin qui ramène les trilles du rossignol
Un matin qui danse autour du soleil laissé à ses caprices
d'enfant !
Se peut-il que le chagrin soit parure à l'âme ?

Michèle Voltaire Marcelin

Ardoise

L'enfance fut verte et douce
Inondée de soleil la mer se fondait au ciel
À seize ans je voulus mourir par amour
On mit mon cœur à l'asile avec les fous
Puis je vis passer des soldats
Qui arrachèrent l'espoir et le mirent en prison
Vers les trente ans on me perça le cœur
La balle ne fit qu'un trou
Pour rire on me laissa la vie
Je devins pierre au bord des routes
Un enfant m'apporta la beauté de son rire
Et l'eau claire de ses jours
Je devins papillon
Les fleurs étaient belles dans l'été
J'ai vécu la moitié de mes jours
Lettre gardée dans un tiroir
Femme chandelle fourmi rouge
Rêve qui interprète le soir
Quand j'ai quitté cet illusoire espace
Je n'ai gardé que peu de chose
Des poèmes, quelques visages
Et l'ombre de mon ciel d'enfance.

(précédemment publié dans *Amours et
Bagatelles,* Éditions Cidihca, 2009)

Louis-Philippe Dalembert

la peau que j'aime

j'aime la peau
la peau qui craquèle
la peau qui vergeture
la peau qui fissure
s'étire plie et ne rompt point
qui porte en bandoulière
ses flétrissures toute honte bue
la peau qui s'est colletée
à mille et une blessures
sans se rendre jamais
la peau qui pèle
de tant de guerres avec la vie

j'aime la peau lisse
de fleur à peine éclose
la peau vierge
de toute égratignure
la peau au sourire de jais dans le noir
tour à tour mate et luisante
la peau albâtre et rose
la peau bridée
d'inexpérience et de pudeur mêlées
prête à changer de grain et de couleur
au moindre émoi

la peau vitrine sur l'intime
la peau aux allures de princesse
dans la fange la plus crasse
la peau catin vautrée dans la soie
j'aime la peau marinée
de luxure et de curiosité
la peau qui ne chichite point
qui s'étourdit de plaisir
à y laisser la peau

la peau qui grince
et continue d'avancer
la peau de vieille carrosserie
aromatisée des lustres d'antan
la peau qui nostalgise
sans amertume

la peau éternelle assoiffée
qui dit hier mais pense
aujourd'hui plus que demain
la peau qui vit si m'en croyez
la peau *hic et nunc*
la peau d'impatience parée
ivre toujours de remonter le sang

j'aime la peau
à l'odeur d'ylang-ylang
la peau à l'odeur de citronnelle au petit matin
ou quand le jour hésite tergiverse
avant de basculer dans la nuit
la peau à l'odeur musquée
des mangues de l'enfance
celle à l'odeur de fruits exotiques
telles la pêche ou la pomme en cuisson
la peau de thé vert toute parfumée d'ailleurs
la peau à l'odeur de sueur
puis de bougainvillier

j'aime la peau par-dessous tout
qui a vécu la peau
qui s'est frottée avec allégresse
contre mille autres peaux
la peau qui est peau
j'aime ta peau

(québec, 13 avril 2012)

Vilvalex Calice

La terre natale

Je vais te retrouver encore une fois mon île
Pour fouler de mes pieds nus ta mer qui pétille
Pour admirer tes fleurs, tes ravissantes filles
Aux démarches pompeuses dans tes rues qui faufilent

Je veux me retrouver bien plus près du soleil
Où le coq, chaque matin, claironne le réveil
Avant que l'astre d'or qui attend et qui veille
L'heure de faire luire le ciel d'éclats doux et vermeils

De l'aube à l'aurore l'écho de la jactance
Des tourterelles éprises qui sucent nos hibiscus
En harmonie divine, au soir, à l'angélus
Aux quatre coins du vent ondule la romance

Ô Haïti ! écoute ce que mon cœur murmure
Au milieu de ce miasme qu'on te laisse languir
Je t'assure mon pays tu ne vas pas mourir
Nous allons te guérir de tes mortelles blessures

Si aujourd'hui je chante d'air nostalgique
Ta chaleur qui réchauffe si tendrement mon cœur
Pardonne-moi ma patrie d'avoir manqué d'ardeur
En louant tes prouesses, ta beauté angélique

Je veux finir mes jours dans l'île de mon enfance
Sur la terre imbibée du sang de mes ancêtres
Qui voulaient du sol que nous soyons seuls maîtres
Ô mon drapeau pour linceul, quelle preuve d'allégeance !

Bernard Block

Le vent du sud arrive à
Port-Salut, Haïti, octobre 2016

Cela a commencé avec des vents légers
Des vagues palpitantes sur une rive lointaine
Mariposa papillon de lumière
La constellation de la Croix Sud fulgurant dans la nuit

Vite le rugissement de mille lions
Surgissait au-dessus de la grève les vautours tournoyants
Le bruit étouffé de chevaux se débattant contre la porte de
l'écurie
De mulets tremblant sur les planches

> *Le vent qui pousse là où il voudra*
> *Écouter ce vent se lamentant*
> *La pluie battante perçant la peau*
> *Regarder la mère et le père s'accrochant à l'enfant*

Maintenant la mer s'est tue
Des cadavres d'animaux flottent dans les flaques des marées
Les blocs s'empilent là où auparavant les maisons s'érigeaient
Ça et là des arbres dénudés empalent la terre

Émilien Clerveaux essayant de sauver sa fille
Sa crâne fendue par les débris tourbillonnants
La tante et les quatre cousins d'Élouse Maître
Emportés par la mer

La mer qui les a réclamés
Et les mulets et les chevaux des flaques des marées
Retournent dans le silence, ce silence qui s'incline devant la mer
Tandis que chuchotent les voix muettes *tout est perdu*

Tout à l'exception de l'église du village perchée sur la colline
Donnant sur Port-Salut une croix brisée
Et le bras de la Mère
Berçant son Fils supplicié.

(traduction française par Elizabeth Brunazzi)

Patrick Sylvain

Leçon finale

Nous avons continué à respirer un certain temps
Dans un bassin de l'eau
Sans l'espace pour que nos poumons
Respirent de l'air frais.
Avec un doigt, j'essaie
De redresser un pissenlit
Fatigué de chercher la route du soleil.
Enfin, j'ai décidé de prendre des leçons
De mon chien qui voudrait me montrer
Comment mourir comme un chien :
Ventre gonflé, dents ricanant au Tout-Puissant.

Danielle Legros Georges

Une croyance

(Haiti 2010)

Ceux qui connaissent mieux la liberté
sont ceux qui ne sont pas libres
ou ceux qui n'ont pas été libres
ou ceux qui n'ont pas pu vivre.

Prison. Cellule réelle.
Barreaux derrière lesquels on s'enferme
soi-même. Cicatrices, et en-dessous d'elles
la chair encore tremblotante.

Le besoin vital de respirer.
Germe et bûcher. Étoiles
et ciel enflammés. Le tournant,
retournant tout en poussière. L'Air.

Un trou foré au travers
du toit bleu d'une tente.
Le ciel bleu du jour tourbillonnant.
Tourbillonnant.

Volonté. Force. Cette chose
qui vous empêche de mourir.
Un million, million, million
de questions. Une absence

d'antécédents. Une franchise.
Une tension. Une fleur rustique,
grossière éclosion,
se reproduisant.

(traduit de l'anglais par Patrick Étienne)

Fred Edson Lafortune

Impossible

tu me regardes dans le rétroviseur
sans rien dire
nos yeux se croisent dans le mouvement du temps
dans le silence de tout ce qui nous empêche d'aimer
tu ne me regardes plus
tu t'en vas
tu laisses un grand vide
dans mon âme.

Qui es-tu ?

J'ai commencé à grandir
Sans toi
Un jour je me suis levé
Je t'ai retrouvé à la maison
Je voulais plaisanter avec toi
Jouer avec toi
Rire avec toi
Je voulais que tu m'apprennes à ne pas tomber
Quand la chaîne de mon vélo s'est cassée
Mais la vie ne nous a pas donné ce cadeau
Un jour nous avons fait du cerf-volant
Mais c'était la dernière fois
Un autre jour nous avons mangé au restaurant ensemble
C'était la dernière fois aussi
Qui es-tu papa ?
J'ai grandi et tu ne me connaissais pas

Tu as vieilli et je ne te connaissais pas
Qui es-tu papa ?
C'était la dernière fois aussi
Un autre jour nous avons mangé au restaurant ensemble
Mais c'était la dernière fois
Un jour nous avons fait du cerf-volant
Mais la vie ne nous a pas donné ce cadeau
Quand la chaîne de mon vélo s'est cassée
Je voulais que tu m'apprennes à ne pas tomber

Rire avec toi
Jouer avec toi
Je voulais plaisanter avec toi
Je t'ai retrouvé à la maison
Un jour je me suis levé
Sans toi
J'ai commencé à grandir.

(traduits en français par Maggie Vlietstra, candidate au MFA
en traduction littéraire française à l'Université de Boston.
Elle est spécialisée dans la littérature contemporaine.)

Marilène Phipps

La Sève

La sève monte aux arbres
pour annoncer aux feuilles
ce que les racines ont entendu
au fin fond de la terre.
Les feuilles le disent alors aux vents
qui le disent aux hommes libres
vivants comme des carillons
pendus au-dessus de grands feux—
les contes du dessous de la terre et des
morts se dispersent partout.

Les Cordes

Les cordes résonnent en profondeur
là où gisent les fœtus.
Le jour se retire
pour savourer ce qui fut
et se prépare pour une nuit
qui avance au pas des iguanes.

Les chiens des collines soupirent.

Les mouches font des tâches
de pois noirs sur l'herbe basse.

Une Plume

À nouveau la tourterelle
est au seuil de ma porte,
tête nue comme une pétale,
se promenant entre menthe, basilic
et géraniums rouges dans des pots d'argile.

Hier sur les marches
j'ai ramassé une plume
en allant sur la tombe
pour la mettre près de ta photo,
introduisant les notes grises.

Boadiba

Le tambour de Marmelade

Quand Marmelade s'endort
Au creux du bol frais de ses mornes
La rosée coule des toits
Et tombe en triades sonores sur les feuilles plates du jardin

La porte s'ouvre au ciel blanchi
Qui dessine les contours préhistoriques de ses gardiens muets
Monstres dociles veillant sur Marmelade

La lune à Marmelade se plaque contre l'arbre
Pour lui faire au cœur un trou de lumière
Les soirs à Marmelade diffusent la chanson ravie
Du violon marié à la guitare avec les vrilles d'une trompette
soudaine
Reprenant de vieux airs sur un rythme de jazz

Des enfants musiciens enchantent Marmelade
Mais le tambour absent répète sans cesse la même question

Qui s'insère comme un serpent dans la mélodie du présent.

Voyage génétique

Les vents du désert charrient l'appel des points d'eau
Où me rencontre mon double
Les sables de la mer déposent dans les yeux gris blancs de
Grand-père
Le champ de l'alliance mystique des voyageurs nordiques
suspendus
Aux côtes de l'Afrique avec ses sources et ses forêts distillant
En musique magique le nom secret de sa femme aux yeux
noirs
Sa femme à la peau de terre cuite et longue natte sombre
qui glisse
Contre son épaule quand elle se penche vers l'eau douce de
ses mystères
Pour y remplir un bol de bois roux

Trois races se mélangent
Pour peindre en moi un parfait souvenir
De pays qui me dépassent
Et me plantent éblouie dans l'espace génétique.

Christ Falin-Oralus

Le propriétaire légitime

Dans la tête du pic bois
Le cimetière trouve un miroir dans lequel se contempler
Les salutations s'harmonisent
Même au fin fond de la laideur
Même pour un rien
Oiseau de bon augure épelle les lettres ABC
Dans la bouche des malfinis
Le corbeau nous traite de laids
Afin de nous ironiser
La fierté nous supplie
Car la patrie veut cesser de servir de cobaye
Le Rossignol mange le corrosol
En sortant de Lavilokan
Les politicards sont malins
Mais les vautours subiront le détour
Si détour n'est pas insensible

Et si l'insensibilité n'a pas peur des charognards.
La vérité se moque des dents du bonheur
Le harnais bride la parole
La plume qui écrit a le goût des vagues
La calamité ne vend guère ses sentiments
Le poème reste bien le sien.

2.
Réveille-toi pour affronter la cacophonie de l'horizon
Souviens-toi du chant du coq
Réveille-toi sans avoir honte
Des lunettes de soleil portées par la journée
Pour te faire peur
Réveille-toi du coupon
Secoue-le
N'oublie pas les deux coins cardinaux de tes lèvres
Réveille-toi
N'oublie pas de laisser l'espoir sur le feu
Et aller plaider tes causes au bord de la mer
Réveille-toi
N'oublie pas d'offrir des petites serviettes aux passants
Que la poussière acclame haut les mains ta dégaine
Réveille-toi à la recherche de nourriture
avant que le pays ne soit bloqué

3.
Mon envie s'apparente à ton absence
Ce que j'ai envie de te faire Choucoune
Ne figure guère dans le dictionnaire
Nous sommes les seuls
Avec le petit bout de nuage perdu.

(traduit de l'original haïtien par Karine Belizar)

Coutecheve Lavoie Aupont

Immense amour

La mer est mienne
depuis le jour où j'ai habité ton rêve

À midi
l'amour
dans tes yeux

devient
un petit bateau de papier
puis disparaît à l'horizon
on aurait dit un léger soleil
une gentille petitesse

Je t'aime
comme une ville muette
on aurait cru un cimetière de musiques
de bruits de moteur
ce lieu où les femmes portent leur sexe
comme une offrande
comme la chanson d'un chien amoureux

une envie de friandises laissée
au creux du cœurs des enfants

Je t'aime
comme une ville au nom de saint
ce lieu où les femmes soulèvent le pied
pour purifier le corps des hommes

Je t'aime
doucement
dans la cadence de chaque nuit

parfois je baise ton ombre
partout où tu es
tu vis dans ma tête

Sans bruit
sans crainte
tu me montres chemin de l'amour
si tu n'es pas dans la chambre
tu es partout
éparpillée sur la lèvre de l'humanité.

Kwitoya (Jean-Robert Victoria)

Grand Espoir

Dans les artères fragiles de mon pays
La méchante pluie a déclenché
L'avalanche brutale.

À l'angle des rues brûlées, l'obscénité tenace
S'est noircie, la glu têtue a tramé
L'hideuse perversion de ma ville.

Chaque jour le soleil descend dans la tristesse
De la mer. Chaque nuit la lune dans son effigie
Sphéroïdale recycle par le tour du temps

Tant d'âmes, tant de regards, tant de trésors.
Ainsi le Soleil et la Lune laissent le hasard à la
Rigueur des instants imprégnés de certitudes.

Mais je sais qu'au bout de l'effort certain,
Ce coin de terre panaché de mœurs tangibles
Et d'altitude coutumière aura entendu le chant

De naissance haute, alors ma terre natale
Retrouvera l'extase de ses jours de gloire !

Effort solennel

La pluie soudaine libère à mes trousses
Des tercets houleux, s'empare
De stridence sauvage le tintamarre coutumier
De mon âge grisé sous le harnais.

Heurtée au soir rageur, la lune sans un clin
D'œil décampe. Avec fracas le mauvais sort
Vint et s'en alla irascible. Les saisons,
Onomatopées légataires des champs, restèrent.

Homme et enfants crient, la femme pleure.
Ils alternent aussi bien les caprices de la verdure
À la moisson piégée, par un lapsus du vent,
Comme ma dernière écriture.

Mon espérance

J'ai accordé mon être à la mutinerie ardente
Du jour amant érubescent de liberté fulminante.
Le jour haut des lumières, des feux de raison,
D'esprit critique, éclairs foudroyants où
Le chant nègre à Saint-Domingue résonna.

Belles flammes et fumée époustouflantes qui, jadis,
Faisaient peur aux colons. Aujourd'hui beaux feux

Furieux comme les yeux des écumeurs de feux,
Aux flancs bouffis des oligarques sans âmes.

Feux rouges de nœuds enflammés, repris pour
Signifier aux nouveaux spoliateurs malsains,
L'évidence foudroyante du soleil réparateur
De jeunesse avilie, bafouée, brûlée, vilipendée.

Que ces mots terrifiants augmentent l'ardeur
Dévolue du feu à ces jeunes livrés aux absurdités
Dévorantes et jettent aux brasiers des vocables
Certains d'amour beau comme le feu, quand le feu
Foudroie atrocement ! Ainsi ma voix attisera-t-elle
L'épouvante, renforcera-t-elle l'asymptote radieuse
Vers le firmament avec les vents et les oiseaux ?

Patrick Étienne

Randonnée de montagne

Le ciel resplendit des premières lueurs de l'aurore.
Le soleil tient encore caché ses rayons d'or.
La Nationale borde l'étroite bande littorale.
Son long ruban noir serpente au flanc des montagnes.
Nous profitons de la douce fraîcheur matinale
pour entreprendre d'explorer ce coin de campagne.

Nous traversons le bitume face à une barrière.
Des haies de bayahondes à l'apparence guerrière
Longent, au-devant de nous, la piste caillouteuse.
La voie grimpe vers les monts aux cimes vertigineuses.
Elle prend, tout d'abord, une douce inclinaison,
puis, devient plus abrupte sur les autres tronçons.

Et nous voilà partis pour notre randonnée,
Rencontrant des cabris sautant dans les fourrés
Et, nous toisant de haut, une vache dédaigneuse.
Des chœurs d'oiseaux jouant des notes mélodieuses,
Remplissent le bocage de chants beaux et divers.
La brise, dans le feuillage, module ce concert.

Nous marchons côte à côte, à grandes enjambées.
Il arrive, par mégarde, que je t'ai devancée.

Tu me rappelles, à l'occasion, de ralentir.
Nous nous entretenons, continuant de gravir
Sans avoir conscience de la côte escaladée.
Une vue splendide s'offre à nos yeux émerveillés.

Le Golfe de la Gonâve se déploie à nos pieds.
La mer semble être un miroir lisse et argenté.
Le ciel et l'océan fusionnent à l'horizon.
Le littoral n'est qu'une mince ligne de sable blond.
Un bateau passager à l'allure timide,
Dessine un blanc sillage sur l'étendue liquide.

La voie bifurque vers un escarpement plus raide.
Tout près, nous faisons halte près d'une citerne d'eau claire
Où boivent chevaux, bœufs et autres quadrupèdes.
Des tuyaux adducteurs courant à fleur de terre,
Font entendre l'inquiétant gargouillis du liquide
Dévalant les versants aux pentes âpres et rapides.

Je te suis dans les ronces sur un étroit sentier.
Devant moi, tu retiens les branches pour m'épargner
Des agressions des tiges toutes hérissées de piques.
Enfin, nous atteignons un chemin dégagé,
Bordé d'une haie étrange de bouteilles en plastique.
Tu poses, pour une photo, devant l'œuvre excentrique.

Les lieux sont féériques et la flore a changé.
Des arbres verts et grands ombragent le passage.
Des palmistes brandissant leur flèche vers les nuages,
S'ébouriffent le panache comme pour les braver.
La route mène plus loin à une aire élevée
Où est délimité un plateau gazonné.

C'est là le Mausolée où le Sieur D'Adesky,
Repose dans la mort, à tout jamais uni
À sa tendre moitié, la dame née Duncombe.
Pour un temps, nous marquons une pause sur la tombe,
Un sobre et élégant monument funéraire,
Sous une vigne couvrant une tonnelle circulaire.

Déjà, il fait plus chaud, le soleil s'est montré.
Il nous faut prendre, alors, le chemin du retour.
La descente est facile et vite dévalée.
Demain, nous essaierons un tout nouveau parcours.
La marche a donné faim, nous allons déjeuner.
L'océan nous attend, plus tard, pour nous baigner.

Jean Saint-Vil

Je pleure le jour je ris la nuit

Je pleure le jour
Je ris la nuit
Je n'ai jamais vu
Ni de près ni de loin
Ni de mes larmes
Ni de mes rires
Les belles couleurs
Qui font rêver
Jusqu'au délire
Je sais que les rires
Sans le savoir
Et très souvent
Reçoivent les larmes
En pleine figure
Je sais que les rires
Dans leurs éclats
De temps à autre
Creusent dans les rides
Et sans retour
Les lits des larmes
Je sais que les larmes
Ne changent rien
Ni à l'odeur
Ni à l'humeur
De mes coups de rire

La vie

La vie est courte
Il faut vivre vite
Et être heureux
La vie est dure
Il faut la prendre
Tout en douceur
Et arrondir
Ses angles morts

La vie est belle
Il faut lui faire
En permanence
Les yeux doux
Pour arracher
Ses belles faveurs.

Si tu aimes le silence

Si tu aimes le silence
Prends garde à ne pas
L'étouffer dans ton cœur
Sous peine de le voir
T'exploser au visage

Si tu aimes le silence
Comme moi qui adore
Jour et nuit le silence
Fais le plein de silence
Quand les autres déblatèrent

Le silence est un roi
Qui gouverne la parole
Et qui peut te sauver
Si tu sais en user
Au moment opportune.

Biographie

Coutechève Lavoie Aupont a publié *Partances* en 2009 (éd. Rivarticollections, États-Unis) et *Déesse de la première vague du jour suivi de Partances* (Éditions Ruptures en 2013). Il a reçu le Grand prix Dominique Batraville de la poésie créole haïtienne et le Prix René Philoctète de la poésie pour *Le doute de la main* en 2016.

Lavoie Aupont a participé à de nombreux festivals et manifestations littéraires en Haïti, en Amérique du Nord et en Europe. Ses poèmes font l'objet de plusieurs anthologies à travers le monde. Il associe son travail d'écriture public à celui plus secret de sa peinture. Il vit à Port-au-Prince où il partage son temps entre le bénévolat littéraire et culturel, l'édition et la photographie.

Karine Belizar est originaire de l'île de Saint-Martin, et une ancienne étudiante de l'Université des Antilles, pôle Martinique. Elle a poursuivi ses études à l'Université du Delaware aux États-Unis où elle a obtenu un second Master en Langues et Littérature Étrangères. Elle travaille actuellement comme professeure d'anglais en France. Elle s'intéresse à la fabrique d'un imaginaire collectif à partir des langues à l'œuvre chez les auteurs caribéens et aux échos de la révolution haïtienne dans la littérature.

Franz Benjamin est poète et diseur, il a choisi de célébrer la vie, d'en faire un festin à travers sa poésie. En haïtien ou en français, on retrouve cet attachement à l'essentiel : la liberté et l'amour. Au nombre des recueils publiés se trouvent : *Valkanday* (poésie, Paroles, 2001), *Chants de mémoire* (poésie, Paroles, Montréal, 2003), *Dits d'errance* (poésie, Mémoire d'encrier, 2005, Montréal), *Tanlapli* (lèt kreyòl, Paroles, 2007, Montréal), *Vingt-quatre heures dans la vie d'une nuit* (poésie, Mémoire d'encrier, 2011, Montréal) et *Nuit des anses pleines* (poésie, Mémoire d'encrier, 2021, Montréal). L'auteur est né en Haïti et vit à Montréal.

Roseny Blanca est une poète qui vit à Paris, France. Autrice depuis 2017 et diplômée d'un Master scientifique, elle apprend sa langue maternelle par l'action : « *Tou rete rete* », dit-elle, traduit par « Reste-là », en écho à la lagune, aux techniques d'assainissement, au barrage de Péligre dans le département de l'Artibonite, aux matières en suspension qui se déposent par décantation, aux haies de vétiver qui se fortifient grâce aux amendements. Avec sa boîte à outils autour du patrimoine, des devinettes, des proverbes, elle nous invite à prendre quelques mots, oublier un instant le quotidien et à voyager en Haïti.

Boadiba est une poète et traductrice haïtienne dont le travail est apparu dans de nombreuses publications et anthologies y compris *Open Gate, a Bilingual Anthology of Haitian Creole Poetry* (coéditée par Paul Laraque et Jacques Hirschman), et les volumes un et deux des anthologies *Revolutionary Poets Brigade,* éditées par ce dernier. Le recueil de poésie de Boadiba, *Under Burning White Sky* (Ishmael Reed Publishing), a en partie servi de base à un spectacle solo d'une femme (*one-woman show*) présenté au Live Oaks Theatre de Berkeley. Boadiba est connue pour avoir relié sa poésie originale aux chants sacrés traditionnels et contemporains d'Haïti, à la fois en haïtien et en traduction. Cinq nouvelles de son recueil *Tales of Lust and Sorcery* peuvent être trouvées dans les revues *Konch Magazine* et *Left Curve*. Elle s'est produite à la série de lectures de la Bibliothèque de San Francisco, aux archives de poésie de l'Université d'État de San Francisco, au Musée de la Diaspora Africaine, au Yoshi's Jazz Club, au centre de jazz de San Francisco, à la foire du livre de Miami et à la Bibliothèque Shomberg à Harlem. Les poèmes publiés ici proviennent de *Under Burning White Sky* et de son nouveau recueil inédit *The Road to Asylum.*

Jeanie Bogart est née en Haïti et vit aux États-Unis où elle mène une carrière d'interprète et d'écrivain. Elle a commencé à écrire des poèmes à l'âge de quatorze ans. Elle a fait une maitrise en langue française et littérature à Stony Brook University à New York. Jeanie Bogart a gagné avec son poème « À la Joli » le premier prix Kalbas Lo Lakarayib 2006, un concours de poésie réunissant les poètes créoles des Amériques, d'Afrique et de l'Océan indien. Elle a participé en 2007 dans *Plaisir des Mots* et en 2008 *Poésie du Monde, Monde de la Poésie,* deux anthologies réunissant des auteurs de différentes régions de la Francophonie réalisées par Les Dossiers d'Aquitaine à Bordeaux, France. Elle a également participé en 2007 au collectif *La Poésie Haïtienne Contemporaine* de la Maison de la Poésie (Belgique). Ses poèmes ont été publiés dans la *Revue Littéraire Passerelle,* Montréal 2008, une anthologie sur la poésie francophone. Elle fait partie des 73 auteurs qui figurent dans *L'Anthologie de poésie haïtienne contemporaine* publiée aux Éditions Points, sous la direction de James Noël en novembre 2015. Parmi ses publications on compte *Un jour, tes pantoufles* (Éditions Paroles, Montréal 2008), *Dènye Rèl,* un disque de poésie en haïtien (New York 2009), *Éloge de l'Interlocuteur: Dialogues avec Saint-John Kauss* (Éditions Joseph Ouaknine, France 2011), *Paradoxe* (poésie, Éditions Dédicace, Montréal 2011), *Sa m pral kite dèyè,* un recueil de poèmes en créole haïtien (Éditions JB, New York 2015), *Migrations insulaires* (une œuvre poétique conjointe avec Ernest Pépin, Éditions JB, New York 2017).

Vilvalex Calice : Je suis né à Port-au-Prince, Haïti, et exilé volontaire depuis 1978. Je vis aux États-Unis pour la majeure partie de ma vie adulte, où j'ai fait mes études universitaires d'abord à New York, à Medgar Evers College du City University de New York, et ensuite à Pratt Institute de Brooklyn, New York. Maintenant je suis venu en Georgie pour un peu de paix d'inspiration bucolique. La Nature a horreur du bruit. Mes œuvres en français ou en anglais ont paru dans diverses revues et anthologies : *Censures, Tanbou Magazines, Toward Forgiveness* (anthologie), *Les Voix du soleil* (anthologie), *Paumonok, Interwoven* (anthologie).

Marie-Ange Claude est née à Deschapelles, Haïti. Elle a fait des études de premier cycle dans deux facultés de l'Université d'État d'Haïti. Elle a été la troisième récipiendaire et la première femme lauréate du prix de poésie René Philoctète, en décembre 2018 pour son manuscrit *Kaskad peyi* (Les cascades de mon pays). De plus, elle a été nominée au concours international de poésie « La différence » de l'édition 2020 du prix Maurice Koné. Marie-Ange Claude est membre de L'Atelier Jeudi Soir, un collectif d'écrivains haïtiens. Plusieurs de ses poèmes ont été publiés dans des anthologies en Haïti et à l'étranger.

Louis-Philippe Dalembert est un écrivain d'expression française et haïtien. Il est entré en littérature par la poésie, un genre qu'il n'a jamais abandonné depuis. Professeur invité dans des universités américaines, allemandes et suisses, écrivain en résidence à Rome, Jérusalem ou Berlin, il publie depuis 1993 des romans, des essais, des nouvelles et de la poésie. Après avoir longtemps vécu en Italie, il vit aujourd'hui entre Paris et Port-au-Prince, sa ville natale. Il est fait Chevalier de l'Ordre des Arts et des lettres en 2010. Il a reçu de nombreuses distinctions littéraires, dont le Prix Casa de las America en 2008 et le Prix de la langue française mise en 2019. Son œuvre est traduite dans une dizaine de langues. Ses poèmes inclus dans l'anthologie trilingue *Cette terre, mon amour / This Land, My Beloved / Tè mwen renmen an,* sont publiés par permission des Editions Bruno Doucey. Les versions en anglais sont de Nancy Naomi Carlson.

Gary S. Daniel est né au Cap-Haïtien, Haïti. Il est titulaire d'un diplôme de SUNY-Plattsburg et d'une maîtrise en administration des affaires de l'Université de Phoenix. Daniel a publié plus de six livres de poésie et a participé à la publication de nombreux autres livres de poésie. Il est membre actif de Sosyete Koukouy (Firefly Society) et vice-président de Regwoupman Ekriven Kreyòl, (REK / L'Union des Écrivains Créoles). Gary Daniel est le récipiendaire du trophée d'honneur du 50e anniversaire de Sosyete Koukouy pour ses œuvres et pour la promotion de la langue créole haïtienne.

Ewald Delva (nom de plume Konpè Zòf) est né à Port-au-Prince, Haïti. Il aime écrire de la poésie, des essais, des réflexions et des pièces de théâtre. En Haïti, après des études classiques, il est allé travailler comme agent à l'Union Postale Universelle (UPU) et, aux États-Unis, il a étudié la théologie systématique 1 et 2, et obtenu son diplôme de pasteur au Reynolds Institute of the New England District of the Nazarene. De nombreux admirateurs l'ont surnommé Zòf, pour avoir, en tant qu'ancien gardien de but du club «Football Fan Club», empêché l'adversaire de marquer des buts, comme l'ancien gardien italien Dino Zoff.

Konpè Zòf vit avec sa femme Marie Marthe Belhomme, et le couple a deux enfants, un fils Théodat, et une fille Jennyfer, ils vivent tous aux États-Unis. Delva fait aussi de la peinture acrylique. Essayiste, poète et romancier, il a écrit et mis en scène la pièce *Jouva jouvien* en 1987. En 1996, il écrit le recueil de poèmes *Pawòl*, et en 2014 le roman créole haïtien *Adelina* (éd. Trilingual Press). Konpè Zòf travaille sur d'autres livres qui sortiront dans le futur, parmi lesquels *Angels of Darkness*, *Broken Heart*, *Kachotri*, *Red Rose*, *Black Grimo*, *Revenan*, *Ivanoye*, *Twakapyas*.

Berthony Dupont est un poète, auteur, journaliste et éditeur du journal *Haïti Liberté*. Il a publié deux livres : *Pliye pa kase* un livre de poésie en haïtien, puis en français *Jean Jacques Dessalines, Itinéraire d'un révolutionnaire*.

Patrick Étienne est un ingénieur civil et un urbaniste qui peint et écrit des poèmes à ses heures de loisir. Il réside actuellement à Port-au-Prince, capitale d'Haïti.

Christ Falin-Oralus (Ti Kris) est éditeur, écrivain-poète né à Bombardopolis, une petite ville située au Nord-Ouest du pays. Il est l'auteur de 4 recueils de poèmes dont *Conspiration de l'âme et du cœur contre l'imncertitude*, Edilivre en France, 2016 ; *Du zèle à l'amour*, éd. Pen Gonaïves, 2017 ; *Bonbon Siwo*, Éditions de la Rosée, Gonaïves, fevriye 2019. Il est l'un des animateurs des activités littéraires telles Pawoli, Samedi-Poésie, etc.

André Fouad est né à Port-au-Prince, Haïti. Il a étudié tour a tour la comptabilité, le journalisme et la communication. Il a travaillé au journal *Le Nouvelliste, Récréation Magazine* et la télévision nationale d'Haïti à titre de présentateur-rédacteur à la section culturelle. Fouad est l'auteur de 4 recueils de poésie *Gerbe d'espérance* (1992), *En quête de lumière* (1992), *Bri lannwit* (2000), *Etensèl mò m yo* (2006). Il a été choisi comme artiste de la saison par l'alliance française de Miami dans son agenda pour l'année 2005. Il a aussi décroché le 2ème prix dans le cadre d'un concours de poèmes organise par le journal franco-haïtien *Haïti Tribune* (France) en janvier de cette année. En mai 2007 il a été choisi comme poète de l'année pour la 7ème édition du mois de l'héritage culturel haïtien à Miami.

Danielle Legros Georges est poète et professeure de littérature et d'écriture à Lesley University de Cambridge, Massachusetts. Ancienne Poète Laureate de Boston, elle est l'auteure des recueils de poésie *Maroon* (Curbstone Press, 2001), *The Dear Remote Nearness of You* (Barrow Street Press, 2016), *Letters from Congo* (Central Square Press, 2017), ainsi que des articles, des essais et l'anthologie de poèmes contemporains de Boston, *City of Notions* (Boston Mayor's Office of Arts and Culture, 2017). Le livre le plus récent de Legros Georges est *Island Heart,* traductions des poèmes de la poète franco-haïtienne du XX^{è} siècle Ida Faubert (Subpress Books, 2021). Ses prix comprennent des bourses de l'American Antiquarian Society, du Massachusetts Cultural Council, du MASS MoCA, du PEN/Heim Translation Fund et du Black Metropolis Research Consortium. Elle vit à Boston.

Lenous Guillaume-Suprice est né à Fond-des-Blancs, Haïti. Il a publié des recueils de poèmes en haïtien et en français à Montréal, où il vit depuis 1976. Il est membre de l'Union des écrivaines et des écrivains québécois. En 2017, invité par le Conseil des arts du Canada, il a fait partie du jury pour l'attribution des « Prix du Gouverneur général » (section poésie).

Michel-Ange Hyppolite, alias Kaptenn Koukouwouj, est né à Haïti. Il vit à Ottawa, Canada depuis 1984. Il est enseignant, écrivain et poète. Michel-Ange Hyppolite est un grand défenseur de la langue créole d'Haïti. C'est ainsi qu'il a convaincu le Ministère de l'Éducation de l'Ontario à intégrer la langue créole d'Haïti dans son programme d'enseignement de langue seconde. Michel-Ange Hyppolite a étudié à *New Jersey City University*, où il a décroché une licence en biologie. Il a étudié à l'Université d'Ottawa, où il a obtenu une maîtrise en éducation. Il a enseigné les sciences générales et la biologie à Gloucester High School à Ottawa. Il est un académicien de Akademi Kreyòl Ayisyen (AKA). Parmi les diverses publications de Michel-Ange Hyppolite, citons: *Lespwa Lanmou*, poésie, 2019; *Lèt Ife ak Soul*, 2006; *Istwa pwezi kreyòl Ayiti*, essai, 2000; *Zile Nou*, poésie, 1995; *Li Konprann Ekri*, matériel pédagogique,1996; *Atlas leksik zo mounn, leksik nan 4 lang, haïtien, anglais, espagnol, français* (1989); *Anba lakay*, poésie,1984.

Dary Jean-Charles est né aux Gonaïves (Haïti). Enseignant à la retraite, il vit à Montréal depuis une quarantaine d'années. Au nombre de ses publications : *Haïtianeiges* (poésie, Éditions Lagomatik, Montréal 1992), *Encres Brûlées* (poésie, Éditions Humanitas, Montréal 1997), *L'Îlerrant* (poésie, Éditions Humanitas, Montréal,2000), *Pages Triangulaires,* collectif d'auteurs (Éditions Les Intouchables), *Plain-Chant sur mer* (poésie, Éditions Dédicaces, Montréal 2011) et *Dentelles du vent* (poésie, Éditions Paroles, Montréal 2010).

Jean Dany Joachim est un ancien poète populiste de la ville de Cambridge. Il est le poète en résidence à First Church de Cambridge, et directeur de la série City Night Readings, qui se déroule au Little Crêpe Café de Cambridge. Il a publié trois recueils de poésie, *Crossroads / Chimenkwaze* (2013), *Avec des mots* (2014), et *Quartier* (2016). Jean Dany a reçu une bourse du Conseil culturel du Massachusetts en 2017 pour sa pièce de théâtre *Your Voice Poet / Ta Voix Poète*.

Gary Klang est né en Haïti et vit à Montréal depuis 1973. Il est docteur ès lettres de la Sorbonne avec une thèse sur Proust (mention très bien). Son œuvre, extrêmement variée, comprend environ une vingtaine d'ouvrages: poésie, romans, nouvelles, essais. Il a été président de la Société des Écrivains Francophones d'Amérique et de la Société des Écrivains Canadiens (section de Montréal) ; il a aussi siégé au conseil d'administration du Pen Club Québec et est membre de l'Union des écrivains québécois (UNEQ). Gary Klang a parcouru le monde, invité à des festivals de poésie et différentes rencontres littéraires : Chine, Mali, Benin, Venezuela, Colombie, Mexique, États-Unis, Haïti.

Les poèmes de Klang ont eu l'insigne honneur d'être affichés dans le métro de Pékin en traduction chinoise. Notons parmi ses œuvres: *Ex-île* (poésie-premier prix de la Vague à l'âme en France), *Il est grand temps de rallumer les étoiles* (poésie), *L'immigrant* (pièce de théâtre, jouée à la télévision), *Toute terre est prison* (poésie), *Kafka m'a dit* (nouvelles), *Un homme seul est toujours en mauvaise compagnie* (roman), *L'île aux deux visages* (roman), *Le Massacre de Jérémie*, *Opération vengeance* (roman, coécrit avec Anthony Phelps), *Monologue pour une scène vide* (roman).

Doumafis Lafontant est un dramaturge dont les écrits ont été publiés par Trilingual Press of Cambridge, MA, *Potomitan*, Boston Society of Landscape Architects, *New American Writing* et Pardee School of Global Studies de l'Université de Boston. De plus, il est photographe et propriétaire d'Ecofugees®, une initiative verte conçue en 2021 pour lutter contre le changement climatique, avec un accent particulier sur la protection de l'habitat naturel et des espèces menacées originaires de l'île d'Haïti. Lafontant a fondé en 2012 la Gallérie Basquiat de Boston, une pépinière d'entreprises conçue pour aider les « artistes qui se voient comme une entreprise » voulant lancer leurs petites et moyennes entreprises (PME). Lafontant vous encourage à regarder sa page Instagram, @doumafis1, qui contient des échantillons de ses œuvres.

Fred Lafortune est né à Anse-à-veau, Haïti. Il est doctorant dans le programme de langue et littérature françaises de l'Université de Boston. Ses principaux intérêts de recherche sont les études postcoloniales et la critique et la théorie littéraires. Lafortune est l'auteur de plusieurs livres, dont *En nulle autre, Silex,* et *An n al Lazil,* recueil de poésie écrit en haïtien, lauréat du Prix Dominique Batraville en 2017. Ses poèmes sont publiés dans plusieurs anthologies, dont *L'Anthologie de Poésie Haïtienne Contemporaine,* éditée par James Noël. En outre, ses poèmes ont été publiés dans divers magazines et revues littéraires.

Alex Laguerre est poète, nouvelliste et romancier. Il vit, écrit et travaille actuellement à Port-au-prince en Haïti. Son poème « Zone d'ombre » fait partie de son recueil de poèmes *Incantations pour les nuits de pleine lune,* publié en avril 2013.

Denizé Lauture, qui fut soudeur, reçut un B.A. en sociologie, un M.S. en pédagogie bilingue, un M.A. en littérature espagnole. Études additionnelles à Fordham et au CUNY Graduate Center. Il écrit en haïtien, en français et en anglais. Ses poèmes parurent dans des douzaines de revues littéraires, parmi lesquelles *Présence Africaine, Callaloo, Black American Literature Forum, Artist and Influence, Tanbou* (États-Unis), *Litoral* (Espagne), Litterealite (Canada), *The poetry of Everyday Life,* Cornell University Press, and many anthologies. Les ouvrages publiés de Denizé Lauture incluent *Pi bèl son lanbi sanba : Dlo nan Sensè a* (poèmes, Trilingual Press 2021) ; *A Kiss to the Land* (poèmes, SubPress 2017) ; *Les lunes d'or du cactus* (poèmes, Trilingual Press 2017) ; *Les Dards empoisonnés du denizen* (poèmes, Trilingual Press 2015) ; *Denizens of Hope* (poèmes, Berkeley, California, 2013) ; *Manman Zanfan,* (récit, Literacy Project, 2013) ; *The Black Warrior and Other Poems* (SubPress, 2006) ; *Father and Son* (récit enfantin, éd. Putnam and Grosset, 1993, 1996, 2005) ; *Running the Road to A B C* (Simon and Schuster 1996, 2000, 2003) ; *When the denizen weeps* (poèmes, 1988) ; *Boula pou yon metamòfoz zèklè nan peyi a* (poèmes, Bohyo 1986). Denizé Lauture a joué un rôle déterminant dans le forage de

16 puits d'eau pour La Vallée de Jacmel, en Haïti. L'auteur vit à Bronx, New York (États-Unis).

Charlot Lucien est un conteur, poète et artiste visuel qui réside aux États-Unis ; il est le fondateur de l'Assemblée des artistes haïtiens du Massachusetts. Ses écrits ont été publiés dans diverses anthologies et publications, dont *Regard, Liberation Poetry, Compost Magazine, Revolution, Anthologie des poètes français 2022, Poètes à la Une* et *Tanbou Magazine*. Son recueil de poésie *La tentation de l'autre rive* a été publié en 2013 par Trilingual Press à Cambridge, Massachusetts (États Unis). Il a également préfacé l'anthologie d'art *Migrating Colors: Haitian Art in New England*, sortie en 2018.

Mario Malivert est un médecin et poète. Il est l'auteur de quatre recueils de poèmes (*Arène Noire, Vin Aigre, De la mort à la vie,* et *La tête chauve des mornes*) et deux romans (*Jeunes gens de mon pays* et *L'Agonie de ton absence*). Il a aussi publié des articles, poèmes, et récits dans divers journaux et magazines, tels que *Le Nouvelliste, The Cartier Street Review, The Caribbean Writer,* et *Tanbou magazine.*

Jan Mapou est le nom de plume de **Jean-Marie Willer Denis** qui est né dans Les Cayes, au sud d'Haïti. Il a obtenu un B.A. en comptabilité après des études à l'Université d'Ethnologie d'Haïti. Entre les années 1965–1969, il a enseigné dans plusieurs écoles de Port-au-Prince. Il a travaillé pendant quatre ans à la Banque Nationale d'Haïti. Depuis 1965, Jan Mapou a participé au renouveau et à la diffusion du créole haïtien. Il est l'un des fondateurs et ancien président de Sosyete Koukouy. Il est l'administrateur principal de la Librairie Jean Mapou à Little Haiti, à Miami, États-Unis.

Michèle Voltaire Marcelin est une poète, écrivaine, comédienne et artiste visuelle. Elle a vécu en Haïti, au Chili et aux États-Unis. Les enjeux sociaux, la résistance, l'amour et le désir sont des thèmes omniprésents dans ses écrits, son travail de scène et ses œuvres d'art. Elle écrit en quatre langues et a publié sept recueils de poésie et de prose, et fait partie de nombreuses anthologies publiées en France, au Canada, à Cuba, au Kenya et aux États-Unis.

Jean-Claude Martineau (surnom « Koralen ») est né à Croix-des-Bouquets, Haïti. Son contact constant avec les paysans lui a permis d'accumuler un savoir et une base ethnologique incomparables qui caractériseront ses futurs travaux. Martineau a quitté Haïti pour Boston, aux États-Unis, en 1962. Ses œuvres constituent un instrument éclairant pour montrer la voie à suivre pour changer les rapports d'oppression, d'exploitation et de domination. Il est l'auteur du recueil de poèmes *Flè dizè* (1982), une œuvre en trois langues (haïtien, français et anglais) ; l'essai en français *L'histoire d'Haïti en six leçons,* et un roman en anglais, *The Arada Pledge* (« Pwomès Arada a », Trilingual Press, 2022), qui retrace l'invasion colonialiste de Christophe Colomb dans le contexte de la résistance Arawak à la lutte de libération d'Haïti. Jean-Claude Martineau vit à Montréal, Canada.

Iléus Papillon est natif de Port-Margot, Nord d'Haïti. Il est détenteur d'une licence en sociologie et anthropologie à la Faculté d'ethnologie de l'Université d'État d'Haïti. Il a aussi obtenu une maitrise en Histoire, Mémoire et Patrimoine. Poète, diseur et journaliste, ses poèmes et articles sont publiés plusieurs journaux et magazines internationaux tels Île en Île, Afrolivresque, et bien d'autres. Il est l'auteur du recueil de poèmes *Dans la prison de ton corps* (2009). Il est poète lauréat de de la première édition du concours de poésie « Ronde des talents » (Pastorale universitaire de Port-au-Prince) et 3ème place au concours de poésie organisé à l'occasion du 35ème anniversaire de la Radio nationale d'Haïti, en avril 2012.

Marilène Phipps est née et a grandi en Haïti. Elle est membre de l'Académie des Poètes Américains, et le NAACP lui a décerné le Prix du Remarquable Engagement pour l'Avancement des Cultures et des Causes des Communautés de Couleur. Phipps a obtenu des bourses de la Fondation Guggenheim et à trois institutions de Harvard—l'Institut Bunting, l'Institut W.E.B. DuBois des Recherches Afro-Américaines, et le Centre d'Études des Religions du Monde.

Le manuscrit de Phipps, *La Compagnie des Cieux : Nouvelles d'Haïti*, a reçu en 2010 le Prix des Nouvelles de Iowa (publié par les Presses Universitaires d'Iowa). Sa poésie a remporté le Prix Grolier en 1993, et son manuscrit, *Carrefours et Eaux Maudites*, a gagné le Prix de Poésie de Crab Orchard en 2000 (publié par les Presses Universitaires de l'Illinois du Sud).

Les autres ouvrages et publications de Phipps incluent son Mémoire *Mondes Invisibles : Aventures aux Carrefours des Esprits Vodou et des Saints des Derniers Jours*, a paru en 2018; la nouvelle *La Maison des Fossiles*, 2020, etc. Phipps a aussi été l'éditrice du livre *Jack Kerouac Collected Poems* pour la Library of America, et a contribué sa propre œuvre aux anthologies et collections nord-américaines comme *The Best American Short Stories ; Harvard Divinity Bulletin ; The Beacon Best ; Haiti Noir*. Son site internet est à www.marilenephipps.com

Gahston Saint-Fleur (Bois-de-Laurence) vient d'Haïti. Écrivain, poète, traducteur et professeur de Relations Internationales. Des études de droit et de philosophie au niveau licence ; d'autres au niveau maitrise en Conflictologie (Université Ouverte de Catalogne) et en Haute Gestion de la Politique Publique (Université de Londres, Angleterre), Gestion de projets de coopération internationale (Université de Salamanca, Espagne) entre autres. Invité à représenter Haïti à des festivals internationaux de poésie dans plus de quinze pays des cinq continents.

Jean Saint-Vil est né et a fait ses études en Haïti, puis à Bordeaux (France) où il a décroché un doctorat de géographie obtenu en 1973. Il a passé 25 années en Afrique entre la Côte d'Ivoire et le Gabon. De retour en Haïti depuis 1996, il a prêté ses services à de nombreux organismes de l'État, comme membre de cabinet dans plusieurs ministères et à la Présidence de la République.

En plus de nombreuses études sur la problématique du développement en Haïti, il a déjà publié près d'une dizaine de recueils de poésies et a aussi participé à plus d'une dizaine d'anthologies de poésie en France, aux États-Unis et au Canada.

Elsie Suréna écrit dans les genres brefs, surtout en français et en haïtien. Ses textes figurent dans diverses revues et anthologies, plusieurs ayant été traduits en anglais, portugais, espagnol et japonais. *Amours jaunies suivi de Miscellanées* est sa plus récente publication poétique (2022). Installée au Canada depuis 2010, elle vit en Ontario. Également photographe, elle a exposé en Haïti, aux États-Unis, au Canada et est membre de l'Association des auteures et auteurs de l'Ontario français (AAOF) et du Bureau des Regroupements des Artistes visuels de l'Ontario (BRAVO).

Patrick Sylvain est poète, écrivain, critique social et littéraire. Deux fois nominé pour le Prix Pushcart. Publié dans plusieurs anthologies créatives, revues littéraires et revues. Sylvain est diplômé de l'Université du Massachusetts (B.A.), de l'Université Harvard (Ed.M.), de l'Université de Boston (MFA) et de l'Université Brandeis (PhD). Sylvain est professeur adjoint à l'Université Simmons, et également chargé de cours sur l'histoire et la littérature à l'Université de Harvard.

Janine Tavernier est née à Port-au-Prince, Haïti. Elle fait ses études primaires et secondaires chez les religieuses du Sacré Cœur de Turgeau en Haïti. Mariée très jeune à Gervais Louis, elle a de lui cinq enfants. Tout au début du régime duvaliériste, elle quitte le pays avec sa famille pour l'exil aux États-Unis d'Amérique. Elle achève ses études universitaires d'abord à San Francisco States en Californie où elle obtient son baccalauréat (cum laudes), et à l'Université de New York (NYU) où elle obtient une maitrise en langue française et en civilisation française ; puis à l'Université de Californie à Davis où elle obtient un doctorat en Littérature Française avec une spécialité en Francophonie. L'Université de Marseille, à Aix-en-Provence, lui décerne un diplôme en civilisation française et en langue française. Elle se fait une carrière dans l'enseignement aux États-Unis de 1984 à 2002.

Tavernier a enseigné à NYU, à Hunter College, à l'Université de Californie, à L'Université de Floride, Tampa. Retraitée, elle retourne en Haïti en 2007 où elle publie ses deux plus récentes œuvres. Ses œuvres publiées incluent *Sphinx du Laurier Rose* (poèmes, Éditions Khus Khus, 2010)**,** *La gravitante* (roman, éd. Presses Nationales), *Fleurs de muraille* (roman**,** Éditions Cedica, 2001)**,** *Naïma, fille des dieux* (poèmes, préface par Jean Brière et Roger Dorsinville, Éditions Naaman, 1982), *Splendeur* (poèmes, Imprimerie Byscinthe 1965), *Sur mon plus petit doigt* (poèmes, Imprimerie Serge L. Gaston, 1962), *Ombres ensoleillées* (poèmes, Gervais A. Louis, 1961), « Causerie paysanne » (poèmes, revue *Conjonction,* no. 103, 1966). Ses plus récentes publications dans les revues incluent : « Sur deux chaises » (revue *Demambre,* 2014), « La petite robe de soie bleue délavée » (revue *Demanbre* 2011), « Mal comme misère » (revue *Sapriphage,* 1994), « Mon pays » (Collection Étonnants Voyageurs, 2008). Sa thèse doctorale : *Une tentative de morphologie du conte haïtien suivie d'une analyse psychologique* (University of California, Davis, Etazini, 2002).

À paraître, *Il y a une fissure dans le soleil* (poèmes et courts récits). De 1965 à 2018 Janine Tavernier figure dans nombreuses compilations littéraires et anthologies d'auteurs tels Raymond Philoctete, Paul Laraque, Maurice Lubin, Ghislain Gouraige, Roger Dorsainville, Roger Gaillard ; *Une littérature haïtienne* de Pradel Pompilus. Plus récemment *Ayiti cheri, une anthologie de la poésie haïtienne,* par Yasmina Tippenhauer, 2018, et tant d'autres.

Janine Tavernier est décédée le 27 février 2019 à l'âge de 84 ans.

Tontongi est le nom de plume d'Eddy Toussaint, né à Port-au-Prince, Haïti. Poète, critique et essayiste, Tontongi écrit en haïtien, en français et en anglais. Ses derniers livres comprennent *Tyaka Poetica* (2021) ; *La Parole indomptée / Memwa Baboukèt* (2015) publié chez L'Harmattan, à Paris, France ;

In The Beast's Alley (2013), une collection en anglais de ses « poèmes de conscience ». Le livre de Tontongi *Critique de la francophonie haïtienne* (L'Harmattan, 2007) est considéré par les experts, y compris le grand linguiste et académicien canado-haïtien Frénand Leger, comme une critique magistrale des rapports de pouvoir linguistiques en Haïti. Tontongi est aussi le fondateur et l'animateur de l'émission culturelle primée « La Poésie haïtienne en trois langues » (Français, English & Ayisyen) à Somerville Media Center et sur CCTV, Cambridge, Massachusetts, diffusée sur la télévision câblée aux environs de Boston. Tontongi travaille pour le moment sur une collection d'essais en français utilisant la perspective d'investigation critique qu'il appelle l'*anthropologie inversée* (le regard inversé de l'Autre, l'opprimé, sur les oppresseurs). Un regard du Sud vers le Nord. Également en chantier est un recueil de poèmes en anglais, *I'm Looking At You*. Tontongi est l'éditeur en chef de la maison d'édition Trilingual Press et de la revue politico-littéraire trilingue *Tanbou* (en ligne : www.tanbou.com).

Emmanuella « Ella » Turenne était une éducatrice, une poète et une artiste de la scène ; elle a joué le rôle vedette dans une série de films et d'œuvres théâtrales, y compris son spectacle solo, «Love, Locs & Liberation», qui a remporté le prix Producers Encore Award dans le Hollywood Fringe Festival en 2018. Elle a également été la fondatrice de BlackWomyn Beautiful. Ella était dynamique et respectueuse des autres, une artiste merveilleuse avec un esprit et un cœur formidable. Bien qu'elle ait grandi aux États-Unis, Ella Turenne tenait Haïti fermement dans son cœur. En 2004, elle a dédié à la libération d'Haïti le livre trilingue qu'elle a édité pour commémorer le 200ème anniversaire de l'indépendance du pays, *Révolution, Revolisyon, Revolution: An Artistic Commemoration of the Haitian Revolution* (une commémoration artistique de la révolution haïtienne). Au lendemain du tremblement de terre de 2010, Ella Turenne coéditait *For the Crowns of Your Heads*, un recueil de poèmes sur Haïti. Les fonds recueillis par le volume étaient utilisés pour aider une bibliothèque de Port-au-Prince détruite lors du tremblement de terre. Ella Turenne est décédée, bien trop tôt, fin 2021.

Emmanuel Védrine est né à L'Asile, Haïti. Il est un écrivain, éditeur, linguiste et chercheur. Védrine a fait ses études universitaires aux États-Unis et en Europe où il a étudié les lettres, la linguistique, les sciences sociales et l'éducation. Ses œuvres littéraires ont paru dans plusieurs anthologies, revues et magazines. Parmi ses travaux, se trouvent *Œuvres complètes: Trente ans de recherches et de publications portant sur Haïti, la Diaspora Haïtienne et le Créole,* et *An Annotated Bibliography on Haitian Creole: A Review of Publications From Colonial Times to 2000.* Il vit entre la Nouvelle-Angleterre et Curaçao. Védrine est un critique farouche des inégalités linguistiques en Haïti, développant sur une période de plusieurs décades une large archive bibliyographique sur le créole haïtien.

Jean-Robert Christian Victoria est né à Port-au-Prince, Haïti. Il a adopté le nom **Kwitoya** pour marquer son engagement, en tant que militant politique, dans la lutte du peuple haïtien pour un avenir meilleur : le progrès sans détours. Il est le fondateur de Tanbou Progresis, Cercle d'Études Jacques Stephen Alexis, Solidarité pour le Progrès d'Haïti, et co-fondateur de *Tanbou-Tambour,* une revue haïtienne trilingue sur les questions politiques et littéraires. Victoria est un ancien membre du Corps consulaire haïtien en Nouvelle-Angleterre.

Isaac Volcy est né en Haïti et est auteur de *Ma Drapo Souvnans* et de *L'Arbre oratoire.* Philosophe, poète et metteur en scène, il est diplômé en Sciences du Développement Communautaire et en Philosophie. Certains de ses textes sont mis en chanson par l'artiste Shammas Lorrédan et par Roseleine Volcy, son épouse. Ses poèmes sont publiés dans les colonnes du journal *Le Nouvelliste.* Isaac travaille sur la traduction en haïtien du *Discours de la servitude volontaire* de La Boétie (un essai philosophique).

Frantz Kiki Wainwright est musicien/compositeur, chanteur, poète, écrivain, conteur, romancier, comédien, acteur de théâtre, dramaturge, et danseur/ chorégraphe de danse folklorique haïtienne. Il publié plusieurs livres en haïtien, français et anglais. Ses œuvres musicales incluent *23 Nèg Vanyan*, *Séverine*, et *Bòs Prevo.*

Kiki Wainwright a passé une grande partie de sa vie sur la scène en faisant du théâtre en Haïti, aux États-Unis et au Canada. Parmi les pièces dans lesquelles il a joué figurent celles de Félix Morisseau-Leroy *Antigone en Créole* ; *D.P.M Kanntè* de Jan Mapou ; *Reclaiming Choukoun* de Bob Lapierre avec Kiki dans le rôle du grand poète haïtien Oswald Durand. Kiki a obtenu un Associate Degree dans Business Management à Manhattan Community College en 1980 et aussi un Baccalauréat en sciences sociales et travail social à Florida International University en 1988. Il est actuellement vice-président de Sosyete Koukouy à Miami, un mouvement littéraire fondé en Haïti en 1965.

Compagnons & Compagnes Poétiques d'Haïti

Indran Amirthanayagam est né au Sri Lanka, il écrit en anglais, espagnol, français, portugais et haïtien. Il a publié 23 recueils de poésie, dont *Ten Thousand Steps Against the Tyrant, The Migrant States, Coconuts on Mars, The Elephants of Reckoning* (lauréat du Paterson Poetry Prize 1994), *Uncivil War* et *The Splintered Face: Tsunami Poems.* En musique, il enregistre *Rankont Dout.* Amirthanayagam édite le *Beltway Poetry Quarterly* (www.beltwaypoetry.com); publie des livres de poésie aux éditions Beltway (www.beltwayeditions.com); écrit un poème hebdomadaire pour *Haïti en Marche* et *El Acento;* a reçu des bourses de la Foundation for the Contemporary Arts, de la New York Foundation for the Arts, du US/Mexico Fund for Culture et de la Macdowell Colony. Il anime la chaîne de poésie https://youtube.com/user/indranam (contact : https://indranamir-thanayagam.blogspot.com

Bernard Block est né et élevé à Bensonhurst, Brooklyn ; il a produit la série de poésie « De Whitman à Ginsberg » au Cornelia Street Café à New York pendant sept ans. 38 poèmes de ses poèmes sont publiés dans la revue littéraire européenne, *Levure Littéraire* #8, #9 et #12. Son livre de poésie *Am I My Brother's Keeper?*, publié par Dark Light Publishing, est disponible sur Amazon et auprès de l'auteur : disviolin@yahoo.com

Ricardo J. Bogaert-Álvarez est un ingénieur chimiste dominicain-américain et un poète médaillé. Il a obtenu son B.S. en génie chimique à l'université Pontificia Universidad Católica Madre y Maestra de Santiago. Il a obtenu sa maîtrise en génie chimique et son doctorat à l'Université du Delaware. Il vit aux États-Unis depuis 1981 et a travaillé à la fois dans l'industrie et dans le milieu universitaire. Il réside maintenant à Denver avec sa bien-aimée femme Laura. Bogaert-Álvare a publié quatre recueils de poésie bilingues : 1) *The Samurai Poet*, 2) *The Dance of the Phoenix*, 3) *Romance and Haiku Elixir*, et 4) *Chronicles of a Young Dominican*. Chacun des poèmes est en espagnol et en anglais. Il est membre de Columbine Poets, Inc, au Colorado et de la Tanka Society of America. Site Web : www.drbogaert.com

Elizabeth Brunazzi est née à la Nouvelle Orléans en Louisiane. Elle est écrivain, poète, critique, essayiste, éditrice et traductrice. Ses poèmes et poèmes en prose sont publiés en France dans les revues *Le Nouveau Recueil*, *La Traductière*, et *Recoursaupoeme. fr*. Entre autres poètes, elle a traduit des collections de poèmes de Charles Simic et de Maya Herman-Sekulič de l'anglais en français. Sa collection de poésie bilingue, *The Beginning Ends Here / Le commencement prend fin ici,* est publié par Lambert Academic Publishing, 2019.

Brunazzi est coéditrice avec Jeanine Parisier Plottel d'une collection d'essais, *Culture and Daily Life in Occupied France, Contemporary French Civilization,* 1999. Elle est titulaire d'une bourse de résidence et d'un visa de long séjour pour recherche et traduction en France consacrées aux reportages historiques de la pionnière journaliste française et correspondante internationale, Andrée Viollis, sous les auspices du gouvernement français et du programme internationalement compétitif « Compétences et Talents », 2011–2014.

Le plus récent article de Brunazzi, « Tourmente sur l'Afghanistan, Grand Reporter Andrée Viollis and Civil War in Afghanistan, 1929 », est publié par la revue *French Cultural Studies*, UK, February, 2019. Elle a reçu une bourse résidentielle de deux mois à Atlas-Centre International de Traducteurs Littéraires, Arles, mai-juin, 2022, en support à son travail collaboratif consacré à l'anthologie trilingue de poésie haïtienne contemporaine, *This Land, My Beloved / Tè mwen renmen an / Cette terre, mon amour,* en collaboration avec coéditeurs, Eddy Toussaint Tontongi et Denizé Lauture (Trilingual Press, Cambridge Massachusetts). Elle a présenté une communication sur le projet de l'anthologie lors d'une conférence internationale consacrée au thème de l'évolution de la poésie en Amérique du nord depuis vingt ans, juin, 2022.

PhD en Littérature Comparée (Princeton, 1988), elle a tenu des postes pour enseigner dans plusieurs universités américaines, entre autres, Princeton University, Wesleyan University, New York University, Rutgers University (State University of New Jersey, New Brunswick), et George Washington University. Elizabeth Brunazzi habite et écrit à Paris, France.

Jack Hirschman est décédé en août 2021. Il était poète lauréat émérite de San Francisco. Il formait dans les années 1980 la Brigade culturelle Jacques Roumain avec la poète haïtienne Boadiba, dont le bulletin, *Boumba,* était rempli de traductions de poètes haïtiens. Les poèmes choisis de Hirschman, *Selected Poems,* ont paru en chinois et en grec, et le 3e volume de ses chefs-d'œuvre de mille pages, *The Arcanes,* a été publié en Italie. Hirschman s'est rendu en Haïti en décembre 2007 lors de la commémoration du centenaire de naissance de Jacques Roumain, lisant à l'Institut Français à Port-au-Prince (en compagnie de Tontongi et Franck Laraque) un poème de solidarité avec Haïti tiré de sa magistrale anthologie *Open Gate: An Anthology* *of Haitian Creole Poetry,* coédité avec le légendaire poète Paul Laraque (traductions de Boadiba et Max Manigat). *Open Gate* (publiée par Curbstone Press en avril 2007) a été la première anthologie bilingue en anglais et en haïtien jamais publiée.

Aidan Rooney est né à Monaghan, en Irlande ; il est professeur depuis 1988 à Thayer Academy au Massachusetts, États-Unis. Les recueils de poésie de Rooney incluent *Go There* (Madhat Press, 2020), *Tightrope* (The Gallery Press, 2007), et *Day Release* (The Gallery Press, 2000). Ses traductions de poésie et de fiction, notamment de l'haïtien et du français, sont accessibles à *Vox Populi, AGNI* et *Asymptote.* Rooney a obtenu le prix Sunday Tribune / Hennessy Cognac pour Nouveau Poète Irlandais et le prix Daniel Varoujan du Club de Poètes de la Nouvelle Angleterre.

Traducteurs / Traductrices

Samuel Barthélemy est un artiste peintre et photographe qui né est à Jérémie, Haïti. Il a été professeur et administrateur d'établissements scolaires à New York pendant de nombreuses années jusqu'à sa retraite. Il a aussi publié deux recueils de poèmes, *Sur le parcours des rêves* et *Sailing away.* Il vit présentement en Floride.

Joseph Bocchicchio est un écrivain, éducateur et traducteur. Ses travaux ont été publiés dans des revues, des recueils et dans une anthologie au sujet des exigences émotionnelles des prestataires de soins de santé. Sa contribution a été nominée pour un prix Pushcart. Il est un travailleur retraité de Crisis Worker et présentement employé dans l'éducation au musée. Il vit à Boston, Massachusetts.

Nancy Naomi Carlson, auteure de douze livres, traductrice et poète, a reçu le prix Oxford-Weidenfeld 2022 de traduction pour le livre *Cargo Hold of Stars: Coolitude* (éditions Seagull Books, 2021). Récipiendaire de l'insigne de Chevalier de l'ordre des palmes académiques, elle est rédactrice en chef de la section Traduction pour le site littéraire On the Seawall. Son second recueil de poèmes, *An Infusion of Violets* (Seagull Books, 2019) a fait l'objet d'une mention dans la section des nouveautés littéraires du *New York Times*.

Marie-Cécile Corvington Charlier est née en Haïti, et vit à New York depuis 1965. Elle a gardé un lien étroit avec son pays natal et se passionne pour son histoire, sa littérature et ses arts. En sa qualité d'artiste, elle a illustré des livres d'auteurs haïtiens. Maintenant à la retraite, elle s'efforce de contribuer à la culture haïtienne de diverses manières. Elle a traduit en français trois nouvelles de Denizé Lauture : « L'enfant qui apprivoisa une couleuvre rouge », « L'enfant pour qui une couleuvre arc-en-ciel a dansé », et « Le garçon qui chevaucha un ouragan », « L'histoire épique de Toussaint Louverture ».

Monica Hand était née à Newark, New Jersey. Elle était poète, dramaturge, érudit et voyageur. Elle a travaillé pendant 30 ans à la poste fédérale américaine (USPS), prenant finalement sa retraite en tant qu'officier des relations publiques. Elle a obtenu un MFA en poésie et poésie en traduction à l'Université Drew et poursuivait son doctorat en écriture créative à l'Université du Missouri-Columbia. Elle faisait également partie de plusieurs communautés littéraires, dont Cave Canem, Poets House et Women Writers in Bloom (poètes féminines en fleurs). Elle était une membre fondatrice de Poètes pour Ayiti, un collectif d'écrivains « attachés au pouvoir de la poésie de transformer et d'éduquer » dont le travail a profité aux institutions littéraires en Haïti. *Me and Nina*, le premier recueil de poèmes de Monica, a été publié en 2012 par Alice James Books. Quelques jours avant son effondrement soudain, Monica Hand a annoncé sur Facebook que son second recueil de poèmes, *The Davida Poems,* serait en route. Le 16 décembre 2016, le monde a perdu une lumière. [Cette biographie est compilée à partir des informations fournies par Lauren K. Alleyne sur le site Web de l'Université James Madison.]

Chantal Kénol travaille depuis trente ans dans le domaine de l'éducation. Elle est codirectrice d'une école privée à Port-au-Prince. Elle est membre fondateur de l'*Association Atelier Jeudi Soir*, un collectif d'écrivains et agents culturels haïtiens. Plusieurs de ses poèmes et textes courts ont été publiés dans des revues et ouvrages collectifs, tant en Haïti qu'à l'étranger. En décembre 2021, elle a publié son premier recueil de micro-fictions intitulé *Si je contais ma ville*.

Josaphat-Robert Large était un poète, romancier et critique d'art qui nous a quittés en 2017. Il a quitté Haïti en 1963 pour des raisons politiques après son arrestation par les tonton-macoutes de Papa Doc pour participation à une grève étudiante contre le régime. Il était un ami proche du regretté poète haïtien Paul Laraque. Son roman phare *Les terres entourées de larmes* a remporté le prestigieux Prix littéraire des Caraïbes en 2003. Il était une très admirable présence à la scène littéraire de New York et dans la diaspora haïtienne en général.

Lunine Pierre-Jérôme, Ed.D., est une éducatrice, traductrice et activiste culturelle qui vit à Randolph, Massachusetts. Elle a traduit en haïtien le roman d'Alice Walker *The Color Purple* (*Koulè mov la,* éd. JEBCA, 2019) et celui d'Edwidge Danticat *Breath, Eyes, Memory* (*Vivans, Vwayans, Souvnans,* éd. JEBCA, 2022). Pierre-Jérôme est actuellement directrice académique de Haitian Language & Culture Center (HLCC) à Boston, Massachusetts.

Charles Rice-Davis, PhD, a rejoint l'École des langues et des cultures en 2018. Il a réalisé une monographie sur l'histoire médicale et littéraire de la nostalgie/mal du pays depuis ses origines jusqu'à la fin du $XIX^{è}$ siècle, sur fond d'urbanisation, de nationalisme, de racialisme, de changement technologique et de néo-agrarisme. Il a publié une série d'articles (dont le premier est paru en 2017) et de traductions sur les interactions entre poésie française et portugaise. Il a également traduit en anglais des œuvres du poète haïtien Coutechève Lavoie Aupont. [Info tirée du site Web de l'Université Victoria de Wellington.]

Maggie Vlietstra détient un diplôme de maîtrise (MFA) en traduction littéraire française à l'Université de Boston. Elle est spécialisée dans la littérature contemporaine.

Coéditrice **Elizabeth Brunazzi** a également traduit (de l'anglais au français et vice versa) jusqu'à vingt-quatre des poètes inclus dans l'anthologie, ainsi que certaines des biographies.

Coéditeur **Tontongi** a aussi traduit (de l'anglais à l'haïtien) les poèmes d'Ella Turenne et de Jack Hirschman, ainsi que certaines des biographies de cette anthologie.

La contributrice de l'anthologie **Danielle Legros Georges** a aussi traduit (de l'haïtien à l'anglais) les poèmes de Jean-Claude Martineau.

Le contributeur de l'anthologie **Patrick Étienne** a aussi traduit (de l'anglais au français) le poème «Une croyance» of Danielle Legros Georges.

Le contributeur de l'anthologie **Mario Malivert** a aussi traduit (de l'anglais au français) la préface d'Edwidge Danticat.

La contributrice de l'anthologie **Karine Belizar** a aussi traduit (de l'haïtien au français) le poème de Christ-Falin Oralus « Le propriétaire légitime ».

Éditrice anglaise de T.P.

Jill Anna Netchinsky est titulaire de diplômes universitaires en langue et littérature (BA, Bennington College, MA et PhD, Yale University), spécialisée dans les littératures et cultures espagnoles, latino-américaines, caribéennes et afro-hispaniques. Elle a enseigné des étudiants du premier cycle et des cycles supérieurs à l'Université du Wisconsin-Madison, au Middlebury College et à l'Université Tufts, donnant des conférences lors de symposiums aux États-Unis et à l'étranger. En gage de soutien à son travail, Netchinsky s'est vu attribuer une bourse de recherche de la Fondation Mellon et a été choisie comme chercheuse à l'Institut W.E.B. DuBois pour la recherche afro-américaine à Harvard. C'est à l'Université Tufts qu'elle s'est engagée pour la première fois dans les études haïtiennes, co-présidant des conférences avec l'Association des études haïtiennes et des groupes communautaires locaux. Plus tard, en sa qualité de directrice d'engagement communautaire *(outreach)* au David Rockefeller Center for Latin American Studies (DRCLAS) à l'Université de Harvard, elle devenait coordinatrice fondatrice de l'Initiative interdisciplinaire d'études haïtiennes. Ses articles et traductions littéraires ont été publiés dans des revues telles que *Callalloo, Latin American Literary Review* et *Revista De Estudios Hispánicos*. Née à la ville de New York, Netchinsky vit dans la région de Boston où elle est développeuse de contenu éditorial pour l'édition éducative bilingue. Elle est l'éditrice anglaise pour Trilingual Press, ainsi qu'une poète à part entière.

Toussaint Louverture négociant l'abolition outre-Atlantique,
Charlot Lucien, huile sur toile, 2018.

This Land, My Beloved / Cette terre, mon amour / Tè mwen renmen an

Appendix / Apendis / Appendice

Boadiba is a Haitian poet and translator whose work appears in numerous publications and anthologies, including *Open Gate, a Bilingual Anthology of Haitian Creole Poetry* (co-editors Paul Laraque and Jack Hirschman), and volumes I and II of the anthology *Revolutionary Poets Brigade*, ed. Hirschman. Boadiba's poetry collection, *Under Burning White Sky* (Ishmael Reed Publishing), served as the basis for a one-woman show at the Live Oaks Theater in Berkeley, CA. Boadiba is known for connecting original poetry with traditional and contemporary sacred songs of Haiti, both in Haitian and in translation. Five stories from her collection *Tales of Lust and Sorcery* can be found in the journals *Konch Magazine* and *Left Curve*. She has performed at the San Francisco Library Reading Series, San Francisco State University Poetry Archives, African Diaspora Museum, Yoshi's Jazz Club, San Francisco Jazz Center Francisco, at the Miami Book Fair and at the Schomburg Center for Research in Black Culture in Harlem, NY. The poems published here are from *Under Burning White Sky* and her new unpublished collection *The Road to Asylum*.

Franz Benjamin se yon powèt ak oratè, li chwazi selebre lavi, fè li tounen yon festen nan pwezi l. Kit nan lang ayisyen oswa franse, nou jwenn atachman misye ak sa ki esansyèl : libète ak lanmou. Pami koleksyon li pibliye yo genyen : *Valkanday* (pwezi, Paroles, Monreyal, 2001), *Chants de memoire* (pwezi, Paroles, 2003), *Dits d'errance* (pwezi, Mémoire d'encrier, Monreyal, 2005), *Tanlapli* (lèt kreyòl, Paroles, 2007), *Vingt-quatre heures dans la vie d'une nuit* (pwezi, Mémoire d'encrier, 2011), ak *Nuit des anses pleines* (pwezi, Mémoire d'encrier, 2021). Otè a fèt ann Ayiti e li abite nan Monreyal, Kanada.

Roseny Blanca se yon powèt k ap viv a Pari, an Frans. Otè depi 2017, li diplome ak yon metriz nan lasyans. Li aprann lang manman l lan atravè aksyon : « Tou rete rete », li di, ann eko ak dlo etan an, ak teknik sanitasyon yo, ak baraj Pelig la nan depatman Latibonit, ak matyè an sispansyon ki depoze, pa efè dekantasyon, nan lizyè vetivè ki ranfòse l gras a amandman yo. Avèk bwat zouti li ranpli ak eritaj, chaje ak devinèt yo, ak pwovèb yo, manmzèl envite nou pran kèk mo, bliye lavi chak jou a pou yon ti moman epi vwayaje ann Ayiti.

Dary Jean-Charles fèt nan Gonayiv, Ayit. Yon pwofesè ki retrete, l ap viv nan Monreyal depi anviwon karant ane. Pami piblikasyon li yo genyen : *Haïtianeiges* (pwezi, Edisyon Lagomatik, Monreyal, 1992), *Encres Brûlées* (pwezi, Edisyon Humanitas, Monreyal, 1997), *L'Îlerrant* (pwezi, Edisyon Humanitas, Monreyal, 2000), *Pages Triangulaires* (kolektif otè, Edisyon Les Intouchables), *Plain-Chant sur mer* (pwezi, Edisyon Dédicaces, Monreyal, 2011), ak *Dentelles du vent* (pwezi, Edisyon Paroles, Monreyal, 2010).

Jeanie Bogart, born in Haiti and living in the United States, is a performer and writer who began writing poems at the age of fourteen. She earned a master's degree in French language and literature at Stony Brook University in New York. Bogart won the Kalbas Lo Lakarayib Prize 2006 for her poem "À la Joli". This poetry competition brings together Creole poets from the Americas, Africa and the Indian Ocean region. Bogart participated in *Plaisir des Mots* (2007) and *Poésie du Monde, Monde de la Poésie* (2008), anthologies that feature authors from various regions of the Francophonie, produced by Les Dossiers d'Aquitaine in Bordeaux, France. Her work also appears in *La Poésie Haïtienne Contemporaine* (Maison de la Poésie: Belgium, 2007), and in the *Revue Littéraire Passerelle* (Montréal 2008), an anthology of Francophone poetry. Bogart is one of 73 authors in *The Anthology of Contemporary Haitian Poetry* published by Éditions Points, 2015. Her publications include *Un jour, tes pantoufles* (Éditions Paroles, Montréal 2008), *Dènye Rèl,* an audio recording of poetry in Haitian (New York 2009), *Éloge de l'Interlocuteur: Dialogues avec Saint-John Kauss* (Éditions Joseph Ouaknine, France 2011), *Paradoxe* (poetry, Éditions Dédicace, Montréal 2011), *Sa m pral kite dèyè,* a collection of poems in

Haitian (Éditions JB, New York 2015), *Migrations insulaires* (with Ernest Pépin, Éditions JB, New York, 2017).

Janine Tavernier, born in Port-au-Prince, Haiti, did her primary and secondary studies with the nuns of the Sacré Cœur de Turgeau. Married to Gervais Louis, she had five children. Tavernier left home with her family for exile in the US at the very beginning of the Duvalier regime. She completed university studies first at San Francisco State in California, earning a BA (cum laude); a master's degree in French language and civilization from New York University (NYU); and a PhD in French Literature with a specialty in Francophonie from the University of California at Davis. She also holds a diploma in French language and civilization from the University of Marseille, Aix-en-Provence. She built a career in teaching in the US from 1984 to 2002.

Tavernier has taught at NYU, Hunter College, the University of California, and the University of Florida, Tampa. Retired, she returned to Haiti in 2007. Her published works include *Sphinx du Laurier Rose* (poems, ed. Khus Khus, 2010), *La gravitante* (novel, Presses Nationales), *Fleurs de muraille* (novel, Éditions Cedica, 2001), *Naïma, fille des Dieux* (poems, preface by Jean Brière and Roger Dorsinville, Éditions Naaman, 1982), *Splendeur* (poems, Imprimerie Byscinthe 1965). Recent journal publications include: "On two chairs" (Revue *Demambre,* 2014), "The little faded blue silk dress" (Revue *Demanbre* 2011). Tavernier appears in numerous literary compilations with authors such as Raymond Philoctete, Paul Laraque, Maurice Lubin, Ghislain Gouraige, Roger Dorsainville, Roger Gaillard; Haitian literature by Pradel Pompilus, and most recently *Ayiti cheri*, an anthology of Haitian poetry, ed. Yasmina Tippenhauer, 2018, and many others. Janine Tavernier died on February 27, 2019 at the age of 84.

Appreciation / Apresyasyon / Appréciation

Anthologies, through the ages, illustrate a formidable belief of conceptual freedom, the quest for a multiple and poetic beauty, seductive as well as contagious. Whether they bear the titles of literary fragments, in verse, prose, or chrestomathy, or simply the work of famous and classical writers, they always constitute a tour de force whose success flows from an adventurous, uncertain but erudite choice. Elizabeth Brunazzi, Denizé Lauture and Tontongi have very patiently united words, sounds, scents, colors and shivers that superbly build and depict the visceral LOVE that these poets feel for Haiti: their mythical land.

—*Frantz-Antoine Leconte,* PhD, literary critic

***

Antoloji, diran tout tan, ilistre yon kwayans fòmidab nan libète konseptyèl, sètadi rechèch yon bèlte powetik pliryèl, seduizan e kontajye. Kit li pote tit rekèy moso chwazi an pwoz oswa an vè, krestomati (koleksyon), florilèj, oswa yon opus otè klasik ki pi popilè yo, li se prèske toujou yon tour de force ki tire siksè l sèlman nan yon chwa difisil, ensèten e savan alafwa. Elizabeth Brunazzi, Denizé Lauture ak Tontongi rive reyini avèk yon pasyans ti zanj koulè, mo, son, pafen ak emosyon kontanporen ki bati ak dekri avèk yon deksterite ki ra LANMOU pwofon sa a ke powèt yo santi pou latè mitik yo an : Ayiti.

—*Frantz-Antoine Leconte,* doktè an literati, kritik literè

***

L'anthologie, au fil des âges, illustre une formidable croyance de liberté conceptuelle, c'est-à-dire la quête d'une beauté poétique plurielle, séductrice et contagieuse. Qu'elle porte pour titre recueil de morceaux choisis en prose ou en vers, chrestomathie, florilège, ou opus d'auteurs classiques célèbres, c'est presque toujours un tour de force dont le succès ne découle que d'un choix aventureux, aléatoire et savant à la fois. Elizabeth Brunazzi, Denizé Lauture et Tontongi ont pu rassembler avec une patience d'ange des couleurs, des mots, des sons, des parfums et des frissons contemporains qui construisent et décrivent avec une rare dextérité cet AMOUR viscéral que les poètes éprouvent pour leur terre mythique : Haïti.

—*Frantz-Antoine Leconte,* docteur ès lettres, critique littéraire

Index / Endèks

Authors / Otè / Auteurs

Poetic Companions of Haiti / Compagnons & compagnes poétiques d'Haïti / Konpayon powetik Ayiti

Amirthanayagam, Indran : 99, 170, 242, 299, 387, 463
Block, Bernard : 149, 170, 299, 432, 464
Bogaert-Álvarez, Ricardo J. : 57, 171, 299, 359, 464
Brunazzi, Elizabeth : 29, 30, 34, 37, 38, 42, 45, 58, 62, 68, 73, 74, 83, 86, 87, 89, 91, 95, 97, 99, 102, 103, 111, 112, 124, 132, 133, 136, 137, 138, 139, 141, 145, 152, 154, 155, 339, 343, 359, 367, 386, 417, 432
Hirschman, Jack : 5, 17, 63, 112, 142, 172, 175, 185, 220, 269, 285, 300, 304, 316, 448, 465, 469
Rooney, Aidan : 47, 100, 172, 304, 349, 390, 466

Translators / Tradiktè / Traducteurs

Barthélemy, Samuel : 33, 173, 304, 466
Belizar, Karine : 33, 109, 153, 157, 176, 197, 285, 304, 333, 397, 439, 447, 469
Bocchicchio, Joseph : 27, 173, 304, 466
Brunazzi, Elizabeth : 17, 21, 78, 104, 171, 172, 175, 185, 189, 300, 303, 315, 321, 373, 390, 464, 465, 469, 473
Carlson, Nancy Naomi : 36, 91, 147, 159, 173, 287, 304, 450, 466
Charlier, Marie-Cécile Corvington : 173, 302, 413, 467
Étienne, Patrick : 160, 176, 199, 394, 469
Georges, Danielle Legros : 76, 78, 123, 131, 175, 176, 304, 469
Hand, Monica : 5, 17, 56, 174, 185, 302, 316, 467
Kénol, Chantal : 60, 174, 302, 468
Large, Josaphat-Robert : 5, 174, 303, 358, 468
Pierre-Jérôme, Lunine : 97, 175, 192, 303, 468
Rice-Davis, Charles : 175, 303, 468
Tontongi (Eddy Toussaint) : 175, 189, 201, 221, 260, 271, 304, 469

English editor / Editè angle / Editrice anglaise

Jill Anna Netchinsky : 176, 185, 304, 316, 469, 470.

www.ingramcontent.com/pod-product-compliance
Lightning Source LLC
Chambersburg PA
CBHW060609100726
47907CB00006B/1551